JN032918

はしがき

　平成30年3月に告示された高等学校学習指導要領が，令和4年度から年次進行で本格的に実施されます。

　今回の学習指導要領では，各教科等の目標及び内容が，育成を目指す資質・能力の三つの柱（「知識及び技能」，「思考力，判断力，表現力等」，「学びに向かう力，人間性等」）に沿って再整理され，各教科等でどのような資質・能力の育成を目指すのかが明確化されました。これにより，教師が「子供たちにどのような力が身に付いたか」という学習の成果を的確に捉え，主体的・対話的で深い学びの視点からの授業改善を図る，いわゆる「指導と評価の一体化」が実現されやすくなることが期待されます。

　また，子供たちや学校，地域の実態を適切に把握した上で教育課程を編成し，学校全体で教育活動の質の向上を図る「カリキュラム・マネジメント」についても明文化されました。カリキュラム・マネジメントの一側面として，「教育課程の実施状況を評価してその改善を図っていくこと」がありますが，このためには，教育課程を編成・実施し，学習評価を行い，学習評価を基に教育課程の改善・充実を図るというPDCAサイクルを確立することが重要です。このことも，まさに「指導と評価の一体化」のための取組と言えます。

　このように，「指導と評価の一体化」の必要性は，今回の学習指導要領において，より一層明確なものとなりました。そこで，国立教育政策研究所教育課程研究センターでは，「幼稚園，小学校，中学校，高等学校及び特別支援学校の学習指導要領等の改善及び必要な方策等について（答申）」（平成28年12月21日中央教育審議会）をはじめ，「児童生徒の学習評価の在り方について（報告）」（平成31年1月21日中央教育審議会初等中等教育分科会教育課程部会）や「小学校，中学校，高等学校及び特別支援学校等における児童生徒の学習評価及び指導要録の改善等について」（平成31年3月29日付初等中等教育局長通知）を踏まえ，令和2年3月に公表した小・中学校版に続き，高等学校版の「『指導と評価の一体化』のための学習評価に関する参考資料」を作成しました。

　本資料では，学習評価の基本的な考え方や，各教科等における評価規準の作成及び評価の実施等について解説しているほか，各教科等別に単元や題材に基づく学習評価について事例を紹介しています。各学校においては，本資料や各教育委員会等が示す学習評価に関する資料などを参考としながら，学習評価を含むカリキュラム・マネジメントを円滑に進めていただくことで，「指導と評価の一体化」を実現し，子供たちに未来の創り手となるために必要な資質・能力が育まれることを期待します。

　最後に，本資料の作成に御協力くださった方々に心から感謝の意を表します。

　令和3年8月

国立教育政策研究所

教育課程研究センター長

鈴　木　敏　之

学習評価とは？

学習評価：学校での教育活動に関し、生徒の学習状況を評価するもの

・学習評価を通して
・教師が指導の改善を図る
・生徒が自らの学習を振り返って次の学習に向かうことができるようにする

⇒評価を教育課程の改善に役立てる

1

学習評価について指摘されている課題

学習評価の現状について、学校や教師の状況によっては、以下のような課題があることが指摘されている。

・学期末や学年末などの事後での評価に終始してしまうことが多く、評価の結果が児童生徒の具体的な学習改善につながっていない

・現行の「関心・意欲・態度」の観点について、挙手の回数や毎時間ノートをとっているかなど、性格や行動面の傾向が一時的に表出された場面を捉える評価であるような誤解が払拭されていない

・教師によって評価の方針が異なり、学習改善につなげにくい

・教師が評価のための「記録」に労力を割かれて、指導に注力できない

・相当な労力をかけて記述した指導要録が、次の学年や学校段階において十分に活用されていない

生徒の意見

先生によって観点の重みが違うんです。授業態度をとても重視する先生もいるし、テストだけで判断するという先生もいます。そうすると、どう努力していけばよいのか本当に分かりにくいんです。

（中央教育審議会初等中等教育分科会教育課程部会児童生徒の学習評価に関するワーキンググループ第7回における高等学校三年生の意見より）

2

カリキュラム・マネジメントの一環としての指導と評価
「主体的・対話的で深い学び」の視点からの授業改善と評価

Plan
指導計画等の作成

Do
指導計画を踏まえた教育の実施

Check
生徒の学習状況、指導計画等の評価

Action
授業や指導計画等の改善

3

平成30年告示の学習指導要領における目標の構成

各教科等の目標や「内容」の記述を、「知識及び技能」「思考力、判断力、表現力等」「学びに向かう力、人間性等」の資質・能力の3つの柱で再整理。

例えば、国語科では…

国語
第1款　目標

平成21年告示高等学校学習指導要領

国語を適切に表現し理解する能力を育成し、伝え合う力を高めるとともに、思考力や想像力を伸ばし、心情を豊かにし、言語感覚を磨き、言語文化に対する関心を深め、国語を尊重してその向上を図る態度を育てる。

平成30年告示高等学校学習指導要領

言葉による見方・考え方を働かせ、言語活動を通して、国語で的確に理解し効果的に表現する資質・能力を次のとおり育成することを目指す。

国語
第1款　目標

【知識及び技能】
(1)生涯にわたる社会生活に必要な国語について、その特質を理解し適切に使うことができるようにする。

【思考力、判断力、表現力等】
(2)生涯にわたる社会生活における他者との関わりの中で伝え合う力を高め、思考力や想像力を伸ばす。

【学びに向かう力、人間性等】
(3)言葉のもつ価値への認識を深めるとともに、言語感覚を磨き、我が国の言語文化の担い手としての自覚をもち、生涯にわたり国語を尊重してその能力の向上を図る態度を養う。

4

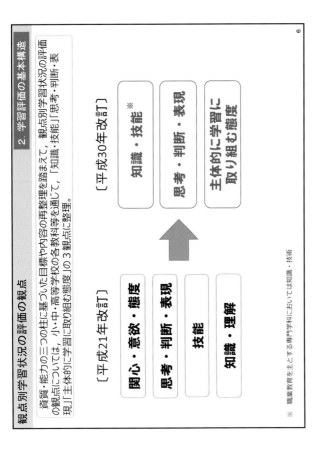
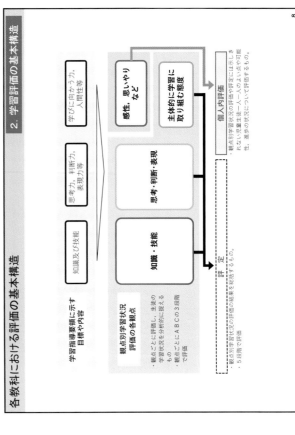

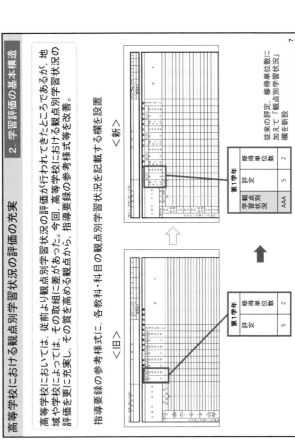

「知識・技能」の評価

次のようなエ夫が考えられる

- ●授業において
  それぞれの教科等の特質に応じ、観察・実験をしたり、式やグラフで表現したりするなど学習した知識や技能を用いる場面を設け評価

- ●ペーパーテストにおいて
  事実的な知識の習得を問う問題と知識の概念的な理解を問う問題とのバランスに配慮して出題して評価

「思考・判断・表現」の評価

次のようなエ夫が考えられる

- ●ペーパーテストにおいて、出題の仕方を工夫して評価
- ●論述やレポートを課して評価
- ●発表やグループでの話合いなどの場面で評価
- ●作品の制作などにおいて多様な表現活動を設け、ポートフォリオを活用して評価

「主体的に学習に取り組む態度」の評価

学びに向かう力、人間性等

① 観点別学習状況の評価になじまない部分（感性、思いやり等）

⑦ 「主体的に学習に取り組む態度」として観点別学習状況の評価を通じて見取ることができる部分

個人内評価（生徒一人一人のよい点や可能性、進歩の状況等）等を通じて見取る。

※ 特に感性や思いやりなど生徒一人一人のよい点や可能性、進歩の状況などについては、積極的に評価し、生徒に伝えることが重要。

知識及び技能を獲得したり、思考力、判断力、表現力等を身に付けたりすることに向けた粘り強い取組の中で、自らの学習を調整しようとしているかどうかを含めて評価する。

「学びに向かう力、人間性等」には、⑦「主体的に学習に取り組む態度」として観点別学習状況の評価を通じて見取ることができる部分と、①観点別学習状況の評価や評定にはなじまない部分がある。

「主体的に学習に取り組む態度」の評価

「主体的に学習に取り組む態度」の評価のイメージ

「十分満足できる」状況(A)

「おおむね満足できる」状況(B)

「努力を要する」状況(C)

②自らの学習を調整しようとする側面

①粘り強い取組を行おうとする側面

○「主体的に学習に取り組む態度」の評価については、①知識及び技能を獲得したり、思考力、判断力、表現力等を身に付けたりすることに向けた粘り強い取組を行おうとする側面と、②の粘り強い取組を行う中で、自らの学習を調整しようとする側面、という二つの側面から評価することが求められる。

○これら①②の姿は実際の学習の学びの中で相互に関わり合いながら立ち現れるものと考えられる。例えば、自らの学習を全く調整しようとせず粘り強く取り組み続ける姿や、粘り強さが全くない中で自らの学習を調整する姿は一般的ではない。

「主体的に学習に取り組む態度」については、①知識及び技能を獲得したり、思考力、判断力、表現力等を身に付けたりすることに向けた粘り強い取組の中で、②自らの学習を調整しようとしているかどうかを含めて評価する。

●「自らの学習を調整しようとする側面」について
自らの学習状況を振り返って把握し、学習の進め方について試行錯誤する（微調整を繰り返す）などの意思的な側面

指導において次のような工夫も大切
■生徒が自らの理解状況を振り返ることができるような発問を工夫したり指示したりする
■内容のまとまりの中で、話し合ったり他の生徒との協働を通じて自らの考えを相対化するような場面を設ける

◎ここでの評価は、生徒の学習の調整が適切に行われているかどうかを必ずしも判断するものではない。学習の調整が適切に行われていない場合には、教師の指導が求められる。

13

「内容のまとまり」ごとの評価規準を作成する → 単元（題材）の目標を作成する → 単元（題材）の評価規準を作成する

指導と評価の計画を立てる → 授業（指導と評価）を行う → 評価の総括を行う

（総括に用いる評価の記録については、場面を精選する）

※ 職業教育を主とする専門学科においては、学習指導要領の規定から、「指導項目」ごとの評価規準」とする。

14

評価の方針等の生徒との共有
学習評価の妥当性や信頼性を高めるとともに、生徒自身に学習の見通しをもたせるため、学習評価の方針を事前に生徒と共有する場面を必要に応じて設ける。

観点別学習状況の評価を行う場面の精選
観点別学習状況の評価に係る記録は、毎回の授業ではなく、単元や題材などの内容や時間のまとまりごとに行うなど、評価場面を精選する。
※日々の授業における生徒の学習状況を適宜把握して指導の改善に生かすことに重点を置くことが重要。

外部試験や検定等の学習評価への利用
外部試験や検定等は、学習指導要領の目標に準拠したものではないことから、教師が行う学習評価の補完材料である（外部試験等の結果をそのまま教師の評価に代えることは適切ではない）ことに十分留意が必要であること。

15

学校全体としての組織的かつ計画的な取組
教師の勤務負担軽減を図りながら学習評価の妥当性や信頼性が高められるよう、学校全体としての組織的かつ計画的な取組を行うことが重要。

※例えば以下の取組が考えられる。
・教師同士での評価規準や評価方法の検討、明確化
・実践事例の蓄積・共有
・評価結果の検討等を通じた教師の力量の向上
・校内組織（学年会や教科等部会等）の活用

16

目次

・　高等学校地理歴史科における「内容のまとまりごとの評価規準（例)」
・　評価規準，評価方法等の工夫改善に関する調査研究について（令和2年4月13日，国立教育政策研究所長裁定）
・　評価規準，評価方法等の工夫改善に関する調査研究協力者
・　学習指導要領等関係資料について
・　学習評価の在り方ハンドブック（高等学校編）

※本冊子については，改訂後の常用漢字表（平成22年11月30日内閣告示）に基づいて表記しています（学習指導要領及び初等中等教育局長通知等の引用部分を除く）。

〔巻頭資料（スライド）について〕
　巻頭資料（スライド）は，学習評価に関する基本事項を簡潔にまとめたものです。巻頭資料の記載に目を通し概略を把握することで，本編の内容を読み進める上での一助となることや，各自治体や各学校における研修等で使用する資料の参考となることを想定しています。記載内容は最小限の情報になっているので，詳細については，本編を御参照ください。

第1編

総説

第1編　総説

本編においては，以下の資料について，それぞれ略称を用いることとする。

答申：「幼稚園，小学校，中学校，高等学校及び特別支援学校の学習指導要領等の改善
　　　及び必要な方策等について（答申）」　平成28年12月21日　中央教育審議会
報告：「児童生徒の学習評価の在り方について（報告）」　平成31年1月21日　中央教
　　　育審議会　初等中等教育分科会　教育課程部会
改善等通知：「小学校，中学校，高等学校及び特別支援学校等における児童生徒の学習
　　　評価及び指導要録の改善等について（通知）」　平成31年3月29日　初等中等
　　　教育局長通知

第1章　平成30年の高等学校学習指導要領改訂を踏まえた学習評価の改善

1　はじめに

　学習評価は，学校における教育活動に関し，生徒の学習状況を評価するものである。答申にもあるとおり，生徒の学習状況を的確に捉え，教師が指導の改善を図るとともに，生徒が自らの学びを振り返って次の学びに向かうことができるようにするためには，学習評価の在り方が極めて重要である。

　各教科等の評価については，「観点別学習状況の評価」と「評定」が学習指導要領に定める目標に準拠した評価として実施するものとされている[1]。観点別学習状況の評価とは，学校における生徒の学習状況を，複数の観点から，それぞれの観点ごとに分析的に捉える評価のことである。生徒が各教科等での学習において，どの観点で望ましい学習状況が認められ，どの観点に課題が認められるかを明らかにすることにより，具体的な指導や学習の改善に生かすことを可能とするものである。各学校において目標に準拠した観点別学習状況の評価を行うに当たっては，観点ごとに評価規準を定める必要がある。評価規準とは，観点別学習状況の評価を的確に行うため，学習指導要領に示す目標の実現の状況を判断するよりどころを表現したものである。本参考資料は，観点別学習状況の評価を実施する際に必要となる評価規準等，学習評価を行うに当たって参考となる情報をまとめたものである。

　以下，文部省指導資料から，評価規準について解説した部分を参考として引用する。

---

[1] 各教科の評価については，観点別学習状況の評価と，これらを総括的に捉える「評定」の両方について実施するものとされており，観点別学習状況の評価や評定には示しきれない生徒の一人一人のよい点や可能性，進歩の状況については，「個人内評価」として実施するものとされている（P.6〜11に後述）。

（参考）評価規準の設定（抄）

（文部省「小学校教育課程一般指導資料」（平成5年9月）より）

　新しい指導要録（平成3年改訂）では，観点別学習状況の評価が効果的に行われるようにするために，「各観点ごとに学年ごとの評価規準を設定するなどの工夫を行うこと」と示されています。

　これまでの指導要録においても，観点別学習状況の評価を適切に行うため，「観点の趣旨を学年別に具体化することなどについて工夫を加えることが望ましいこと」とされており，教育委員会や学校では目標の達成の度合いを判断するための基準や尺度などの設定について研究が行われてきました。

　しかし，それらは，ともすれば知識・理解の評価が中心になりがちであり，また「目標を十分達成（＋）」，「目標をおおむね達成（空欄）」及び「達成が不十分（－）」ごとに詳細にわたって設定され，結果としてそれを単に数量的に処理することに陥りがちであったとの指摘がありました。

　今回の改訂においては，学習指導要領が目指す学力観に立った教育の実践に役立つようにすることを改訂方針の一つとして掲げ，各教科の目標に照らしてその実現の状況を評価する観点別学習状況を各教科の学習の評価の基本に据えることとしました。したがって，評価の観点についても，学習指導要領に示す目標との関連を密にして設けられています。

　このように，学習指導要領が目指す学力観に立つ教育と指導要録における評価とは一体のものであるとの考え方に立って，各教科の目標の実現の状況を「関心・意欲・態度」，「思考・判断・表現」，「技能・表現（または技能）」及び「知識・理解」の観点ごとに適切に評価するため，「評価規準を設定する」ことを明確に示しているものです。

　「評価規準」という用語については，先に述べたように，新しい学力観に立って子供たちが自ら獲得し身に付けた資質や能力の質的な面，すなわち，学習指導要領の目標に基づく幅のある資質や能力の育成の実現状況の評価を目指すという意味から用いたものです。

2　平成30年の高等学校学習指導要領改訂を踏まえた学習評価の意義

（1）学習評価の充実

　　平成30年に改訂された高等学校学習指導要領総則においては，学習評価の充実について新たに項目が置かれている。具体的には，学習評価の目的等について以下のように示し，単元や題材など内容や時間のまとまりを見通しながら，生徒の主体的・対話的で深い学びの実現に向けた授業改善を行うと同時に，評価の場面や方法を工夫して，学習の過程や成果を評価することを示し，授業の改善と評価の改善を両輪として行っていくことの必要性が明示されている。

> ・生徒のよい点や進歩の状況などを積極的に評価し，学習したことの意義や価値を実感できるようにすること。また，各教科・科目等の目標の実現に向けた学習状況を把握する観点から，単元や題材など内容や時間のまとまりを見通しながら評価の場面や方法を工夫して，学習の過程や成果を評価し，指導の改善や学習意欲の向上を図り，資質・能力の育成に生かすようにすること。
> ・創意工夫の中で学習評価の妥当性や信頼性が高められるよう，組織的かつ計画的な取組を推進するとともに，学年や学校段階を越えて生徒の学習の成果が円滑に接続されるように工夫すること。

（高等学校学習指導要領 第1章 総則 第3款 教育課程の実施と学習評価 2 学習評価の充実）

　報告では現状の学習評価の課題として，学校や教師の状況によっては，学期末や学年末などの事後での評価に終始してしまうことが多く，評価の結果が生徒の具体的な学習改善につながっていないなどの指摘があるとしている。このため，学習評価の充実に当たっては，いわゆる評価のための評価に終わることのないよう指導と評価の一体化を図り，学習の成果だけでなく，学習の過程を一層重視し，生徒が自分自身の目標や課題をもって学習を進めていけるように評価を行うことが大切である。

　また，報告においては，教師によって学習評価の方針が異なり，生徒が学習改善につなげにくいといった現状の課題も指摘されている。平成29年度文部科学省委託調査「学習指導と学習評価に対する意識調査」（以下「平成29年度文科省意識調査」）では，学習評価への取組状況について，「A：校内で評価方法や評価規準を共有したり，授業研究を行ったりして，学習評価の改善に，学校全体で取り組んでいる」「B：評価規準の改善，評価方法の研究などは，教員個人に任されている」の二つのうちどちらに近いか尋ねたところ，高等学校では「B」又は「どちらかと言うとB」が約55％を占めている。このような現状を踏まえ，特に高等学校においては，学習評価の妥当性や信頼性を高め，授業改善や組織運営の改善に向けた学校教育全体の取組に位置付ける観点から，組織的かつ計画的に取り組むようにすることが必要である。

（2）カリキュラム・マネジメントの一環としての指導と評価

　各学校における教育活動の多くは，学習指導要領等に従い生徒や地域の実態を踏まえて編成された教育課程の下，指導計画に基づく授業（学習指導）として展開される。各学校では，生徒の学習状況を評価し，その結果を生徒の学習や教師による指導の改善や学校全体としての教育課程の改善等に生かし，学校全体として組織的かつ計画的に教育活動の質の向上を図っていくことが必要である。このように，「学習指導」と「学習評価」は学校の教育活動の根幹に当たり，教育課程に基づいて組織的かつ計画的に教育活動の質の向上を図る「カリキュラム・マネジメント」の中核的な役割を担っているのである。

（3）主体的・対話的で深い学びの視点からの授業改善と評価

　　指導と評価の一体化を図るためには，生徒一人一人の学習の成立を促すための評価という視点を一層重視し，教師が自らの指導のねらいに応じて授業での生徒の学びを振り返り，学習や指導の改善に生かしていくことが大切である。すなわち，平成30年に改訂された高等学校学習指導要領で重視している「主体的・対話的で深い学び」の視点からの授業改善を通して各教科等における資質・能力を確実に育成する上で，学習評価は重要な役割を担っている。

（4）学習評価の改善の基本的な方向性

　　（1）～（3）で述べたとおり，学習指導要領改訂の趣旨を実現するためには，学習評価の在り方が極めて重要であり，すなわち，学習評価を真に意味のあるものとし，指導と評価の一体化を実現することがますます求められている。

　　このため，報告では，以下のように学習評価の改善の基本的な方向性が示された。

① 児童生徒の学習改善につながるものにしていくこと

② 教師の指導改善につながるものにしていくこと

③ これまで慣行として行われてきたことでも，必要性・妥当性が認められないものは見直していくこと

3　平成30年の高等学校学習指導要領改訂を受けた評価の観点の整理

　　平成30年改訂学習指導要領においては，知・徳・体にわたる「生きる力」を生徒に育むために「何のために学ぶのか」という各教科等を学ぶ意義を共有しながら，授業の創意工夫や教科書等の教材の改善を促すため，全ての教科・科目等の目標及び内容を「知識及び技能」，「思考力，判断力，表現力等」，「学びに向かう力，人間性等」の育成を目指す資質・能力の三つの柱で再整理した（図1参照）。知・徳・体のバランスのとれた「生きる力」を育むことを目指すに当たっては，各教科・科目等の指導を通してどのような資質・能力の育成を目指すのかを明確にしながら教育活動の充実を図ること，その際には，生徒の発達の段階や特性を踏まえ，三つの柱に沿った資質・能力の育成がバランスよく実現できるよう留意する必要がある。

図1

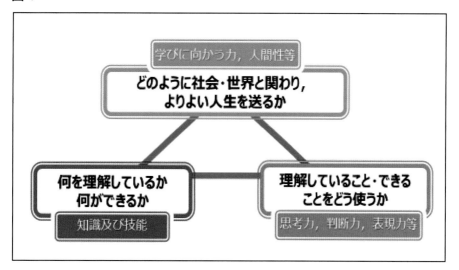

　観点別学習状況の評価については，こうした教育目標や内容の再整理を踏まえて，小・中・高等学校の各教科を通じて，4観点から3観点に整理された（図2参照）。

図2

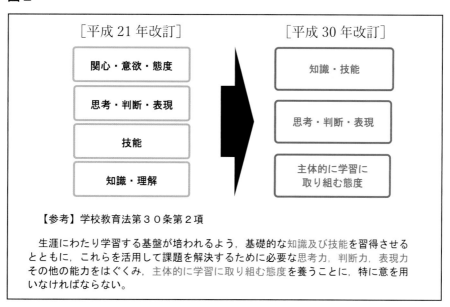

4　平成30年の高等学校学習指導要領改訂における各教科・科目の学習評価

　各教科・科目の学習評価においては，平成30年改訂においても，学習状況を分析的に捉える「観点別学習状況の評価」と，これらを総括的に捉える「評定」の両方について，学習指導要領に定める目標に準拠した評価として実施するものとされた。

　同時に，答申では「観点別学習状況の評価」について，高等学校では，知識量のみを問うペーパーテストの結果や，特定の活動の結果などのみに偏重した評価が行われているのではないかとの懸念も示されており，指導要録の様式の改善などを通じて評価の観点を明確にし，観点別学習状況の評価を更に普及させていく必要があるとされた。報告ではこの点について，以下のとおり示されている。

【高等学校における観点別学習状況の評価の扱いについて】

○　高等学校においては，従前より観点別学習状況の評価が行われてきたところであるが，地域や学校によっては，その取組に差があり，形骸化している場合があるとの指摘もある。「平成29年度文科省意識調査」では，高等学校が指導要録に観点別学習状況の評価を記録している割合は，13.3%にとどまる。そのため，高等学校における観点別学習状況の評価を更に充実し，その質を高める観点から，今後国が発出する学習評価及び指導要録の改善等に係る通知の「高等学校及び特別支援学校高等部の指導要録に記載する事項等」において，観点別学習状況の評価に係る説明を充実するとともに，指導要録の参考様式に記載欄を設けることとする。

　　これを踏まえ，改善等通知においては，高等学校生徒指導要録に新たに観点別学習状況の評価の記載欄を設けることとした上で，以下のように示されている。

【高等学校生徒指導要録】（学習指導要領に示す各教科・科目の取扱いは次のとおり）

　［各教科・科目の学習の記録］

　I　観点別学習状況

　　　学習指導要領に示す各教科・科目の目標に基づき，学校が生徒や地域の実態に即して定めた当該教科・科目の目標や内容に照らして，その実現状況を観点ごとに評価し記入する。その際，

　　　　「十分満足できる」状況と判断されるもの：A

　　　　「おおむね満足できる」状況と判断されるもの：B

　　　　「努力を要する」状況と判断されるもの：C

　　のように区別して評価を記入する。

　II　評定

　　　各教科・科目の評定は，学習指導要領に示す各教科・科目の目標に基づき，学校が生徒や地域の実態に即して定めた当該教科・科目の目標や内容に照らし，その実現状況を総括的に評価して，

　　　　「十分満足できるもののうち，特に程度が高い」状況と判断されるもの：5

　　　　「十分満足できる」状況と判断されるもの：4

　　　　「おおむね満足できる」状況と判断されるもの：3

　　　　「努力を要する」状況と判断されるもの：2

　　　　「努力を要すると判断されるもののうち，特に程度が低い」状況と判断されるもの：1

　　のように区別して評価を記入する。

　　　評定は各教科・科目の学習の状況を総括的に評価するものであり，「観点別学習状況」において掲げられた観点は，分析的な評価を行うものとして，各教科・科目の評定を行う場合において基本的な要素となるものであることに十分留意する。その際，評定の適切な決定方法等については，各学校において定める。

　「平成29年度文科省意識調査」では，「観点別学習状況の評価は実践の蓄積があり，定着してきている」に対する「そう思う」又は「まあそう思う」との回答の割合は，小学校・中学校では80％を超えるのに対し，高等学校では約45％にとどまっている。このような現状を踏まえ，今後高等学校においては，観点別学習状況の評価を更に充実し，その質を高めることが求められている。

　また，観点別学習状況の評価や評定には示しきれない生徒一人一人のよい点や可能性，進歩の状況については，「個人内評価」として実施するものとされている。改善等通知においては，「観点別学習状況の評価になじまず個人内評価の対象となるものについては，児童生徒が学習したことの意義や価値を実感できるよう，日々の教育活動等の中で児童生徒に伝えることが重要であること。特に『学びに向かう力，人間性等』のうち『感性や思いやり』など児童生徒一人一人のよい点や可能性，進歩の状況などを積極的に評価し児童生徒に伝えることが重要であること。」と示されている。

　「3　平成30年の高等学校学習指導要領改訂を受けた評価の観点の整理」も踏まえて各教科における評価の基本構造を図示化すると，以下のようになる（図3参照）。

図3

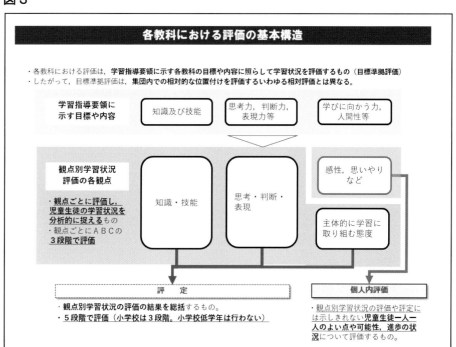

　上記の，「各教科における評価の基本構造」を踏まえた3観点の評価それぞれについての考え方は，以下の（1）〜（3）のとおりとなる。なお，この考え方は，総合的な探究の時間，特別活動においても同様に考えることができる。

（1）「知識・技能」の評価について

　「知識・技能」の評価は，各教科等における学習の過程を通した知識及び技能の習得状況について評価を行うとともに，それらを既有の知識及び技能と関連付けたり活用したりする中で，他の学習や生活の場面でも活用できる程度に概念等を理解したり，技能を習得したりしているかについても評価するものである。

　「知識・技能」におけるこのような考え方は，従前の「知識・理解」（各教科等において習得すべき知識や重要な概念等を理解しているかを評価），「技能」（各教科等において習得すべき技能を身に付けているかを評価）においても重視してきたものである。

　具体的な評価の方法としては，ペーパーテストにおいて，事実的な知識の習得を問う問題と，知識の概念的な理解を問う問題とのバランスに配慮するなどの工夫改善を図るとともに，例えば，生徒が文章による説明をしたり，各教科等の内容の特質に応じて，観察・実験したり，式やグラフで表現したりするなど，実際に知識や技能を用いる場面を設けるなど，多様な方法を適切に取り入れていくことが考えられる。

（2）「思考・判断・表現」の評価について

　「思考・判断・表現」の評価は，各教科等の知識及び技能を活用して課題を解決する等のために必要な思考力，判断力，表現力等を身に付けているかを評価するものである。

　「思考・判断・表現」におけるこのような考え方は，従前の「思考・判断・表現」の観点においても重視してきたものである。「思考・判断・表現」を評価するためには，教師は「主体的・対話的で深い学び」の視点からの授業改善をする中で，生徒が思考・判断・表現する場面を効果的に設計するなどした上で，指導・評価することが求められる。

　具体的な評価の方法としては，ペーパーテストのみならず，論述やレポートの作成，発表，グループでの話合い，作品の制作や表現等の多様な活動を取り入れたり，それらを集めたポートフォリオを活用したりするなど評価方法を工夫することが考えられる。

（3）「主体的に学習に取り組む態度」の評価について

　答申において「学びに向かう力，人間性等」には，①「主体的に学習に取り組む態度」として観点別学習状況の評価を通じて見取ることができる部分と，②観点別学習状況の評価や評定にはなじまず，こうした評価では示しきれないことから個人内評価を通じて見取る部分があることに留意する必要があるとされている。すなわち，②については観点別学習状況の評価の対象外とする必要がある。

　「主体的に学習に取り組む態度」の評価に際しては，単に継続的な行動や積極的な発言を行うなど，性格や行動面の傾向を評価するということではなく，各教科等の「主体的に学習に取り組む態度」に係る観点の趣旨に照らして，知識及び技能を習得したり，思考力，判断力，表現力等を身に付けたりするために，自らの学習状況を把握し，学習の進め方について試行錯誤するなど自らの学習を調整しながら，学ぼうとしているか

どうかという意思的な側面を評価することが重要である。

　従前の「関心・意欲・態度」の観点も，各教科等の学習内容に関心をもつことのみならず，よりよく学ぼうとする意欲をもって学習に取り組む態度を評価するという考え方に基づいたものであり，この点を「主体的に学習に取り組む態度」として改めて強調するものである。

　本観点に基づく評価は，「主体的に学習に取り組む態度」に係る各教科等の評価の観点の趣旨に照らして，

①　知識及び技能を獲得したり，思考力，判断力，表現力等を身に付けたりすることに
　　向けた粘り強い取組を行おうとしている側面

②　①の粘り強い取組を行う中で，自らの学習を調整しようとする側面

という二つの側面を評価することが求められる[2]（図4参照）。

　ここでの評価は，生徒の学習の調整が「適切に行われているか」を必ずしも判断するものではなく，学習の調整が知識及び技能の習得などに結び付いていない場合には，教師が学習の進め方を適切に指導することが求められる。

　具体的な評価の方法としては，ノートやレポート等における記述，授業中の発言，教師による行動観察や生徒による自己評価や相互評価等の状況を，教師が評価を行う際に考慮する材料の一つとして用いることなどが考えられる。

図4

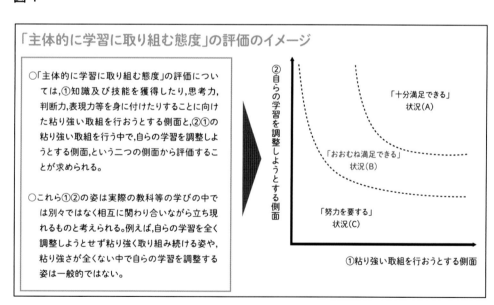

───────────────

[2] これら①②の姿は実際の教科等の学びの中では別々ではなく相互に関わり合いながら立ち現れるものと考えられることから，実際の評価の場面においては，双方の側面を一体的に見取ることも想定される。例えば，自らの学習を全く調整しようとせず粘り強く取り組み続ける姿や，粘り強さが全くない中で自らの学習を調整する姿は一般的ではない。

　　なお，学習指導要領の「2　内容」に記載のない「主体的に学習に取り組む態度」の評価については，後述する第2章1（2）を参照のこと[3]。

5　改善等通知における総合的な探究の時間，特別活動の指導要録の記録

　　改善等通知においては，各教科の学習の記録とともに，以下の（1），（2）の各教科等の指導要録における学習の記録について以下のように示されている。

（1）総合的な探究の時間について

　　改善等通知別紙3には，「総合的な探究の時間の記録については，この時間に行った学習活動及び各学校が自ら定めた評価の観点を記入した上で，それらの観点のうち，生徒の学習状況に顕著な事項がある場合などにその特徴を記入する等，生徒にどのような力が身に付いたかを文章で端的に記述する」とされている。また，「評価の観点については，高等学校学習指導要領等に示す総合的な探究の時間の目標を踏まえ，各学校において具体的に定めた目標，内容に基づいて別紙5を参考に定める」とされている。

（2）特別活動について

　　改善等通知別紙3には，「特別活動の記録については，各学校が自ら定めた特別活動全体に係る評価の観点を記入した上で，各活動・学校行事ごとに，評価の観点に照らして十分満足できる活動の状況にあると判断される場合に，○印を記入する」とされている。また，「評価の観点については，高等学校学習指導要領等に示す特別活動の目標を踏まえ，各学校において別紙5を参考に定める。その際，特別活動の特質や学校として重点化した内容を踏まえ，例えば『主体的に生活や人間関係をよりよくしようとする態度』などのように，より具体的に定めることも考えられる。記入に当たっては，特別活動の学習が学校やホームルームにおける集団活動や生活を対象に行われるという特質に留意する」とされている。

　　なお，特別活動は学級担任以外の教師が指導する活動もあることから，評価体制を確立し，共通理解を図って，生徒のよさや可能性を多面的・総合的に評価するとともに，確実に資質・能力が育成されるよう指導の改善に生かすことが求められる。

---

[3] 各教科等によって，評価の対象に特性があることに留意する必要がある。例えば，保健体育科の体育に関する科目においては，公正や協力などを，育成する「態度」として学習指導要領に位置付けており，各教科等の目標や内容に対応した学習評価が行われることとされている。

6 障害のある生徒の学習評価について

　学習評価に関する基本的な考え方は，障害のある生徒の学習評価についても同様である。

　障害のある生徒については，特別支援学校等の助言又は援助を活用しつつ，個々の生徒の障害の状態や特性及び心身の発達の段階に応じた指導内容や指導方法の工夫を行い，その評価を適切に行うことが必要である。また，指導内容や指導方法の工夫については，学習指導要領の各教科・科目の「指導計画の作成と内容の取扱い」の「指導計画作成上の配慮事項」の「障害のある生徒への配慮についての事項」についての学習指導要領解説も参考となる。

7 評価の方針等の生徒や保護者への共有について

　学習評価の妥当性や信頼性を高めるとともに，生徒自身に学習の見通しをもたせるために，学習評価の方針を事前に生徒と共有する場面を必要に応じて設けることが求められており，生徒に評価の結果をフィードバックする際にも，どのような方針によって評価したのかを改めて生徒に共有することも重要である。

　また，学習指導要領下での学習評価の在り方や基本方針等について，様々な機会を捉えて保護者と共通理解を図ることが非常に重要である。

第2章　学習評価の基本的な流れ

1　各学科に共通する各教科における評価規準の作成及び評価の実施等について

（1）目標と「評価の観点及びその趣旨」との対応関係について

　　　評価規準の作成に当たっては，各学校の実態に応じて目標に準拠した評価を行うために，「評価の観点及びその趣旨」[4]が各教科の目標を踏まえて作成されていることを確認することが必要である[5]。また，教科の目標と「評価の観点及びその趣旨」との関係性を踏まえ，科目の目標に対する「評価の観点の趣旨」を作成することが必要である。

　　　なお，「主体的に学習に取り組む態度」の観点は，教科・科目の目標の（3）に対応するものであるが，観点別学習状況の評価を通じて見取ることができる部分をその内容として整理し，示していることを確認することが必要である（図5，6参照）。

　図5

【学習指導要領「教科の目標」】

　学習指導要領　各教科の「第1款　目標」等

（1）	（2）	（3）
（知識及び技能に関する目標）	（思考力，判断力，表現力等に関する目標）	（学びに向かう力，人間性等に関する目標）[6]

【改善等通知　別紙5「評価の観点及びその趣旨」】

観点	知識・技能	思考・判断・表現	主体的に学習に取り組む態度
趣旨	（知識・技能の観点の趣旨）	（思考・判断・表現の観点の趣旨）	（主体的に学習に取り組む態度の観点の趣旨）

---

[4] 各教科等の学習指導要領の目標の規定を踏まえ，観点別学習状況の評価の対象とするものについて整理したものが教科等の観点の趣旨である。

[5] 芸術科においては，「第2款　各科目」における音楽Ⅰ〜Ⅲ，美術Ⅰ〜Ⅲ，工芸Ⅰ〜Ⅲ，書道Ⅰ〜Ⅲについて，それぞれ科目の目標を踏まえて「評価の観点及びその趣旨」が作成されている。

[6] 学びに向かう力，人間性等に関する目標には，個人内評価として実施するものも含まれている。

図6

【学習指導要領「科目の目標」】

学習指導要領　各教科の「第2款　各科目」における科目の目標

(1)	(2)	(3)
（知識及び技能に関する目標）	（思考力，判断力，表現力等に関する目標）	（学びに向かう力，人間性等に関する目標）[7]

観点	知識・技能	思考・判断・表現	主体的に学習に取り組む態度
趣旨	（知識・技能の観点の趣旨）	（思考・判断・表現の観点の趣旨）	（主体的に学習に取り組む態度の観点の趣旨）
	科目の目標に対する「評価の観点の趣旨」は各学校等において作成する		

（2）「内容のまとまりごとの評価規準」について

　　本参考資料では，評価規準の作成等について示す。具体的には，第2編において学習指導要領の規定から「内容のまとまりごとの評価規準」を作成する際の手順を示している。ここでの「内容のまとまり」とは，学習指導要領に示す各教科等の「第2款　各科目」における各科目の「1　目標」及び「2　内容」の項目等をそのまとまりごとに細分化したり整理したりしたものである[8]。平成30年に改訂された高等学校学習指導要領においては資質・能力の三つの柱に基づく構造化が行われたところであり，各学科に共通する各教科においては，学習指導要領に示す各教科の「第2款 各科目」の「2　内容」

---

[7] 脚注6を参照

[8] 各教科等の学習指導要領の「第3款　各科目にわたる指導計画の作成と内容の取扱い」1(1)に「単元（題材）などの内容や時間のまとまり」という記載があるが，この「内容や時間のまとまり」と，本参考資料における「内容のまとまり」は同義ではないことに注意が必要である。前者は，主体的・対話的で深い学びを実現するため，主体的に学習に取り組めるよう学習の見通しを立てたり学習したことを振り返ったりして自身の学びや変容を自覚できる場面をどこに設定するか，対話によって自分の考えなどを広げたり深めたりする場面をどこに設定するか，学びの深まりをつくりだすために，生徒が考える場面と教師が教える場面をどのように組み立てるか，といった視点による授業改善は，1単位時間の授業ごとに考えるのではなく，単元や題材などの一定程度のまとまりごとに検討されるべきであることが示されたものである。後者（本参考資料における「内容のまとまり」）については，本文に述べるとおりである。

において[9]，「内容のまとまり」ごとに育成を目指す資質・能力が示されている。このため，「2 内容」の記載はそのまま学習指導の目標となりうるものである[10]。学習指導要領の目標に照らして観点別学習状況の評価を行うに当たり，生徒が資質・能力を身に付けた状況を表すために，「2 内容」の記載事項の文末を「～すること」から「～している」と変換したもの等を，本参考資料において「内容のまとまりごとの評価規準」と呼ぶこととする[11]。

　ただし，「主体的に学習に取り組む態度」に関しては，特に，生徒の学習への継続的な取組を通して現れる性質を有すること等から[12]，「2 内容」に記載がない[13]。そのため，各科目の「1 目標」を参考にして作成した科目の目標に対する「評価の観点の趣旨」を踏まえつつ，必要に応じて，改善等通知別紙5に示された評価の観点の趣旨のうち「主体的に学習に取り組む態度」に関わる部分を用いて「内容のまとまりごとの評価規準」を作成する必要がある。

　なお，各学校においては，「内容のまとまりごとの評価規準」の考え方を踏まえて，各学校の実態を考慮し，単元や題材の評価規準等，学習評価を行う際の評価規準を作成する。

---

[9] 外国語においては「第2款 各科目」の「1 目標」である。

[10] 「2 内容」において示されている指導事項等を整理することで「内容のまとまり」を構成している教科もある。この場合は，整理した資質・能力をもとに，構成された「内容のまとまり」に基づいて学習指導の目標を設定することとなる。また，目標や評価規準の設定は，教育課程を編成する主体である各学校が，学習指導要領に基づきつつ生徒や学校，地域の実情に応じて行うことが必要である。

[11] 各学科に共通する各教科第9節家庭については，学習指導要領の「第1款 目標」(2)及び「第2款 各科目」の「1 目標」(2)に思考力・判断力・表現力等の育成に係る学習過程が記載されているため，これらを踏まえて「内容のまとまりごとの評価規準」を作成する必要がある。

[12] 各教科等の特性によって単元や題材など内容や時間のまとまりはさまざまであることから，評価を行う際は，それぞれの実現状況が把握できる段階について検討が必要である。

[13] 各教科等によって，評価の対象に特性があることに留意する必要がある。例えば，保健体育科の体育に関する科目においては，公正や協力などを，育成する「態度」として学習指導要領に位置付けており，各教科等の目標や内容に対応した学習評価が行われることとされている。

（3）「内容のまとまりごとの評価規準」を作成する際の基本的な手順

各教科における[14]，「内容のまとまりごとの評価規準」を作成する際の基本的な手順は以下のとおりである。

> 学習指導要領に示された教科及び科目の目標を踏まえて，「評価の観点及びその趣旨」が作成されていることを理解した上で，
>
> ① 各教科における「内容のまとまり」と「評価の観点」との関係を確認する。
>
> ② 【観点ごとのポイント】を踏まえ，「内容のまとまりごとの評価規準」を作成する。

（4）評価の計画を立てることの重要性

学習指導のねらいが生徒の学習状況として実現されたかについて，評価規準に照らして観察し，毎時間の授業で適宜指導を行うことは，育成を目指す資質・能力を生徒に育むためには不可欠である。その上で，評価規準に照らして，観点別学習状況の評価をするための記録を取ることになる。そのためには，いつ，どのような方法で，生徒について観点別学習状況を評価するための記録を取るのかについて，評価の計画を立てることが引き続き大切である。

しかし，毎時間生徒全員について記録を取り，総括の資料とするために蓄積することは現実的ではないことからも，生徒全員の学習状況を記録に残す場面を精選し，かつ適切に評価するための評価の計画が一層重要になる。

（5）観点別学習状況の評価に係る記録の総括

適切な評価の計画の下に得た，生徒の観点別学習状況の評価に係る記録の総括の時期としては，単元（題材）末，学期末，学年末等の節目が考えられる。

総括を行う際，観点別学習状況の評価に係る記録が，観点ごとに複数ある場合は，例えば，次のような総括の方法が考えられる。

・ **評価結果のＡ，Ｂ，Ｃの数を基に総括する場合**

何回か行った評価結果のＡ，Ｂ，Ｃの数が多いものが，その観点の学習の実施状況を最もよく表現しているとする考え方に立つ総括の方法である。例えば，3回評価を行った結果が「ＡＢＢ」ならばＢと総括することが考えられる。なお，「ＡＡＢＢ」の総括結果をＡとするかＢとするかなど，同数の場合や三つの記号が混在する場合の総括の仕方をあらかじめ各学校において決めておく必要がある。

---

[14] 芸術科においては，「第2款　各科目」における音楽Ⅰ～Ⅲ，美術Ⅰ～Ⅲ，工芸Ⅰ～Ⅲ，書道Ⅰ～Ⅲについて，必要に応じてそれぞれ「内容のまとまりごとの評価規準」を作成する。

・ **評価結果のＡ，Ｂ，Ｃを数値に置き換えて総括する場合**

何回か行った評価結果Ａ，Ｂ，Ｃを，例えばＡ＝３，Ｂ＝２，Ｃ＝１のように数値によって表し，合計したり平均したりする総括の方法である。例えば，総括の結果をＢとする範囲を［1.5≦平均値≦2.5］とすると，「ＡＢＢ」の平均値は，約2.3［（３＋２＋２）÷３］で総括の結果はＢとなる。

なお，評価の各節目のうち特定の時点に重きを置いて評価を行うこともできるが，その際平均値による方法等以外についても様々な総括の方法が考えられる。

（６）観点別学習状況の評価の評定への総括

評定は，各教科の観点別学習状況の評価を総括した数値を示すものである。評定は，生徒がどの教科の学習に望ましい学習状況が認められ，どの教科の学習に課題が認められるのかを明らかにすることにより，教育課程全体を見渡した学習状況の把握と指導や学習の改善に生かすことを可能とするものである。

評定への総括は，学期末や学年末などに行われることが多い。学年末に評定へ総括する場合には，学期末に総括した評定の結果を基にする場合と，学年末に観点ごとに総括した結果を基にする場合が考えられる。

観点別学習状況の評価の評定への総括は，各観点の評価結果をＡ，Ｂ，Ｃの組合せ，又は，Ａ，Ｂ，Ｃを数値で表したものに基づいて総括し，その結果を５段階で表す。

Ａ，Ｂ，Ｃの組合せから評定に総括する場合，「ＢＢＢ」であれば３を基本としつつ，「ＡＡＡ」であれば５又は４，「ＣＣＣ」であれば２又は１とするのが適当であると考えられる。それ以外の場合は，各観点のＡ，Ｂ，Ｃの数の組合せから適切に評定することができるようあらかじめ各学校において決めておく必要がある。

なお，観点別学習状況の評価結果は，「十分満足できる」状況と判断されるものをＡ，「おおむね満足できる」状況と判断されるものをＢ，「努力を要する」状況と判断されるものをＣのように表されるが，そこで表された学習の実現状況には幅があるため，機械的に評定を算出することは適当ではない場合も予想される。

また，評定は，高等学校学習指導要領等に示す各教科・科目の目標に照らして，その実現状況を「十分満足できるもののうち，特に程度が高い」状況と判断されるものを５，「十分満足できる」状況と判断されるものを４，「おおむね満足できる」状況と判断されるものを３，「努力を要する」状況と判断されるものを２，「努力を要すると判断されるもののうち，特に程度が低い」状況と判断されるものを１（単位不認定）という数値で表される。しかし，この数値を生徒の学習状況について五つに分類したものとして捉えるのではなく，常にこの結果の背後にある生徒の具体的な学習の実現状況を思い描き，適切に捉えることが大切である。評定への総括に当たっては，このようなことも十分に検討する必要がある[15]。また，各学校では観点別学習状況の評価の観点ごとの総括

---

[15] 改善等通知では，「評定は各教科の学習の状況を総括的に評価するものであり，『観点別

及び評定への総括の考え方や方法について，教師間で共通理解を図り，生徒及び保護者に十分説明し理解を得ることが大切である。

2 主として専門学科（職業教育を主とする専門学科）において開設される各教科における評価規準の作成及び評価の実施等について

（1）目標と「評価の観点及びその趣旨」との対応関係について

評価規準の作成に当たっては，各学校の実態に応じて目標に準拠した評価を行うために，「評価の観点及びその趣旨」が各教科の目標を踏まえて作成されていることを確認することが必要である。また，教科の目標と「評価の観点及びその趣旨」との関係性を踏まえ，科目の目標に対する「評価の観点の趣旨」を作成することが必要である。

なお，「主体的に学習に取り組む態度」の観点は，教科・科目の目標の（3）に対応するものであるが，観点別学習状況の評価を通じて見取ることができる部分をその内容として整理し，示していることを確認することが必要である（図7，8参照）。

図7

【学習指導要領「教科の目標」】

学習指導要領　各教科の「第1款　目標」

(1)	(2)	(3)
（知識及び技術に関する目標）	（思考力，判断力，表現力等に関する目標）	（学びに向かう力，人間性等に関する目標）[16]

【改善等通知　別紙5「評価の観点及びその趣旨」】

観点	知識・技術	思考・判断・表現	主体的に学習に取り組む態度
趣旨	（知識・技術の観点の趣旨）	（思考・判断・表現の観点の趣旨）	（主体的に学習に取り組む態度の観点の趣旨）

学習状況』において掲げられた観点は，分析的な評価を行うものとして，各教科の評定を行う場合において基本的な要素となるものであることに十分留意する。その際，評定の適切な決定方法等については，各学校において定める。」と示されている（P.8参照）。

[16] 脚注6を参照

図8

【学習指導要領「科目の目標」】

学習指導要領　各教科の「第2款　各科目」における科目の目標

(1)	(2)	(3)
（知識及び技術に関する目標）	（思考力，判断力，表現力等に関する目標）	（学びに向かう力，人間性等に関する目標）[17]

観点	知識・技術	思考・判断・表現	主体的に学習に取り組む態度
趣旨	（知識・技術の観点の趣旨）	（思考・判断・表現の観点の趣旨）	（主体的に学習に取り組む態度の観点の趣旨）
	科目の目標に対する「評価の観点の趣旨」は各学校等において作成する		

（2）職業教育を主とする専門学科において開設される「〔指導項目〕ごとの評価規準」について

　　職業教育を主とする専門学科においては，学習指導要領の規定から「〔指導項目〕ごとの評価規準」を作成する際の手順を示している。

　　平成30年に改訂された高等学校学習指導要領においては資質・能力の三つの柱に基づく構造化が行われたところであり，職業教育を主とする専門学科においては，学習指導要領解説に示す各科目の「第2　内容とその取扱い」の「2　内容」の各〔指導項目〕において，育成を目指す資質・能力が示されている。このため，「2　内容〔指導項目〕」の記載はそのまま学習指導の目標となりうるものである。学習指導要領及び学習指導要領解説の目標に照らして観点別学習状況の評価を行うに当たり，生徒が資質・能力を身に付けた状況を表すために，「2　内容　〔指導項目〕」の記載事項の文末を「～すること」から「～している」と変換したもの等を，本参考資料において「〔指導項目〕ごとの評価規準」と呼ぶこととする。

　　なお，職業教育を主とする専門学科については，「2　内容　〔指導項目〕」に「学びに向かう力・人間性」に係る項目が存在する。この「学びに向かう力・人間性」に係る項目から，観点別学習状況の評価になじまない部分等を除くことで「主体的に学習に取り組む態度」の「〔指導項目〕ごとの評価規準」を作成することができる。

　　これらを踏まえ，職業教育を主とする専門学科においては，各科目における「内容のまとまり」を〔指導項目〕に置き換えて記載することとする。

---

[17] 脚注6を参照

　各学校においては，「〔指導項目〕ごとの評価規準」の考え方を踏まえて，各学校の実態を考慮し，単元の評価規準等，学習評価を行う際の評価規準を作成する。

（3）「〔指導項目〕ごとの評価規準」を作成する際の基本的な手順

　職業教育を主とする専門学科における，「〔指導項目〕ごとの評価規準」を作成する際の基本的な手順は以下のとおりである。

　学習指導要領に示された教科及び科目の目標を踏まえて，「評価の観点及びその趣旨」が作成されていることを理解した上で，

① 各科目における〔指導項目〕と「評価の観点」との関係を確認する。

② 【観点ごとのポイント】を踏まえ，「〔指導項目〕ごとの評価規準」を作成する。

3　総合的な探究の時間における評価規準の作成及び評価の実施等について
（1）総合的な探究の時間の「評価の観点」について

　平成30年に改訂された高等学校学習指導要領では，各教科等の目標や内容を「知識及び技能」，「思考力，判断力，表現力等」，「学びに向かう力，人間性等」の資質・能力の三つの柱で再整理しているが，このことは総合的な探究の時間においても同様である。

　総合的な探究の時間においては，学習指導要領が定める目標を踏まえて各学校が目標や内容を設定するという総合的な探究の時間の特質から，各学校が観点を設定するという枠組みが維持されている。一方で，各学校が目標や内容を定める際には，学習指導要領において示された以下について考慮する必要がある。

【各学校において定める目標】
・　各学校において定める目標については，各学校における教育目標を踏まえ，総合的な探究の時間を通して育成を目指す資質・能力を示すこと。　　　（第2の3(1)）

　総合的な探究の時間を通して育成を目指す資質・能力を示すとは，各学校における教育目標を踏まえて，各学校において定める目標の中に，この時間を通して育成を目指す資質・能力を，三つの柱に即して具体的に示すということである。

【各学校において定める内容】
・　探究課題の解決を通して育成を目指す具体的な資質・能力については，次の事項に配慮すること。
　ア　知識及び技能については，他教科等及び総合的な探究の時間で習得する知識及び技能が相互に関連付けられ，社会の中で生きて働くものとして形成されるようにすること。
　イ　思考力，判断力，表現力等については，課題の設定，情報の収集，整理・分析，

> まとめ・表現などの探究的な学習の過程において発揮され，未知の状況において活用できるものとして身に付けられるようにすること。
> ウ　学びに向かう力，人間性等については，自分自身に関すること及び他者や社会との関わりに関することの両方の視点を踏まえること。　　　　　　（第2の3(6)）

　各学校において定める内容について，今回の改訂では新たに，「目標を実現するにふさわしい探究課題」，「探究課題の解決を通して育成を目指す具体的な資質・能力」の二つを定めることが示された。「探究課題の解決を通して育成を目指す具体的な資質・能力」とは，各学校において定める目標に記された資質・能力を，各探究課題に即して具体的に示したものであり，教師の適切な指導の下，生徒が各探究課題の解決に取り組む中で，育成することを目指す資質・能力のことである。この具体的な資質・能力も，「知識及び技能」，「思考力，判断力，表現力等」，「学びに向かう力，人間性等」という資質・能力の三つの柱に即して設定していくことになる。

　このように，各学校において定める目標と内容には，三つの柱に沿った資質・能力が明示されることになる。

　したがって，資質・能力の三つの柱で再整理した学習指導要領の下での指導と評価の一体化を推進するためにも，評価の観点についてこれらの資質・能力に関わる「知識・技能」，「思考・判断・表現」，「主体的に学習に取り組む態度」の3観点に整理し示したところである。

（2）総合的な探究の時間の「内容のまとまり」の考え方

　学習指導要領の第2の2では，「各学校においては，第1の目標を踏まえ，各学校の総合的な探究の時間の内容を定める。」とされている。これは，各学校が，学習指導要領が定める目標の趣旨を踏まえて，地域や学校，生徒の実態に応じて，創意工夫を生かした内容を定めることが期待されているからである。

　この内容の設定に際しては，前述したように「目標を実現するにふさわしい探究課題」，「探究課題の解決を通して育成を目指す具体的な資質・能力」の二つを定めることが示され，探究課題としてどのような対象と関わり，その探究課題の解決を通して，どのような資質・能力を育成するのかが内容として記述されることになる（図9参照）。

　本参考資料第1編第2章の1（2）では，「内容のまとまり」について，「学習指導要領に示す各教科等の『第2款　各科目』における各科目の『1　目標』及び『2　内容』の項目等をそのまとまりごとに細分化したり整理したりしたもので，『内容のまとまり』ごとに育成を目指す資質・能力が示されている」と説明されている。

　したがって，総合的な探究の時間における「内容のまとまり」とは，全体計画に示した「目標を実現するにふさわしい探究課題」のうち，一つ一つの探究課題とその探究課題に応じて定めた具体的な資質・能力と考えることができる。

図9

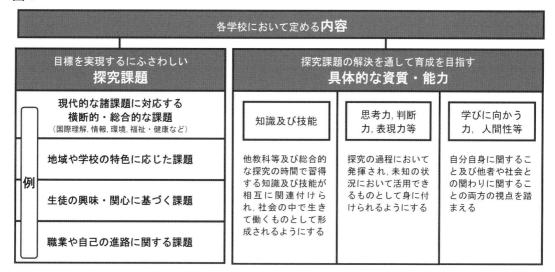

各学校において定める**内容**		

目標を実現するにふさわしい **探究課題**	探究課題の解決を通して育成を目指す **具体的な資質・能力**		

探究課題側：

例
- 現代的な諸課題に対応する
横断的・総合的な課題
（国際理解,情報,環境,福祉・健康など）
- 地域や学校の特色に応じた課題
- 生徒の興味・関心に基づく課題
- 職業や自己の進路に関する課題

具体的な資質・能力側：

知識及び技能	思考力,判断力,表現力等	学びに向かう力,人間性等
他教科等及び総合的な探究の時間で習得する知識及び技能が相互に関連付けられ,社会の中で生きて働くものとして形成されるようにする	探究の過程において発揮され,未知の状況において活用できるものとして身に付けられるようにする	自分自身に関すること及び他者や社会との関わりに関することの両方の視点を踏まえる

（3）「内容のまとまりごとの評価規準」を作成する際の基本的な手順

　総合的な探究の時間における,「内容のまとまりごとの評価規準」を作成する際の基本的な手順は以下のとおりである。

---

① 各学校において定めた目標（第2の1）と「評価の観点及びその趣旨」を確認する。

② 各学校において定めた内容の記述（「内容のまとまり」として探究課題ごとに作成した「探究課題の解決を通して育成を目指す具体的な資質・能力」）が,観点ごとにどのように整理されているかを確認する。

③【観点ごとのポイント】を踏まえ,「内容のまとまりごとの評価規準」を作成する。

4　特別活動の「評価の観点」とその趣旨，並びに評価規準の作成及び評価の実施等について

（1）特別活動の「評価の観点」とその趣旨について

　特別活動においては,改善等通知において示されたように,特別活動の特質と学校の創意工夫を生かすということから,設置者ではなく,「各学校で評価の観点を定める」ものとしている。本参考資料では「評価の観点」とその趣旨の設定について示している。

（2）特別活動の「内容のまとまり」

　学習指導要領「第2　各活動・学校行事の目標及び内容」〔ホームルーム活動〕「2　内容」の「(1)ホームルームや学校における生活づくりへの参画」,「(2)日常の生活や学習への適応と自己の成長及び健康安全」,「(3)一人一人のキャリア形成と自己実現」,〔生徒会活動〕,〔学校行事〕「2　内容」の(1)儀式的行事,(2)文化的行事,(3)健康安全・体育的行事,(4)旅行・集団宿泊的行事,(5)勤労生産・奉仕的行事をそれぞれ「内容のまとまり」とした。

（3）特別活動の「評価の観点」とその趣旨，並びに「内容のまとまりごとの評価規準」を作成する際の基本的な手順

　各学校においては，学習指導要領に示された特別活動の目標及び内容を踏まえ，自校の実態に即し，改善等通知の例示を参考に観点を作成する。その際，例えば，特別活動の特質や学校として重点化した内容を踏まえて，具体的な観点を設定することが考えられる。

　また，学習指導要領解説では，各活動・学校行事の内容ごとに育成を目指す資質・能力が例示されている。そこで，学習指導要領で示された「各活動・学校行事の目標」及び学習指導要領解説で例示された「資質・能力」を確認し，各学校の実態に合わせて育成を目指す資質・能力を重点化して設定する。

　次に，各学校で設定した，各活動・学校行事で育成を目指す資質・能力を踏まえて，「内容のまとまりごとの評価規準」を作成する。基本的な手順は以下のとおりである。

---

① 　学習指導要領の「特別活動の目標」と改善等通知を確認する。

② 　学習指導要領の「特別活動の目標」と自校の実態を踏まえ，改善等通知の例示を参考に，特別活動の「評価の観点」とその趣旨を設定する。

③ 　学習指導要領の「各活動・学校行事の目標」及び学習指導要領解説特別活動編（平成30年7月）で例示した「各活動・学校行事における育成を目指す資質・能力」を参考に，各学校において育成を目指す資質・能力を重点化して設定する。

④ 　【観点ごとのポイント】を踏まえ，「内容のまとまりごとの評価規準」を作成する。

（参考）平成 24 年「評価規準の作成，評価方法等の工夫改善のための参考資料」からの 変更点について

　今回作成した本参考資料は，平成 24 年の「評価規準の作成，評価方法等の工夫改善のための参考資料」を踏襲するものであるが，以下のような変更点があることに留意が必要である[18]。

　まず，平成 24 年の参考資料において使用していた「評価規準に盛り込むべき事項」や「評価規準の設定例」については，報告において「現行の参考資料のように評価規準を詳細に示すのではなく，各教科等の特質に応じて，学習指導要領の規定から評価規準を作成する際の手順を示すことを基本とする」との指摘を受け，第 2 編において示すことを改め，本参考資料の第 3 編における事例の中で，各教科等の事例に沿った評価規準を例示したり，その作成手順等を紹介したりする形に改めている。

　次に，本参考資料の第 2 編に示す「内容のまとまりごとの評価規準」は，平成 24 年の「評価規準の作成，評価方法等の工夫改善のための参考資料」において示した「評価規準に盛り込むべき事項」と作成の手順を異にする。具体的には，「評価規準に盛り込むべき事項」は，平成 21 年改訂学習指導要領における各教科等の目標及び内容の記述を基に，学習評価及び指導要録の改善通知で示している各教科等の評価の観点及びその趣旨を踏まえて作成したものである。

　また，平成 24 年の参考資料では「評価規準に盛り込むべき事項」をより具体化したものを「評価規準の設定例」として示している。「評価規準の設定例」は，原則として，学習指導要領の各教科等の目標及び内容のほかに，当該部分の学習指導要領解説（文部科学省刊行）の記述を基に作成していた。他方，本参考資料における「内容のまとまりごとの評価規準」については，平成 30 年改訂の学習指導要領の目標及び内容が育成を目指す資質・能力に関わる記述で整理されたことから，既に確認のとおり，そこでの「内容のまとまり」ごとの記述を，文末を変換するなどにより評価規準とすることを可能としており，学習指導要領の記載と表裏一体をなす関係にあると言える。

　さらに，「主体的に学習に取り組む態度」の「各教科等の評価の観点の趣旨」についてである。前述のとおり，従前の「関心・意欲・態度」の観点から「主体的に学習に取り組む態度」の観点に改められており，「主体的に学習に取り組む態度」の観点に関しては各科目の「1　目標」を参考にしつつ，必要に応じて，改善等通知別紙 5 に示された評価の観点の趣旨のうち「主体的に学習に取り組む態度」に関わる部分を用いて「内容のまとまりごとの評価規準」を作成する必要がある。報告にあるとおり，「主体的に学習に取り組む態度」は，現行の「関心・意欲・態度」の観点の本来の趣旨であった，各教科等の学習内容に関心をもつことのみならず，よりよく学ぼうとする意欲をもって学習に取り組む

---

[18] 特別活動については，平成 30 年改訂学習指導要領を受け，初めて作成するものである。

態度を評価することを改めて強調するものである。また，本観点に基づく評価としては，「主体的に学習に取り組む態度」に係る各教科等の評価の観点の趣旨に照らし，

　① 知識及び技能を獲得したり，思考力，判断力，表現力等を身に付けたりすることに向けた粘り強い取組を行おうとする側面と，

　② ①の粘り強い取組を行う中で，自らの学習を調整しようとする側面，

という二つの側面を評価することが求められるとされた[19]。

　以上の点から，今回の改善等通知で示した「主体的に学習に取り組む態度」の「各教科等の評価の観点の趣旨」は，平成22年通知で示した「関心・意欲・態度」の「各教科等の評価の観点の趣旨」から改められている。

---

[19] 脚注11を参照

第２編

「内容のまとまりごとの評価規準」
を作成する際の手順

1 高等学校地理歴史科の「内容のまとまり」

高等学校地理歴史科における「内容のまとまり」は，以下のようになっている。

第1　地理総合

A	地図や地理情報システムで捉える現代世界	(1)	地図や地理情報システムと現代世界
B	国際理解と国際協力	(1)	生活文化の多様性と国際理解
B	国際理解と国際協力	(2)	地球的課題と国際協力
C	持続可能な地域づくりと私たち	(1)	自然環境と防災
C	持続可能な地域づくりと私たち	(2)	生活圏の調査と地域の展望

第2　地理探究

A	現代世界の系統地理的考察	(1)	自然環境
A	現代世界の系統地理的考察	(2)	資源，産業
A	現代世界の系統地理的考察	(3)	交通・通信，観光
A	現代世界の系統地理的考察	(4)	人口，都市・村落
A	現代世界の系統地理的考察	(5)	生活文化，民族・宗教
B	現代世界の地誌的考察	(1)	現代世界の地域区分
B	現代世界の地誌的考察	(2)	現代世界の諸地域
C	現代世界におけるこれからの日本の国土像	(1)	持続可能な国土像の探究

第3　歴史総合

A　歴史の扉

B　近代化と私たち

C　国際秩序の変化や大衆化と私たち

D　グローバル化と私たち

第4　日本史探究

A　原始・古代の日本と東アジア

B　中世の日本と世界

C　近世の日本と世界

D　近現代の地域・日本と世界

第5　世界史探究

A　世界史へのまなざし

B　諸地域の歴史的特質の形成

C　諸地域の交流・再編

D　諸地域の結合・変容

E　地球世界の課題

2　高等学校地理歴史科における「内容のまとまりごとの評価規準」作成の手順

　ここでは，科目「地理総合」のＢ(1)「生活文化の多様性と国際理解」を取り上げて，「内容のまとまりごとの評価規準」作成の手順を説明する。

　まず，学習指導要領に示された教科の目標を踏まえて，「評価の観点及びその趣旨」が作成されていることを理解する。次に，教科の目標と「評価の観点及びその趣旨」との関係性を踏まえ，科目の目標に対する「評価の観点の趣旨」を作成する。その上で，後掲する①及び②の手順を踏む。

＜例　地理総合　Ｂ　国際理解と国際協力　(1)「生活文化の多様性と国際理解」＞

【高等学校学習指導要領　第２章　第２節　地理歴史「第１款 目標」】

　社会的な見方・考え方を働かせ，課題を追究したり解決したりする活動を通して，広い視野に立ち，グローバル化する国際社会に主体的に生きる平和で民主的な国家及び社会の有為な形成者に必要な公民としての資質・能力を次のとおり育成することを目指す。

(1)	(2)	(3)
現代世界の地域的特色と日本及び世界の歴史の展開に関して理解するとともに，調査や諸資料から様々な情報を適切かつ効果的に調べまとめる技能を身に付けるようにする。	地理や歴史に関わる事象の意味や意義，特色や相互の関連を，概念などを活用して多面的・多角的に考察したり，社会に見られる課題の解決に向けて構想したりする力や，考察，構想したことを効果的に説明したり，それらを基に議論したりする力を養う。	地理や歴史に関わる諸事象について，よりよい社会の実現を視野に課題を主体的に解決しようとする態度を養うとともに，多面的・多角的な考察や深い理解を通して涵養される日本国民としての自覚，我が国の国土や歴史に対する愛情，他国や他国の文化を尊重することの大切さについての自覚などを深める。

（高等学校学習指導要領 P.48）

【改善等通知　別紙５　各教科等の評価の観点及びその趣旨　＜地理歴史＞】

知識・技能	思考・判断・表現	主体的に学習に取り組む態度
現代世界の地域的特色と日本及び世界の歴史の展開に関して理解しているとともに，調査や諸資料から様々な情報を適切かつ効果的に調べまとめている。	地理や歴史に関わる事象の意味や意義，特色や相互の関連を，概念などを活用して多面的・多角的に考察したり，社会に見られる課題の解決に向けて構想したり，考察，構想したことを効果的に説明したり，それらを基に議論したりしている。	地理や歴史に関わる諸事象について，国家及び社会の形成者として，よりよい社会の実現を視野に課題を主体的に解決しようとしている。

（改善等通知　別紙５　P．1）

【高等学校学習指導要領　第2章　第2節　地理歴史「第2款　第1　地理総合　1　目標」】

　社会的事象の地理的な見方・考え方を働かせ，課題を追究したり解決したりする活動を通して，広い視野に立ち，グローバル化する国際社会に主体的に生きる平和で民主的な国家及び社会の有為な形成者に必要な公民としての資質・能力を次のとおり育成することを目指す。

(1)	(2)	(3)
地理に関わる諸事象に関して，世界の生活文化の多様性や，防災，地域や地球的課題への取組などを理解するとともに，地図や地理情報システムなどを用いて，調査や諸資料から地理に関する様々な情報を適切かつ効果的に調べまとめる技能を身に付けるようにする。	地理に関わる事象の意味や意義，特色や相互の関連を，位置や分布，場所，人間と自然環境との相互依存関係，空間的相互依存作用，地域などに着目して，概念などを活用して多面的・多角的に考察したり，地理的な課題の解決に向けて構想したりする力や，考察，構想したことを効果的に説明したり，それらを基に議論したりする力を養う。	地理に関わる諸事象について，よりよい社会の実現を視野にそこで見られる課題を主体的に追究，解決しようとする態度を養うとともに，多面的・多角的な考察や深い理解を通して涵養される日本国民としての自覚，我が国の国土に対する愛情，世界の諸地域の多様な生活文化を尊重しようとすることの大切さについての自覚などを深める。

（高等学校学習指導要領 P.48）

　以下は，教科の目標と「評価の観点及びその趣旨」との関係性を踏まえた，科目の目標に対する「評価の観点の趣旨」の例である。

【「第2款　第1　地理総合」の評価の観点の趣旨（例）】

知識・技能	思考・判断・表現	主体的に学習に取り組む態度
地理に関わる諸事象に関して，世界の生活文化の多様性や，防災，地域や地球的課題への取組などを理解しているとともに，地図や地理情報システムなどを用いて，調査や諸資料から地理に関する様々な情報を適切かつ効果的に調べまとめている。	地理に関わる事象の意味や意義，特色や相互の関連を，位置や分布，場所，人間と自然環境との相互依存関係，空間的相互依存作用，地域などに着目して，概念などを活用して多面的・多角的に考察したり，地理的な課題の解決に向けて構想したり，考察，構想したことを効果的に説明したり，それらを基に議論したりしている。	地理に関わる諸事象について，国家及び社会の形成者として，よりよい社会の実現を視野にそこで見られる課題を主体的に追究，解決しようとしている。

① 各教科における「内容のまとまり」と「評価の観点」との関係を確認する。

内容のまとまり
　Ｂ(1)　「生活文化の多様性と国際理解」
内容
　　場所や人間と自然環境との相互依存関係などに着目して，課題を追究したり解決したりする活動を通して，次の事項を身に付けることができるよう指導する。
ア　次のような知識を身に付けること。
(ア) 世界の人々の特色ある生活文化を基に，人々の生活文化が地理的環境から影響を受けたり，影響を与えたりして多様性をもつことや，地理的環境の変化によって変容することなどについて理解すること。
(イ) 世界の人々の特色ある生活文化を基に，自他の文化を尊重し国際理解を図ることの重要性などについて理解すること。
イ　次のような思考力，判断力，表現力等を身に付けること。
(ア) 世界の人々の生活文化について，その生活文化が見られる場所の特徴や自然及び社会的条件との関わりなどに着目して，主題を設定し，多様性や変容の要因などを多面的・多角的に考察し，表現すること。

　　(実線) …知識及び技能に関する内容
　　(波線) …思考力，判断力，表現力等に関する内容

---

② 【観点ごとのポイント】を踏まえ，「内容のまとまりごとの評価規準」を作成する。

（１）「内容のまとまりごとの評価規準」を作成する際の【観点ごとのポイント】

〔科目共通の留意事項〕

○「知識・技能」のポイント

・「知識」については，学習指導要領に示す「２　内容」の「知識」に関わる事項に示された「…理解すること」の記述を当てはめ，それを生徒が「…理解している」かどうかの学習状況として表すこととする。

・「技能」については，学習指導要領に示す「２　内容」の「技能」に関わる事項に示された「…身に付けること」の記述を当てはめ，それを生徒が「…身に付けている」かどうかの学習状況として表すこととする。ただし，「技能」については，学習指導要領の「内容のまとまり」中に記載のあるもののみ，それを表している。

○「思考・判断・表現」のポイント

・「思考・判断・表現」については，学習指導要領に示す「２　内容」の「思考力，判断力，表現力等」に関わる事項に示された「…考察（，構想）し，表現すること」，「…探究し，表現すること」の記述を当てはめ，それを生徒が「…考察（，構想）し，表現している」かどうか，「…探究し，表現している」かどうかの学習状況として表すこととする。

○「主体的に学習に取り組む態度」のポイント

・「主体的に学習に取り組む態度」については，学習指導要領に示す「２　内容」に「学びに向かう力，人間性等」に関わる事項が示されていないことから，「内容のまとまりごとの評価規準」を作成する場合，科目別の「評価の観点の趣旨」における「主体的に学習に取り組む態度」を基に，「内容のまとまりごとの評価規準」を作成する。

・その際，「評価の観点の趣旨」の冒頭に示された「…について」の部分は，この「内容のまとまり」で対象とする，学習指導要領上の「諸事象」を当てはめることとし，「…を主体的に追究（，解決）しようとしている（地理総合，歴史総合）」か，「…を主体的に追究（探究）しようとしている（地理探究，日本史探究，世界史探究）」かどうかの学習状況として表すこととする。

〔各科目の留意事項〕

≪地理総合≫≪歴史総合≫

・「主体的に学習に取り組む態度」における「追究（，解決）しようとしている」部分の表現について，「思考・判断・表現」の「内容のまとまりごとの評価規準」に「構想」の語を含む項目のみ「追究，解決しようとしている」と表現し，他は「追究しようとしている」と表現し，書き分けている。

≪地理探究≫

・「主体的に学習に取り組む態度」における「追究（探究）しようとしている」部分の表現について，「思考・判断・表現」の「内容のまとまりごとの評価規準」に「探究」の語を含む項目のみ「探究しようとしている」と表現し，他は「追究しようとしている」と表現し，書き分けている。

≪日本史探究≫≪世界史探究≫

・「主体的に学習に取り組む態度」における「追究（探究）しようとしている」部分の表現について，「思考・判断・表現」の「内容のまとまりごとの評価規準」に「構想」の語を含む項目のみ「探究しようとしている」と表現し，他は「追究しようとしている」と表現し，書き分けている。

（2）学習指導要領の「2　内容」 及び 「内容のまとまりごとの評価規準（例）」

	知識及び技能	思考力，判断力，表現力等	学びに向かう力，人間性等
学習指導要領 2 内容	(ｱ)　世界の人々の特色ある生活文化を基に，人々の生活文化が地理的環境から影響を受けたり，影響を与えたりして多様性をもつことや，地理的環境の変化によって変容することなどについて理解すること。 (ｲ)　世界の人々の特色ある生活文化を基に，自他の文化を尊重し国際理解を図ることの重要性などについて理解すること。	(ｱ)　世界の人々の生活文化について，その生活文化が見られる場所の特徴や自然及び社会的条件との関わりなどに着目して，主題を設定し，多様性や変容の要因などを多面的・多角的に考察し，表現すること。	※内容には，「学びに向かう力，人間性等」について関わる事項は示されていない。

	知識・技能	思考・判断・表現	主体的に学習に取り組む態度
内容のまとまりごとの評価規準 例	・世界の人々の特色ある生活文化を基に，人々の生活文化が地理的環境から影響を受けたり，影響を与えたりして多様性をもつことや，地理的環境の変化によって変容することなどについて理解している。 ・世界の人々の特色ある生活文化を基に，自他の文化を尊重し国際理解を図ることの重要性などについて理解している。	・世界の人々の生活文化について，その生活文化が見られる場所の特徴や自然及び社会的条件との関わりなどに着目して，主題を設定し，多様性や変容の要因などを多面的・多角的に考察し，表現している。	・生活文化の多様性と国際理解について，よりよい社会の実現を視野にそこで見られる課題を主体的に追究しようとしている。

※ 歴史領域科目の「内容のまとまり」は大項目となっており，中項目が「内容のまとまり」となっている地理領域科目に比べて，より長い時間の中で評価計画を作成することが求められる。参考として，「歴史総合」の学習指導要領の「2　内容」及び「内容のまとまりごとの評価規準」を示しておく。

【参考】<　歴史総合　B　近代化と私たち　>

学習指導要領の「2　内容」及び「内容のまとまりごとの評価規準（例）」

	知識及び技能	思考力，判断力，表現力等	学びに向かう力，人間性等
学習指導要領　2　内容	(1)(ｱ)資料から情報を読み取ったりまとめたりする技能を身に付けること。 (2)(ｱ)18世紀のアジアや日本における生産と流通，アジア各地域間やアジア諸国と欧米諸国の貿易などを基に，18世紀のアジアの経済と社会を理解すること。 (3)（略） (4)(ｱ)現代的な諸課題の形成に関わる近代化の歴史を理解すること。	(1)(ｱ)近代化に伴う生活や社会の変容について考察し，問いを表現すること。 (2)(ｱ)18世紀のアジア諸国の経済が欧米諸国に与えた影響などに着目して，主題を設定し，アジア諸国とその他の国や地域の動向を比較したり，相互に関連付けたりするなどして，18世紀のアジア諸国における経済活動の特徴，アジア各地域間の関係，アジア諸国と欧米諸国との関係などを多面的・多角的に考察し，表現すること。 (3)（略） (4)(ｱ)事象の背景や原因，結果や影響などに着目して，アジア諸国とその他の国や地域の動向を比較したり，相互に関連付けたりするなどして，主題について多面的・多角的に考察し，表現すること。	※内容には，「学びに向かう力，人間性等」について関わる事項は示されていない。

	知識・技能	思考・判断・表現	主体的に学習に取り組む態度
内容のまとまりごとの評価規準例	・資料から情報を読み取ったりまとめたりする技能を身に付けている。 ・18世紀のアジアや日本における生産と流通，アジア各地域間やアジア諸国と欧米諸国の貿易などを基に，18世紀のアジアの経済と社会を理解している。 ・（略） ・現代的な諸課題の形成に関わる近代化の歴史を理解している。	・近代化に伴う生活や社会の変容について考察し，問いを表現している。 ・18世紀のアジア諸国の経済が欧米諸国に与えた影響などに着目して，主題を設定し，アジア諸国とその他の国や地域の動向を比較したり，相互に関連付けたりするなどして，18世紀のアジア諸国における経済活動の特徴，アジア各地域間の関係，アジア諸国と欧米諸国との関係などを多面的・多角的に考察し，表現している。 ・（略） ・事象の背景や原因，結果や影響などに着目して，アジア諸国とその他の国や地域の動向を比較したり，相互に関連付けたりするなどして，主題について多面的・多角的に考察し，表現している。	・近代化と私たちについて，よりよい社会の実現を視野に課題を主体的に追究しようとしている。

※　各学校においては，「内容のまとまりごとの評価規準」の考え方を踏まえて，各学校の実態を考慮し，単元や題材等の評価規準を作成する。具体的には第3編において事例を示している。

第３編

単元ごとの学習評価について

（事例）

第1章 「内容のまとまりごとの評価規準」の考え方を踏まえた評価規準の作成

1 本編事例における学習評価の進め方について

　各教科及び科目の単元における観点別学習状況の評価を実施するに当たり，まずは年間の指導と評価の計画を確認することが重要である。その上で，学習指導要領の目標や内容，「内容のまとまりごとの評価規準」の考え方等を踏まえ，以下のように進めることが考えられる。なお，複数の単元にわたって評価を行う場合など，以下の方法によらない事例もあることに留意する必要がある。

第3編

評価の進め方	留意点
1 **単元の目標を作成する**	○ 学習指導要領の目標や内容，学習指導要領解説等を踏まえて作成する。 ○ 生徒の実態，前単元までの学習状況等を踏まえて作成する。 ※ 単元の目標及び評価規準の関係性（イメージ）については下図参照
2 **単元の評価規準を作成する**	
3 **「指導と評価の計画」を作成する**	○ 1，2を踏まえ，評価場面や評価方法等を計画する。 ○ どのような評価資料（生徒の反応やノート，ワークシート，作品等）を基に，「おおむね満足できる」状況（B）と評価するかを考えたり，「努力を要する」状況（C）への手立て等を考えたりする。
授業を行う	○ 3に沿って観点別学習状況の評価を行い，生徒の学習改善や教師の指導改善につなげる。
4 **観点ごとに総括する**	○ 集めた評価資料やそれに基づく評価結果などから，観点ごとの総括的評価（A，B，C）を行う。

単元の目標及び評価規準の関係性について（イメージ図）

学習指導要領　　第1編第2章1（2）を参照

「内容のまとまりごとの評価規準」

学習指導要領解説等を参考に，各学校において授業で育成を目指す資質・能力を明確化

「内容のまとまりごとの評価規準」の考え方等を踏まえて作成

単元の目標　　第3編第1章2を参照

単元の評価規準

※ 外国語科においてはこの限りではない。

2 単元の評価規準の作成のポイント

（１）単元における各観点の評価規準作成の留意事項

　各学校で行われる評価計画の作成においては，「巻末資料」として後掲する「内容のまとまりごとの評価規準（例）」が「単元の評価規準」を作成するための基本形となる。ただし，その際にも，実際の授業に照らし合わせて，「単元の評価規準」を構成する各観点の評価規準をしっかりと吟味することが必要であり，その意味において，単元における各観点の評価規準の設定に当たっては，以下のような点に留意する必要がある。

① 「知識・技能」の観点の評価規準作成に当たっての留意事項

　高等学校学習指導要領解説地理歴史編（以下，「解説」という）には，平成22年版に続き平成30年版においても，基礎的・基本的な「知識及び技能」に関して，「系統性に留意しながら，主として，①社会の変化や科学技術の進展等に伴い，社会的な自立等の観点から子どもたちに指導することが必要な知識・技能，②確実な習得を図る上で，学校や学年間等であえて反復（スパイラル）することが効果的な知識・技能，等に限って，内容事項として加えることが適当である」との記載を行っている。

　さらに，平成30年版の学習指導要領改訂においては，学んだ内容が，既得の知識及び技能と関連付けながら深く理解され，他の学習や生活の場面でも活用できる「生きて働く」知識や技能となることが重視されている。このうち知識については，社会的事象等の特色や意味，理論などを含めた社会の中で汎用的に使うことのできる概念等に関わる知識を獲得するように学習を設計することが求められ，技能については，「解説」中に「参考資料２　社会的事象等について調べまとめる技能」として，身に付けるべき技能の例を整理したところである。

　これらのことを踏まえれば，単元の目標においても，その評価規準においても，細かな事象を網羅して求めることのないよう留意することが必要である。

② 「思考・判断・表現」の観点の評価規準作成に当たっての留意事項

　今回の改訂において，「社会的な見方・考え方」は資質・能力の育成全体に関わるものであるが，課題を追究したり解決したりする活動において，社会的事象等の意味や意義，特色や相互の関連を考察したり，社会に見られる課題を把握して，その解決に向けて構想したりする際の「視点や方法（考え方）」であることが説明されている。このことを踏まえれば，「社会的な見方・考え方」は，とりわけ「思考力，判断力，表現力等」の育成に当たって重要な役割を果たすものであると捉えられる。

　そこで，学習指導要領及び「解説」に示された，科目等の特質に応じた視点の例や，視点を生かした考察や構想に向かう「主題」や「問い」の例などを踏まえ，各単元において，それぞれの「見方・考え方」を視野に，具体的な「視点」等を組み込んだ評価規準を設定することが重要である。単元を見通した「主題」や「問い」を設定し，「見方・考え方」を働かせることで，社会的事象の意味や意義，特色や相互の関連を考察したり，社会に見られる課題を把握して，その解決に向けて構想したりする学習を一層充実させることが可能となる。

　なお，「内容のまとまりごとの評価規準（例）」に示した「主題を設定し，…考察，表現すること」等という記載については，教師が主題を設定したり，生徒自身が主題を設定したりするなど，単元のねらいに沿った多様な学習が考えられる。従って，単元の評価規準作成に当たっては，その単元の学習が，必ずしも生徒自身で主題を設定することを求めるものではない場合は，「主題を基に」や「主題について」などと表すことも考えられる。

③　「主体的に学習に取り組む態度」の観点の評価規準作成に当たっての留意事項

　従前の学習指導要領から一貫して重視されてきた，課題の発見，解決のための「思考力，判断力，表現力等」の育成とも相まって，現実の社会的事象を扱うことのできる地理歴史科ならではの「主権者として，持続可能な社会づくりに向かう社会参画意識の涵養やよりよい社会の実現を視野に課題を主体的に解決しようとする態度の育成」（「(2)地理歴史科の改訂の基本的な考え方」(ｳ)」）が必要である。

　ただし，従前の観点「関心・意欲・態度」については，中央教育審議会における平成 22 年版「児童生徒の学習評価の在り方について（報告）」において，「『関心・意欲・態度』については，表面的な状況のみに着目することにならないように留意するとともに，教科の特性や学習指導の内容等も踏まえつつ，ある程度長い区切りの中で適切な頻度で『おおむね満足できる』状況等にあるかどうかを評価するなどの工夫を行うことも重要である」とされていた。

　このことを踏まえれば，「関心・意欲・態度」の趣旨を継承する「主体的に学習に取り組む態度」についても，ある程度長い区切りの中で評価することが考えられ，単元を越えて評価規準を設定することも考えられる。

（２）「内容のまとまりごとの評価規準（例）」と「単元の評価規準」との関係の留意点

　前項（１）や第２編２において既述のとおり，後掲する「内容のまとまりごとの評価規準（例）」は，地理領域科目については，学習指導要領の各「中項目」の記載事項，歴史領域科目については学習指導要領の各「大項目」の記載事項を基に，それぞれ「内容のまとまり」として作成されている。そして，この「内容のまとまりごとの評価規準（例）」が，各校において実際に作成される各単元，各授業における評価規準を作成する際の基本形となる。高等学校地理歴史科においては，原則としてこの「内容のまとまりごとの評価規準（例）」を基に，各科目の項目構成の特色を踏まえた上で，「単元の評価規準」を作成することになる。「単元の評価規準」の設定に当たっては，第１，２編で既述のとおり，それと表裏一体をなす「単元の目標」の設定が行われるが，これは自明のことでもあり，ここでは本資料が学習評価のための参考資料であるという性格上，紙幅の都合によりその記述は割愛している。

　「内容のまとまり」を一つの「単元」として設定する場合には，「内容のまとまりごとの評価規準（例）」を各「単元」の評価規準として転記し，用いることが可能である。また，「内容のまとまりごとの評価規準（例）」を「単元の評価規準」として使用する以外に，「内容のまとまりごとの評価規準（例）」を踏まえつつ，「解説」等の記述を用いて具体的な「単元の評価規準」を設定することも考えられる。とりわけ地理歴史科においては，その授業の性格上，各単元において取り扱う事象は，特定

の社会的事象であり，そこで取り扱う主題や設定する問いも具体的な事象を基に設定されることが一般的である。このことから，そのような具体的な目標及び評価規準の設定も，指導と評価の一体化を促す一つの工夫として考えられる。

　なお，地理領域科目と歴史領域科目それぞれの単元の評価規準作成については，以下の点に留意する必要がある。

・地理領域科目については，「内容のまとまり」である中項目を分割し，小単元を設定して評価規準を作成する場合や，複数の中項目を一つの大きな「単元」として評価規準を作成する場合が考えられる。これらの詳細については地理領域科目の各事例で示すこととする。

・歴史領域科目では，大項目が一つの大きな「単元」としてのまとまりをもっており，評価規準については，「内容のまとまり」＝「単元」として，「単元の評価規準」を作成し，その下にある中項目や小項目を小単元として設定していくことが大切である。

第2章　学習評価に関する事例について

1　事例の特徴

第1編第1章2（4）で述べた学習評価の改善の基本的な方向性を踏まえつつ，平成30年に改訂された高等学校学習指導要領の趣旨・内容の徹底に資する評価の事例を示すことができるよう，本参考資料における事例は，原則として以下のような方針を踏まえたものとしている。

○　単元に応じた評価規準の設定から評価の総括までとともに，生徒の学習改善及び教師の指導改善までの一連の流れを示している

本参考資料で提示する事例は，単元の評価規準の設定から評価の総括までとともに，評価結果を生徒の学習改善や教師の指導改善に生かすまでの一連の学習評価の流れを念頭においたものである。なお，観点別の学習状況の評価については，「おおむね満足できる」状況，「十分満足できる」状況，「努力を要する」状況と判断した生徒の具体的な状況の例などを示している。「十分満足できる」状況という評価になるのは，生徒が実現している学習の状況が質的な高まりや深まりをもっていると判断されるときである。

○　観点別の学習状況について評価する時期や場面の精選について示している

報告や改善等通知では，学習評価については，日々の授業の中で生徒の学習状況を適宜把握して指導の改善に生かすことに重点を置くことが重要であり，観点別の学習状況についての評価は，毎回の授業ではなく原則として単元や題材など内容や時間のまとまりごとに，それぞれの実現状況を把握できる段階で行うなど，その場面を精選することが重要であることが示された。このため，観点別の学習状況について評価する時期や場面の精選について，「指導と評価の計画」の中で，具体的に示している。

○　評価方法の工夫を示している

生徒の反応やノート，ワークシート，作品等の評価資料をどのように活用したかなど，評価方法の多様な工夫について示している。

2　各事例概要一覧と事例

　本参考資料第3編の第2章以降が，一義的に「学習評価の基本的流れ」を示すものであることから，以下の 事例1 ～ 事例12 については，「評定のための資料として用いる評価（以下，「評定に用いる評価」とし，〇印で示している）」を念頭に「評価規準」として示している。

　この「参考資料」で示した「評定に用いる評価」（〇）は，前掲する第2章1の通り，「観点別学習状況の評価の記録に用いる評価については，毎回の授業ではなく原則として単元や題材など内容や時間のまとまりごとに，それぞれの実現状況を把握できる段階で行うなど，その場面を精選することが重要である」（「改善等通知」4（2））ことを踏まえ，主に「内容のまとまり」や，それを踏まえた単元のまとめなど，場面を精選して行うよう表している。

　一方で，「日々の授業の中で児童生徒の学習状況を適宜把握して指導の改善に生かすことに重点を置くことが重要である」（同上）ことを踏まえ，この「参考資料」では「評定のための資料としては用いないものの日常の学習改善につなげる評価（以下，「学習改善につなげる評価」）」を●印で表し，机間指導や作業状況の確認やその支援などを含めた，生徒の学習状況を確認する場面を示している。

　「学習改善につなげる評価」（●）については，紙幅の関係もあって参考例を記載するに留めているが，授業中における生徒の反応に対して常時心掛けるべき「指導」でもあり，「評定に用いる評価」（〇）に至るまでの指導の在り方として，「指導と評価の一体化」の趣旨に留意することが必要である。

事例1 （地理総合）　キーワード　単元を見通した評価の総括の仕方
「地図や地理情報システムと現代世界」（A（1）「地図や地理情報システムと現代世界」）

　この単元は，「地理総合」の導入として，その後の学習に活用できる現代世界の地域構成に関する知識や，地図やGISの活用といった，今後の学習の基礎となる汎用的な地理的技能の習得などをねらいとしている。本単元の学習を事例として，三つの観点の評価を行う場面のバランスのよい設定や評価の総括の考え方について示すこととした。

事例2 （地理総合）　キーワード　思考力等を問うペーパーテストを用いた評価の工夫
「生活文化の多様性と国際理解」（B（1）「生活文化の多様性と国際理解」）

　この単元では，「児童生徒の学習評価の在り方について（報告）」における「知識の習得を問う問題と，知識の概念的な理解を問う問題とのバランスを配慮したペーパーテストの工夫改善」という課題を踏まえ，このうちの「知識の概念的な理解」に至る過程で働かせる思考力に着目し，ペーパーテストの工夫改善に向けた一試案を示すこととした。また，「評価問題の活用と評価の進め方」として，思考力等を問う問題の在り方，問題の活用例としての誤答分析の仕方などに加え，問題の改善（ブラッシュアップ）について示すこととした。

事例3 （地理総合）　キーワード　ワークシートを用いた「技能」，「主体的に学習に取り組む態度」の評価
「私たちのまちの防災対策」（C（1）「自然環境と防災」）

　観点別学習状況の評価に当たっては，論述やレポートの作成，発表，グループでの話合いなど，多

様な方法が考えられる。地形図やハザードマップなどの活用といった地理的技能の育成と，生活圏の防災についての考察を通じ社会参画意識の涵養を図るこの単元を基に，「技能」，「主体的に学習に取り組む態度」の育成と評価に資するワークシートの工夫について示すこととした。

事例4 （地理探究）　キーワード　内容のまとまり（中項目）を分割した評価，総合した評価
「観光」（A（3）「交通・通信，観光」）

　大項目A「現代世界の系統地理的考察」では，五つの中項目の学習を通して，現代世界の諸事象の地理的認識とともに系統地理的な考察の手法を身に付けることをねらいとしている。ここでは，新たに項目化された(3)「交通・通信，観光」を事例に，中項目を分割し，小単元を設定して評価規準を作成する場合や，複数の中項目を一つの大きな「単元」として評価規準を作成する場合の評価の考え方を示すこととした。

事例5 （地理探究）　キーワード　構想，探究場面における各観点の評価
「持続可能な国土像の探究」（C（1）「持続可能な国土像の探究」）

　「地理探究」の学びの集大成として位置付けられた探究活動の実施をねらいの中核とするこの単元では，地理的技能や地理的な課題の解決に向けて構想する力などの習熟の度合いを評価するとともに，地理に関わる諸事象について，よりよい社会の実現を視野に社会に見られる地理的な課題を主体的に探究しようとする態度などについて評価する。よってここでは，「主体的に学習に取り組む態度」を中心に，探究活動における観点別評価の在り方について示すこととした。

事例6 （歴史総合）　キーワード　「内容のまとまり」を踏まえた指導計画と評価計画
「近代化と私たち」（B「近代化と私たち」）

　「歴史総合」では，「内容のまとまり」となる大項目が，学習における大きな単元として機能し，評価においても一つのまとまりをもって構成されている。そこでは「知識・技能」と「思考・判断・表現」それぞれの観点が，相互に関連をもちつつ「小単元」の学習ごとに評価の場面が設定されることや，「主体的に学習に取り組む態度」について，大項目を通した長期的な学習の視点に立って評価を行うことなどが考えられる。よってここでは，大項目全体の見通しをもつ学習として位置付けられている「近代化への問い」の指導と評価の計画を補足1として併せて示すことで，大項目を大きな単元構成とした学習指導と，それに沿った評価の在り方について示し，この科目の基本的な評価の構造を示すこととした。

事例7 （歴史総合）　キーワード　「知識・技能」，「思考・判断・表現」の評価の工夫
「列強の帝国主義政策とアジア諸国の変容」（B（3）「国民国家と明治維新」小項目(イ)）

　ここでは，B（3）「国民国家と明治維新」の小項目(イ)に該当する部分を「列強の帝国主義政策とアジア諸国の変容」という単元として設定している。「解説」において，学習の過程として，「知識及び技能」と「思考力，判断力，表現力等」を身に付ける学習が一体となって展開され，深い理解に至ることが重要であると示されている。よってここでは，「知識・技能」と「思考・判断・表現」それぞれの評価規準及び評価方法を示すこととした。

事例8 （歴史総合）　キーワード　「主体的に学習に取り組む態度」の評価の工夫
「近代化と現代的な諸課題」（B「近代化と私たち」(4)「近代化と現代的な諸課題」）

　「主体的に学習に取り組む態度」については，「知識及び技能」を習得したり，「思考力，判断力，表現力等」を身に付けたりするために，自らの学習を把握し，学習の進め方について試行錯誤するなど自らの学習を調整しながら，学ぼうとしているかどうかという意思的な側面を評価することが重要である。ここでは，大項目の振り返りとして位置付けられているB(4)「近代化と現代的な諸課題」の単元を事例として，「主体的に学習に取り組む態度」の評価規準及び評価方法を示すこととした。

事例9 （日本史探究）　キーワード　「内容のまとまり」を踏まえた指導計画と評価計画
「近世の日本と世界」（C「近世の日本と世界」）

　「日本史探究」においても，他の歴史領域科目と同様，大項目が「内容のまとまり」となり大きな単元としての枠組みを形成している。また，小単元の構造にはそれぞれ特徴があり，「日本史探究」においては，(1)「時代を通観する問い」の表現，(2)資料を踏まえた「仮説」の考察，(3)「歴史の解釈，説明，論述」などの学習過程を踏まえた事象の考察と深い理解をねらいとした学習展開，などが示されている。よってここではそれら学習の特徴に応じた評価の計画について事例を示し，この科目の基本的な指導と評価の構造を示すこととした。

事例10 （日本史探究）　キーワード　「思考・判断・表現」の評価の工夫
「近現代を通した歴史の画期」（D「近現代の地域・日本と世界」(3)「近現代の地域・日本と世界の画期と構造」小項目イ(オ)）

　「日本史探究」D(3)小項目イ(オ)は，D「近現代の地域・日本と世界」のまとめとして位置付けられており，既習の事項を活用し，その意味や意義を考察して再構成し，歴史の画期を根拠を示して表現する学習である。ここでは，「思考・判断・表現」の評価について，その指導と評価の計画を示し，ワークシートなどを活用した評価の工夫について示すこととした。

事例11 （世界史探究）　キーワード　「内容のまとまり」を踏まえた小単元の評価の位置付け
「諸地域の結合・変容への問い」（D「諸地域の結合・変容」(1)「諸地域の結合・変容への問い」）

　「世界史探究」も，「内容のまとまり」となる大項目が，学習における大きな単元として機能し，評価においても一つのまとまりをもって構成されている。ここでは，大項目全体の見通しをもつ学習として位置付けられている，D(1)「諸地域の結合・変容への問い」の指導と評価の計画において，特に，「学習改善につなげる評価」の方法を中心に具体的な評価の在り方について示すこととした。併せて，「内容のまとまり」を踏まえた指導と評価の計画を立てる際の参考事例として，単元がその後どのように展開するかを示すものとして，大項目D全体の指導と評価の計画について示すこととした。

事例12 （世界史探究）　キーワード　探究する活動における評価の工夫
「地球世界の課題の探究」（E「地球世界の課題」(4)「地球世界の課題の探究」）

　大項目Eでは，中項目(1)から(3)において，概ね20世紀後半から歴史的に形成されてきた地球世

界の課題を学習し，中項目(4)において，「世界史探究」の総まとめとして，探究活動を行うこととなっている。ここでは，大項目E全体での位置付けを踏まえたE(4)の探究の指導と評価の計画を示すとともに，生徒の探究の過程における教師の関わり方や評価の在り方などを具体的に示すこととした。

単元名	内容のまとまり
地図や地理情報システムと現代世界	A　地図や地理情報システムで捉える現代世界 (1)　地図や地理情報システムと現代世界

第3編
事例1

1　単元の目標

・現代世界の地域構成を示した様々な地図の読図などを基に，方位や時差，日本の位置と領域，国内や国家間の結び付きなどについて理解する。

・日常生活の中で見られる様々な地図の読図などを基に，地図や地理情報システム（以下，本事例では「ＧＩＳ」という）の役割や有用性などについて理解する。

・現代世界の様々な地理情報について，紙地図や地理院地図などの様々なＧＩＳなどを用いて，その情報を収集し，読み取り，まとめる基礎的・基本的な技能を身に付ける。

・現代世界の地域構成について，位置や範囲などに着目して，「貿易相手国の変容とその要因」などの主題を設定し，「日本の貿易相手国はどのように変化してきたのだろうか，また，なぜ変化したのだろうか」などを，多面的・多角的に考察し，表現する。

・地図やＧＩＳについて，位置や範囲，縮尺などに着目して，「ＧＩＳを使えば，どのようなことが分かるだろうか，また，地理情報を効果的に伝えるには，どのような方法が適切だろうか」などを，多面的・多角的に考察し，表現する。

・地図やＧＩＳと現代世界について，よりよい社会の実現を視野にそこで見られる課題を主体的に追究しようとする態度を養う。

2　単元の評価規準

知識・技能	思考・判断・表現	主体的に学習に取り組む態度
・現代世界の地域構成を示した様々な地図の読図などを基に，方位や時差，日本の位置と領域，国内や国家間の結び付きなどについて理解している。　知1 ・日常生活の中で見られる様々な地図の読図などを基に，地図やＧＩＳの役割や有用性などについて理解している。　知2 ・現代世界の様々な地理情報について，紙地図や地理院地図などの様々なＧＩＳなどを用いて，その情報を収集し，読み取り，まとめる基礎的・基本的な技能を身に付けている。　技能	・現代世界の地域構成について，位置や範囲などに着目して，「貿易相手国の変容とその要因」などの主題を基に，「日本の貿易相手国はどのように変化してきたのだろうか，また，なぜ変化したのだろうか」などを，多面的・多角的に考察し，表現している。　思1 ・地図やＧＩＳについて，位置や範囲，縮尺などに着目して，「ＧＩＳを使えば，どのようなことが分かるだろうか，また，地理情報を効果的に伝えるには，どのような方法が適切だろうか」などを，多面的・多角的に考察し，表現している。　思2	・地図やＧＩＳと現代世界について，よりよい社会の実現を視野にそこで見られる課題を主体的に追究しようとしている。　態度 ※以下，本事例では，それぞれの単元の評価規準を示す際に，知1，思1等の略号を用いる。また，学習改善につなげる評価は（知1）等，評定に用いる評価は知1等と示すこととする。

3 指導と評価の計画（10時間）

（○…「評定に用いる評価」, ●…「学習改善につなげる評価」）

	ねらい・学習活動	知	思	態	評価規準等
単元の導入（1時間扱）	①【ねらい】GISで複数の統計地図に触れる。				
	・世界銀行などのウェブサイトにアクセスし，そこで見られる様々な統計地図から読み取ったことを，ワークシート1にまとめる。	●			●ウェブ地図などで見られる様々な統計地図から，情報を適切に読み取っている。　（技能）
	・GISで調べることができる「世界や地域の課題や特色」を予想して，ワークシート1にまとめる。			●	●地図やGISを使ってどのようなことを調べることができるかを予想している。　（態度）
	【学習課題；単元全体に関わる問い】「GISを使えば，どのようなことが分かるだろうか，また，地理情報を効果的に伝えるには，どのような方法が適切だろうか」				
第一次（4時間扱）	②【ねらい】現代世界の地域構成を示した様々な地図の読図などを基に，方位や距離，地図の表現上の工夫や用途，時差のしくみなどについて理解する。				
	・地球儀やデジタル地球儀などで，ある地点からの方位や距離，位置や分布を調べた結果を踏まえて，様々な地図の特長や短所，用途をワークシートにまとめる。	●			●地球儀やデジタル地図，紙地図などの形態の異なる様々な地図について，表現上の特長や短所，用途を理解している。　（技能）
	・等時帯図などの読図を基に，時差の仕組みについてワークシートにまとめる。	●			●等時帯図の使い方や，時差のしくみについて理解している。（知1）
	③【ねらい】四方を海に囲まれている我が国の位置や領域を世界的視野から理解する。				
	・地理院地図や海しるなどのウェブ地図を用い，海洋国家である日本の位置や広がり，海洋の果たす役割について調べたことをワークシートにまとめる。	○			○海洋国家である日本の位置や広がり，海洋の果たす役割について理解している。　知1
	④【ねらい】身の回りにある様々な地図や統計地図に見られる地図表現の工夫に気付く。				
	・道路図，鉄道路線図，観光案内図などの身の回りにある地図を収集し，それらに見られる地図表現の工夫について考察したことをワークシート2にまとめる。		●		●位置や範囲，縮尺などに着目して，身の回りの地図に見られる様々な表現上の工夫について考察したことを文章にまとめている。（思2）
	・様々な統計地図の読図や作図などを基に，階級区分図，図形表現図などの統計地図の基本的な特性と用途に応じた適切な活用について考えたことや，地図表現の工夫について分かったことをワークシート2にまとめる。	○			○様々な統計地図の基本的な特性を考え，統計の種類や主題図の用途などに応じて，地図の表現方法を適切に選択して作図している。　技能
	⑤【ねらい】地理院地図の基礎的・基本的な活用方法を身に付ける。				
	・「学校を中心とした地域を概観しよう」などのテーマを設定し，地理院地図で学校周辺地域の地形や土地利用などの情報を収集し，ワークシート3にまとめる。	○			○地理院地図を使って，学校周辺，通学路の環境などに関する情報を適切に収集している。　技能
第二次	⑥⑦【ねらい】学習課題に対して，様々な地図やGISなどを用い，必要な情報を収集し，考察したことをまとめ，説明する。				
	【学習課題】「日本の貿易相手国はどのように変化してきたのだろうか」				

	学習活動			評価の観点・規準
（4時間扱）	・様々な国家群の加盟国の分布図などを基に，国家間の結び付きを概観する。	●		●国家間の結び付きの現状について理解している。　　　　（知1）
	・国際貿易センターの貿易統計などを基に，異なる年次における日本の輸出額の国別割合を示す流線図を作成し，その変化の要因についてインターネットを使って調べ，考察した結果を ワークシート4 にまとめる。		○	○作成した流線図などを基に，位置や範囲などに着目して，貿易相手国の変化とその要因について多面的・多角的に考察したことを文章にまとめている。　　　思1

⑧⑨【ねらい】学習課題に対して，様々な地図やGISなどを用い，必要な情報を収集し，考察したことをまとめ，説明する。

> 【学習課題】「国内の様々な貨物輸送の手段は，どのように国内を結び付けているのだろうか」

	学習活動			評価の観点・規準
	・国内の貨物輸送に関する地図や統計資料などを収集し，それらを基に様々な輸送手段が国内をどのように結び付けているのかを読み取り，ワークシート5 にまとめる。	●		●自ら収集した地図や統計資料を基に，様々な輸送手段が国内をどのように結び付けていているかを読み取り，文章にまとめている。（技能）
	・貨物輸送からみた国内の結び付きや様々な輸送手段の特色について，考察した結果をワークシートにまとめる。	●		●貨物輸送からみた国内の結び付きやそれぞれの輸送手段の特色などについて理解している。　（知1）

⑩【ねらい】地図やGISなどを用い，今後活用が可能な場面を予想する。

> 【学習課題；単元全体に関わる問い】「GISを使えば，どのようなことが分かるだろうか，また，地理情報を効果的に伝えるには，どのような方法が適切だろうか」

	学習活動			評価の観点・規準
単元のまとめ（1時間扱）	・グループでいくつかの地図サイトや統計サイトを閲覧し，それぞれの活用方法や整備目的などについて話し合う。			*地理院地図やRESASなどへのアクセスについて個別に支援する。グループの話合いが円滑に進むよう適切に助言する。*
	・単元の学習を振り返り，地図やGISの目的や用途，活用の仕方について考察したことを ワークシート6 にまとめる。		○	○位置や範囲，縮尺などに着目して，地図やGISの目的や用途，活用の仕方などを，多面的・多角的に考察している。　思2
	・単元の学習を振り返り，地図やGISの社会的な役割や有用性についての自分の考えを ワークシート6 にまとめる。	○		○地図やGISの社会的役割や有用性について理解している。　知2
	・今後の学習などで，地図やGISを使ってどのようなことを調べたいか，どのように活用していきたいかについて ワークシート6 にまとめる。		○	○地図やGISを使って調べたいことや活用上の疑問点などを整理し，今後の学習で地図やGISを意欲的に活用しようとしている。　態度

4　観点別学習状況の評価の仕方

「地理総合」の中項目Ａ(1)「地図や地理情報システムと現代世界」の目標においては，「知識及び技能」については(ｱ)～(ｳ)，「思考力，判断力，表現力等」については(ｱ)，(ｲ)と，それぞれ複数の事項が示されている。各事項に対する評価場面の設定に当たっては，さらに細分化することも可能であるが，仮に上述の通り各事項単位で評価場面を設定する場合，各観点の評価及びその総括の具体的な手順としては，以下のような展開が考えられる。

（１）「知識・技能」

　「知識・技能」のうち，「知識」については，知1「方位や時差，日本の位置と領域，国内や国家間の結び付きなど」と知2「地図や地理情報システムの役割や有用性など」の理解について評価する必要がある。その際，知1については，細分化して評価することも考えられる。例えば，本事例では，知1のうち，「日本の位置と領域」の理解については，ワークシートの記述などを基に「評定に用いる評価」（○）を行う一方，「方位や時差」，「国内や国家間の結び付き」については，授業中には「学習改善につなげる評価」（●）を行うとともに，後日ペーパーテストを行うことで「評定に用いる評価」として整理することを想定している。

　「技能」の評価については，本事例では，基礎的・基本的な技能として，特に主題図の表現方法などを選択する技能と地理院地図を活用する技能に重点を置くことを想定しており，それぞれについて「評定に用いる評価」の場面を設定し，それらを総括して「技能」の評価とすることを想定している。なお，ＧＩＳに関する地理的技能については，生徒の実態等に合わせ，以後の学習でも必要な基礎的・基本的技能に重点を置き，指導計画の中に位置付けることが大切である。

（２）「思考・判断・表現」

　「思考・判断・表現」については，目標となる二つの事項に関して，思1「日本の貿易相手国はどのように変化してきたのだろうか」，思2「ＧＩＳを使えば，どのようなことが分かるだろうか，また，地理情報を効果的に伝えるには，どのような方法が適切だろうか」などの学習課題を設定し，それぞれワークシートなどの記述を基に評価することが考えられる。

（３）「主体的に学習に取り組む態度」

　「主体的に学習に取り組む態度」については，ここでは，ＧＩＳに対する生徒の関心の高まりを確認し，作業を行うことが難しかったり，関心の高まりが十分でなかったりする生徒に個別に適切な指導を行うことが大切である。情報端末の操作については，習熟の度合いの個人差が大きい場合があり，本単元の特徴として，様々な作業的な学習展開が考えられることから，第一次，第二次では評価場面は設定していないものの，粘り強い取組や自己調整を図る様子などに留意し，適切に指導することが大切である。単元のまとめでは，「主体的に追究しようとする」様子を具体化し，「地図やＧＩＳを使って調べたいことや活用上の疑問点などを整理し，今後の学習で地図やＧＩＳを意欲的に活用しようとしている」かについて評価することが考えられる。

（４）観点別学習状況の評価の総括

　次の表は，各観点の評価を総括する際の例を示したものである。事項ごとの評価について，ＡＢＣの評価以外の方法も考えられるが，ここでは便宜的に「ＡＢＣ等」と示している。この単元の各観点の評価を総括する場合，例えば「知識・技能」の三つの事項の扱いについては様々な方法が考えられるが，本事例ではＧＩＳ等に関する基礎的・基本的な技能の習得を重視して，「知識」と「技能」を均等に扱うこととし，「知識」の総括を先に行うことを想定している。なお，「技能」に関する事項の記述がない他の中項目（内容のまとまり）では，「技能」自体の系統性や生徒自体の習熟を考慮した上で，適宜適切な形で評価場面を設定することが必要になる。

表　単元の各観点の評価を総括する際の例

事項ごとの評価	単元の目標					
	知1	知2	技能	思1	思2	態度
	ＡＢＣ等	ＡＢＣ等	ＡＢＣ等	ＡＢＣ等	ＡＢＣ等	ＡＢＣ
「知識」の総括 →	ＡＢＣ等		ＡＢＣ等	ＡＢＣ		
各観点の総括　「知識・技能」の総括 →	ＡＢＣ			ＡＢＣ		ＡＢＣ

5　各観点の評価や評価の総括のための授業ワークシート

　本単元では，各時間の授業で生徒に記入させる**個別のワークシート**と，単元のはじめに生徒に配布して，各授業末と単元末に記入させる**単元を見通して学び，振り返るワークシート**の二種類のワークシートを併用し，ともに評価資料として活用することを想定している。

（1）個別のワークシートの工夫

　各時間の授業で使用する|ワークシート1～5|では，学習活動における個々のねらいを焦点化することで，生徒の学習状況の確認や，学習改善に向けた指導をしやすくすることを想定している。生徒の記述に対して短いコメントを付すなどして，学習の動機付けや方向付けを適宜行うことで，生徒の主体的な学習に結び付ける効果が期待できる。

　導入である単元の1時間目（以下①等と示す）では，|ワークシート1|を用いて，ウェブ地図を使い様々な統計地図に触れる。1の記述から，ウェブ地図を使った情報収集と読図の技能について見取るとともに，2の記述から，地図やGISについての関心の高まりを確認する。なお，GIS活用の技能については，生徒間の個人差が大きいと予想されるため，ここでは平易な手順で統計地図の表示ができるウェブ地図を中心に扱うなど，生徒の負担に配慮をしつつ，1の記述が「努力を要する」状況（C）である生徒に対しては，個別に適切な支援を行う必要がある。

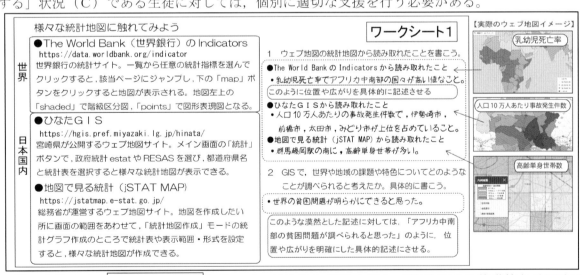

　第一次④では，|ワークシート2|を用いて，具体的な作図を通して統計地図の基礎的な地図表現の工夫について考察させる。1と2への記述から，統計資料や用途に応じた適切な表現方法の選択，適切な階級区分といった技能の習得について「評定に用いる評価」を行うとともに，3の記述から，作図の体験を基に，地図の表現上の工夫について多面的・多角的に考察しているかを確認する。

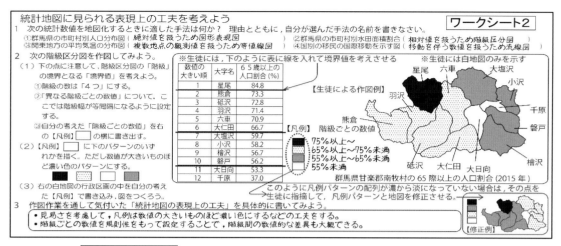

統計地図に見られる表現上の工夫を考えよう　　　　　　　　　　　　　　　　　　**ワークシート2**

1　次の統計数値を地図化するときに適した手法は何か？　理由とともに，自分が選んだ手法の名前を書きなさい。
　①群馬県の市町村別人口分布図（絶対値を扱うため図形表現図　　　）②群馬県の市町村別水田面積割合（相対値を扱うため階級区分図　　　）
　③関東地方の平均気温の分布図（複数地点の観測値を扱うため等値線図　　）④国別の移民の国際移動を示す図（移動を伴う数値を扱うため流線図　　）

2　次の階級区分図を作図してみよう。　　　　　　　　　　　※生徒には，下のように表に線を入れて境界値を考えさせる　　　※生徒には白地図のみを示す
　（1）下の点に注意して，階級区分図の「階級」
　　　の境界となる「境界値」を考えよう。

数値の大きい順	大字名	65歳以上の人口割合（%）
1	星尾	84.8
2	熊倉	73.3
3	砥沢	72.8
4	羽沢	71.4
5	六車	70.9
6	大仁田	66.7
7	大塩沢	59.7
8	小沢	58.2
9	檜沢	56.7
10	磐戸	56.2
11	大日向	53.3
12	千原	37.0

　　　①階級の数は「4つ」にする。
　　　②「異なる階級ごとの数値」について，こ
　　　　こでは階級幅が等間隔になるように設定
　　　　する。
　　　③自分の考えた「階級ごとの数値」を右
　　　　の【凡例】　　の横に書き出す。
　（2）【凡例】　　に下のパターンのいず
　　　れかを描く。ただし数値が大きいものほ
　　　ど濃い色のパターンにする。

【生徒による作図例】

【凡例】階級ごとの数値
■ 75%以上■
▨ 65%以上～75%未満
▥ 55%以上～65%未満
▢ 55%未満

群馬県甘楽郡南牧村の65歳以上の人口割合（2015年）

　（3）右の白地図の行政区画の中を自分の考え
　　　で【凡例】で書き込み，地図をつくろう。

このように凡例パターンの配列が濃から淡になっていない場合は，その点を
生徒に指摘して，凡例パターンと地図を修正させる。

【修正例】

3　作図作業を通して気付いた「統計地図の表現上の工夫」を具体的に書いてみよう。
　・見易さを考慮して，凡例は数値の大きいものほど濃い色にするなどの工夫をする。
　・階級ごとの数値を規則性をもって設定することで，階級間の数値的な差異も大観できる。

　第一次⑤では**ワークシート3**を用いて，地理院地図の機能やそれを用いた地域分析に興味をもて
るよう，身近な地域に焦点を当てて読図を行う。ワークシートの記述内容から，地理院地図を活用
する基礎的・基本的な技能が身に付いているかについて「評定に用いる評価」を行う。本事例では，
この地理院地図を活用する技能を，この後の学習でも用いる汎用的な技能として位置付けており，
ワークシートへの取組を基に個別に状況を把握し，適宜指導を行うことを想定している。

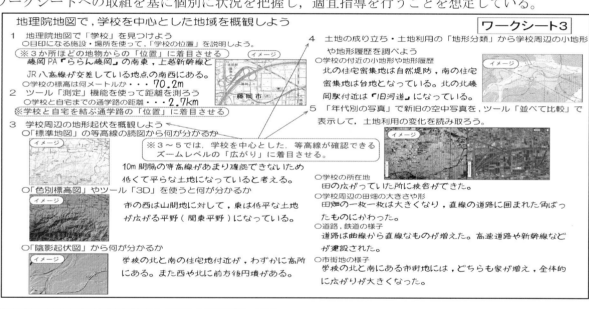

地理院地図で，学校を中心とした地域を概観しよう　　　　　　　　　　　　　　**ワークシート3**

1　地理院地図で「学校」を見つけよう
　○目印になる施設・場所を使って，「学校の位置」を説明しよう。
　※3か所ほどの地物からの「位置」に着目させる
　藤岡PA『ららん藤岡』の南東，上越新幹線と
　JR八高線が交差している地点の，南西にある。
　○学校の標高は何メートルか・・・70.2m
2　ツール「測定」を使って距離を測ろう
　○学校と自宅までの通学路の距離・・・2.7km
　※学校と自宅を結ぶ通学路の「位置」に着目しよう
3　学校周辺の地形起伏を概観しよう
　○「標準地図」の等高線の読図から何が分かるか
　※3～5では，学校を中心とした，等高線が確認できる
　ズームレベルの「広がり」に着目させる。
　10m間隔の等高線があまり確認できない
　ため，低くて平らな土地になっていると考える。
　○「色別標高図」やツール「3D」を使うと何が分かるか
　市の西は山間地に対して，東は低平な土地
　が広がる平野（関東平野）になっている。
　○「陰影起伏図」から何が分かるか
　学校の北と南の住宅地付近が，わずかに高所
　にある。また西や北に前方後円墳がある。

4　土地の成り立ち・土地利用の「地形分類」から学校周辺の小地形
　や地形履歴を調べよう
　○学校の付近の小地形や地形履歴
　北の住宅密集地は自然堤防，南の住宅
　密集地は台地となっている。北の北藤
　岡駅付近は「旧河道」になっている。
5　「年代別の写真」で新旧の空中写真を，ツール「並べて比較」で
　表示して，土地利用の変化を読み取ろう。
　○学校の所在地
　田の広がっていた所に校舎ができた。
　○学校周辺の田畑の大きさや形
　田畑の一枚一枚は大きくなり，直線の道路に囲まれた角ばっ
　たものにかわった。
　○道路，鉄道の様子
　道路は曲線から直線なものが増えた。高速道路や新幹線など
　が建設された。
　○市街地の様子
　学校の北と南にある市街地には，どちらも家が増え，全体的
　に広がりが大きくなった。

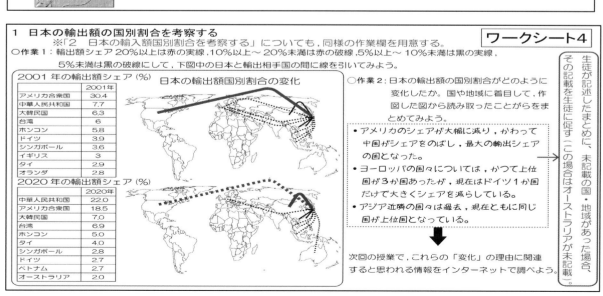

1　日本の輸出額の国別割合を考察する　　　　　　　　　　　　　　　　　　　　**ワークシート4**
　　※「2　日本の輸入額国別割合を考察する」についても，同様の作業欄を用意する。
　○作業1：輸出額シェア20%以上は赤の実線，10%以上～20%未満は赤の破線，5%以上～10%未満は黒の実線，
　　　　　　5%未満は黒の破線にして，下図中の日本と輸出相手国の間に線を引いてみよう。

日本の輸出額国別割合の変化

2001年の輸出額シェア（%）	2001年
アメリカ合衆国	30.4
中華人民共和国	7.7
大韓民国	6.3
台湾	6
ホンコン	5.8
ドイツ	3.9
シンガポール	3.6
イギリス	3
タイ	2.9
オランダ	2.8

2020年の輸出額シェア（%）	2020年
中華人民共和国	22.0
アメリカ合衆国	18.5
大韓民国	7.0
台湾	6.9
ホンコン	5.0
タイ	4.0
シンガポール	2.8
ドイツ	2.7
ベトナム	2.7
オーストラリア	2.0

○作業2：日本の輸出額の国別割合がどのように
　　　　変化したか。国や地域に着目して，作
　　　　図した図から読み取ったことがらをま
　　　　とめてみよう。

・アメリカのシェアが大幅に減り，かわって
　中国がシェアをのばし，最大の輸出シェア
　の国となった。
・ヨーロッパの国々については，かつて上位
　国が3か国あったが，現在はドイツ1か国
　だけで大きくシェアを減らしている。
・アジア近隣の国々は過去，現在ともに同じ
　国が上位国となっている。

次回の授業で，これらの「変化」の理由に関連
すると思われる情報をインターネットで調べよう。

生徒が記述したまとめに，未記載の国・地域があった場合，その記載を生徒に促す（この場合はオーストラリアが未記載）。

第二次⑥⑦では，ワークシート4を用いて，日本の輸出額国別割合の変化を示す流線図の作図といった地理的技能を身に付けさせるとともに，自作の地図を基に，輸出相手国の変化とその要因を多面的・多角的に考察しているかについて「評定に用いる評価」を行うことが考えられる。

第二次⑧⑨では，ワークシート5を用いて，これまでの学習を踏まえ，有用な地図や資料を適切に収集しているかを確認する。作業1，2において適切な資料を収集していない生徒については，他の生徒の取組を紹介したり，参考になるウェブサイトを提示したりするなどして，資

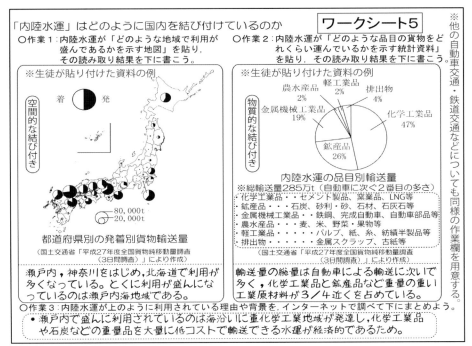

「内陸水運」はどのように国内を結び付けているのか　　　　　　　　ワークシート5

○作業1：内陸水運が「どのような地域で利用が盛んであるかを示す地図」を貼り，その読み取り結果を下に書こう。

空間的な結び付き

※生徒が貼り付けた資料の例

着　発

80,000t
20,000t

都道府県別の発着別貨物輸送量
（国土交通省「平成27年度全国貨物純流動量調査
（3日間調査）」により作成）

瀬戸内，神奈川をはじめ，北海道で利用が多くなっている。とくに利用が盛んになっているのは瀬戸内海地域である。

○作業2：内陸水運が「どのような品目の貨物をどれくらい運んでいるかを示す統計資料」を貼り，その読み取り結果を下に書こう。

物質的な結び付き

※生徒が貼り付けた資料の例

農水産品 2%　軽工業品 2%　排出物 4%
金属機械工業品 19%　化学工業品 47%
鉱産品 26%

内陸水運の品目別輸送量
※総輸送量285万t（自動車に次ぐ2番目の多さ）
化学工業品・・・セメント製品，窯業品，LNG等
鉱産品・・・・・石炭，砂利・砂，石材，石灰石等
金属機械工業品・・鉄鋼，完成自動車，自動車部品等
農水産品・・・・麦，米，野菜・果物等
軽工業品・・・・パルプ，紙，糸，紡績半製品等
排出物・・・・・・金属スクラップ，古紙等
（国土交通省「平成27年度全国貨物純流動量調査
（3日間調査）」により作成）

輸送量の総量は自動車による輸送に次いで多く，化学工業品と鉱産品など重量の重い工業原材料が3／4近くを占めている。

○作業3：内陸水運が上のように利用されている理由や背景を，インターネットで調べて下にまとめよう。
・瀬戸内で盛んに利用されているのは海沿いに重化学工業地域が発達し，化学工業品や石炭などの重量品を大量に低コストで輸送できる水運が経済的であるため。

※他の自動車交通・鉄道交通などについても同様の作業欄を用意する。

料収集の見通しをもたせることが大切である。また，作業3の記述から，貨物輸送からみた国内の結び付きや各輸送手段の特色などについて理解しているかを確認することが考えられる。

（2）単元を見通して学び，振り返るワークシートの工夫

ワークシート6は，「単元の導入」で学習全体に見通しをもたせ，「単元のまとめ」で学習を振り返り，学習内容を整理するために用いる。このワークシートには各時間の授業のポイントとなる課題を示し，毎回の授業後，次の授業までの宿題として個別のワークシート等を参考に記述させる。適宜，収集して取組を確認し，記述が十分でない生徒に対し，必要に応じて助言し，学習改善につなげるとともに，指導の改善に生かすことも考えられる。

第一次と第二次でワークシート6を知1，技能，思1の「評定に用いる評価」に用いる場合には，このワークシートの記述を参考としつつも，個別のワークシートの記述を主な評価の資料とすることが考えられる。一方，単元のまとめ⑩でワークシート6を「評定に用いる評価」に用いる場合には，（2）「『単元全体に関わる問い』に対しての『今のあなたの答え』を書こう」の記述を基に，GISの目的や用途，活用の方法などについて，多面的・多角的に考察しているかを見取り，思2の評価を行うことが考えられる。ここでは学習したことを基に記載するよう指示し，具体的な事例を交えて記述できていれば「おおむね満足できる」状況（B）とすることが考えられる。また（3）「よりよい社会の実現のために，地図やGISにできることは何だと考えましたか」の記述を基に，地図やGISの役割や有用性などについての理解の状況を見取り，知2の評価を行うことが考えられる。ここでは地図やGISの役割について適切に説明できていれば，「おおむね満足できる」状況（B）とすることが考えられる。さらに（4）「さらに調べ，明らかにしたいこと」などの記述を基に，態度について評価を行うことが考えられる。態度の評価については，「単元の導入」と「単元の

まとめ」の記述を対比し，生徒の変容を見取ることが重要と考えられる。ここでの記述については，生徒に今後の学習や日常生活においてGISを活用する場面を具体的にイメージして記述するように助言し，記述内容から，地図やGISについての関心を高め，具体的な問いをもって追究しようとしていると判断されれば，「おおむね満足できる」状況（B）とすることが考えられる。また，「努力を要する」状況（C）と評価される生徒に対しては，学習を振り返りながら補足説明をしたり，活用場面を例示したりするなどして，GISの活用に見通しをもたせるとともに，「地理総合」の学習内容に関心がもてるよう動機付けや方向付けを図るなどの工夫を行うことが考えられる。

なお，ワークシート中の評価欄（知1 a b cなど）と枠外の注釈については，「評定に用いる評価」を行う場面と，教師が，そこで個別のワークシートやこのワークシートをどのように活用していくのかの，おおよそのイメージを示しており，これらの部分の生徒への提示は想定していない。

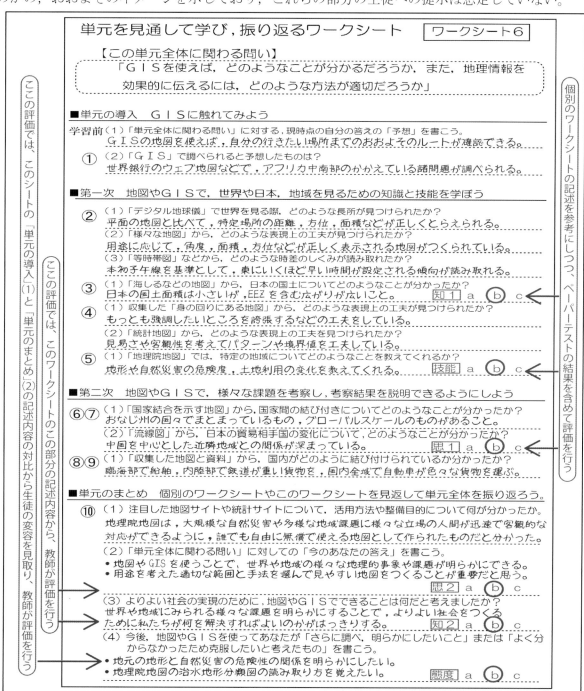

地理歴史科　　事例２（地理総合）

キーワード　思考力等を問うペーパーテストを用いた評価の工夫

単元名	内容のまとまり
生活文化の多様性と国際理解	B　国際理解と国際協力 （1）生活文化の多様性と国際理解

1　単元の目標

・世界の人々の特色ある生活文化を基に，人々の生活文化が，地形，気候などの自然環境や，歴史的背景や経済発展などの社会環境から影響を受けたり，影響を与えたりして多様性をもつことや，それらの地理的環境の変化によって変容することなどについて理解する。

・世界の人々の特色ある生活文化を基に，自他の文化を尊重し国際理解を図ることの重要性などについて理解する。

・世界の人々の生活文化について，その生活文化が見られる場所の特徴や自然及び社会的条件との関わりなどに着目して，「地理的環境を踏まえた生活文化の理解と尊重」などの主題を設定し，「多様な生活文化に配慮して，世界の人々が共存するためにはどのような工夫が必要なのだろうか」などを，多面的・多角的に考察し，表現する。

・生活文化の多様性と国際理解について，よりよい社会の実現を視野にそこで見られる課題を主体的に追究しようとする態度を養う。

2　単元の評価規準

知識・技能	思考・判断・表現	主体的に学習に取り組む態度
・世界の人々の特色ある生活文化を基に，人々の生活文化が，地形，気候などの自然環境や，歴史的背景や経済発展などの社会環境から影響を受けたり，影響を与えたりして多様性をもつことや，それらの地理的環境の変化によって変容することなどについて理解している。 ・世界の人々の特色ある生活文化を基に，自他の文化を尊重し国際理解を図ることの重要性などについて理解している。	・世界の人々の生活文化について，その生活文化が見られる場所の特徴や自然及び社会的条件との関わりなどに着目して，「地理的環境を踏まえた生活文化の理解と尊重」などの主題を基に，「多様な生活文化に配慮して，世界の人々が共存するためにはどのような工夫が必要なのだろうか」などを，多面的・多角的に考察し，表現している。	・生活文化の多様性と国際理解について，よりよい社会の実現を視野にそこで見られる課題を主体的に追究しようとしている。

3　指導と評価の計画（15時間）　　（○…「評定に用いる評価」，●…「学習改善につなげる評価」）

	ねらい・学習活動	知	思	態	評価規準等
単元	【ねらい】世界にはなぜ多様な食文化がみられるのだろうか，その要因について予想する。 【学習課題】「世界にはなぜ多様な食文化がみられるのだろうか」				

	学習活動				評価規準等
の導入（2時間扱）	・様々な伝統料理や食事方法などの特徴についてグループごとにテーマを決めて調べ，写真資料などを使ってポスターにまとめる。	●			●様々な地域の食文化について，グループで協力して調べたことを分かりやすくまとめている。
	・食に関する主題図などを基に，世界の食文化の分布の特徴について考察したことをワークシートにまとめる。		●		●中学校での学習を基に，食文化の広がりや人々の交流に着目して，世界の食文化の分布の特徴などを多面的・多角的に考察している。
	・書籍やインターネットなどで調べた食文化の多様性に配慮した取組を基に，多様な文化が共存するための工夫についてグループで話し合う。			●	●食文化の多様性に配慮した取組から，世界の人々が共存するために必要なことについて，予想したり課題を見いだそうとしたりしている。

【学習課題；単元全体に関わる問い】「多様な生活文化に配慮して，世界の人々が共存するためにはどのような工夫が必要なのだろうか」

第一次（6時間扱）	【ねらい】世界の人々の生活文化が，地形，気候などの自然環境や，歴史的背景や経済発展などの社会環境から影響を受けたり，影響を与えたりして多様性をもつことを理解する。				生活文化の多様性

【学習課題】「食文化の基本となる農耕文化は，どのようなものがあり，どのように分布しているのだろうか」

Step.1　食文化の多様性

学習活動				評価規準等
・主な作物の起源地や栽培条件などについて調べ，食文化と自然環境との関わりについて考察する。	●			●地形や気候などの自然条件に着目して，食文化の多様性や変容の要因などを多面的・多角的に考察している。
・地域間の結び付きやその変化，宗教，農業の技術革新などに着目し，食文化と社会環境との関わりについて調べ，ワークシートにまとめる。	○			○世界の食文化が自然環境や社会環境から影響を受けて多様であることを理解している。
・棚田の保全活動を基に，その目的や文化景観としての価値などについて考察する。	●			●社会環境の変化との関わりに着目して，棚田の保全活動の目的や意義を多面的・多角的に考察している。

〈評価の具体例〉
　第一次の学習成果を総合・活用する小テストを行い，「思考・判断・表現」の評価の資料とする。 問題例 i

【学習課題】「私たちの先人たちは，身の回りの環境とどのように接し，どのように守ってきたのだろうか」

Step.2　住居の多様性

学習活動				評価規準等
・世界の住居と自然環境との関わりを踏まえ，社会環境の変化に着目し，日本における住居の変化について考察する。	●			●自然環境や社会環境に着目して，住居の多様性や変容の要因などを多面的・多角的に考察している。
・世界の都市や村落の伝統的な景観を保全する取組を基に，集落の景観と自然環境や社会環境との関わりについて調べ，ワークシートにまとめる。	○			○都市や村落の伝統的な景観が，地域の地理的環境の影響を受けて成立し，その保護が環境の保全に結び付いていることを理解している。
・場所の特徴などに着目して，社寺林や里山の保全などの取組について調べ，活動の特色や意義，課題などについて考察する。	●			●社寺林や里山の保全などの取組を基に，自然環境や社会環境に着目して，保全の意義やその課題などを多面的・多角的に考察している。

第二次 （2時間扱）	【ねらい】生活文化の変容と，グローバル化や情報化の進展などの社会環境の変化との関わりについて多面的・多角的に考察する。				生活文化の 変容

【学習課題】「地域によって人々の衣服の変化の仕方に違いがあるのはなぜだろうか」

Step.3　多様な衣服と変容				
・伝統的な衣服の素材や形態などと地域の自然環境や生業などとの関わりについて調べ，世界各地の伝統的な衣服についてワークシートにまとめる。	●			●伝統的な衣服の素材や形態などと地域の自然環境や生業などとの関わりについて理解している。
・伝統的な衣服の変化，衣服の世界的な画一化，ファッションの流行などの事例を基に，生活文化と社会環境との相互の関わりについて考察する。		●		●社会環境との関わりに着目して，伝統的な衣服の多様性やその変化の要因などを多面的・多角的に考察している。

〈評価の具体例〉
　第二次の学習成果を総合・活用する小テストを行い，「思考・判断・表現」の評価の資料とする。 問題例ⅱ

| 第三次
（4時間扱） | 【ねらい】グローバル化が進む中で，多様な生活文化をもつ人々が共存するために行っている工夫や取組について考察する。 | | | | 生活文化の
多様性への配慮 |

【学習課題】「生活文化の多様性に配慮するためにどのような取組が行われているのだろうか」

Step.4　多様性への配慮や工夫				
・世界の宗教や言語の分布とその歴史的背景などについて資料から読み取ったことをワークシートにまとめる。	●			●主な宗教や言語のおおよその分布とその歴史的背景について理解している。
・異なる生活文化が共存するための工夫や配慮について，提示された資料から読み取ったことやメディア等を通して見聞きしたこと，旅行で体験したことなどを基にグループで話し合い，ワークシートにまとめる。	●			●多様な生活文化をもつ人々が共存するために行われている工夫や取組について理解している。
・芸術文化，スポーツ，祭礼など身近な事象を基に，国際的な文化の広がりや文化の受容などについて，資料を収集し，考察したことをまとめて発表する。		○		○抽出した事象が見られる場所の特徴や自然及び社会的条件との関わりなどに着目して，国際的な文化の広がりや文化の受容などについて多面的・多角的に考察し，表現している。

〈評価の具体例〉
　本単元の終了後に，その学習成果を総合・活用する定期考査等において行い，「思考・判断・表現」の評価の資料とする。 問題例ⅲ

| 単元のまとめ
（1時間扱） | 【ねらい】生活文化の多様性と国際理解についての学習を振り返り，単元全体に関わる問いについて，多面的・多角的に考察する。 | | | | |

【学習課題；単元全体に関わる問い】「多様な生活文化に配慮して，世界の人々が共存するためにはどのような工夫が必要なのだろうか」

Step.5　学習のまとめと振り返り				
・学習したことを基に，自他の文化を理解し互いを尊重し，相違を認めた上で共存するための新しい関係や新たな社会の在り方について，ワークシートに自分の考えをまとめ，発表する。	○			○自他の文化を尊重し国際理解を図ることの重要性を理解している。
			○	○これまでの学習を振り返り，多様な習慣や価値観をもつ人々と国内外で共存するために必要なことについて自分の考えをもとうとしている。

4 観点別学習状況の評価の進め方

（1）思考力等を問うペーパーテストの問題例

「児童生徒の学習評価の在り方について（報告）」においては，「思考・判断・表現」の評価については，「知識及び技能」を活用して課題を解決するために必要な「思考力，判断力，表現力等」を身に付けているかどうかを評価するものであるため，ペーパーテストのみならず，論述やレポートの作成，発表，グループでの話合い，作品の制作や表現等の多様な活動を取り入れたり，それらを集めたポートフォリオを活用したりするなど，評価方法を工夫することが考えられるとの指摘がなされている。

以下に示す事例は，このことを踏まえたものであり，図や写真資料から読み取った複数の情報を関連付けて考察する過程を評価場面とするなど，ペーパーテストの工夫改善に向けた一試案を示している。すなわち，事実的な知識の習得を問うだけの問題ではなく，地理的な見方・考え方を働かせて様々な視点から主題を考察させる，実際の授業場面でも展開されるような思考過程自体を問題にすることで，ペーパーテストであっても，思考力等を見取る問題が実現できるとの立場に立つものである。もちろん，資料を読み取るための基礎的・基本的な知識及び技能は必要であり，それぞれの単元の学習を通して総合化・概念化された知識及び技能や中学校社会科で習得した知識及び技能の活用を前提としている。

また，解答選択肢を工夫することで，生徒のつまずきを解答状況から分析することもできると考えた。そのような工夫を行うことで，指導と評価の一体化を図った，学習評価に本来求められる生徒自身の「学習改善につなげる評価」を可能にするものと考えられる。

なお，問題例 i ～ 問題例 iii は，前述の指導計画上のそれぞれの場面での実施を想定した問題例ではあるが，問題自体は別個の例であり，連続しての実施を意図して作成した問題群ではない。

①【Step.1 食文化の多様性】に関わる問題例

問題例 i 　太郎さんは，世界の国々には，その国の生活文化の特徴を表した紋章（国章）をもつ国があることを知り，さらにインターネットで調べて，右の**資料**を作成した。**資料**中の空欄 X に当てはまる国として最も適切なものを，あとの**地図中のア～エ**の中から一つ選び，記号で答えよ。

資料 国章の例とその解説

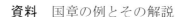

Aは，アルジェリアの国章である。図中にはこの国の気候の特徴を生かした代表的な農産物として，中央右寄りには小麦，左寄りにヤシやオリーブなどの植物が描かれている。また，中央下には，国教であるイスラームを象徴する三日月と星が描かれ，その周囲には，アラビア語で国名が記されている。

Bは， X の国章である。ここにもアルジェリアの国章と同様に，この国の気候の特徴を生かした農産物が描かれている。すなわち，円形の国章を縁取るように，右側にはAの国章にも見られ，この国の主食でもある穀物が，左側には世界的な生産量を誇る綿花が，それぞれ描かれている。

「世界の国旗と国章大図鑑　五訂版」より転載

この問題例iは，資料中のいずれの国章にも描かれている「小麦」と「三日月と星」の図に着目するとともに，それについての解説を参考にして，　X　の気候の特徴を生かして栽培される作物の栽培条件や宗教に関する情報を読み取り，当てはまる国の位置を特定する問題である。指導計画上の第一次では，主な作物の起源地や栽培条件などについて調べ，食文化と自然環境との関わりについて考察するとともに，宗教や農業の技術革新などに着目し，食文化と社会環境との関

地図

わりについて調べる学習を行っている。ここでは，そうした学習を通じて身に付ける，世界の主食と主な宗教の分布に関する知識を活用して，地図中に示された四つの国それぞれの場所の特徴に着目して考察しているかを評価する問題である（正解：イ［ウズベキスタン］）。資料のアルジェリアの国章とその解説から，この国で主食として栽培される穀物が「小麦」であることが読み取れる。また，アルジェリアの国章と共通する「三日月と星」の図から，　X　ではイスラームが信仰を集めていることが分かる。このことを基に，地図中の四か国の場所の自然的な特徴に着目して，小麦を主食とするこの国　X　は，豊かな降水を利用して水稲栽培が盛んなウ［スリランカ］やエ［インドネシア］ではなく，比較的降水量の少ない地域が広がるア［ベラルーシ］又はイであると推察できる。そして，イスラームの信仰圏の広がりについての知識を基に，イスラームを信仰する人々が多い中央アジアに位置するイが　X　ではないかと推察するものと考えられる。

　なお，今回提示した問題例では，イスラームの信仰圏についての知識を前提にしているが，第一次の学習で宗教分布の理解が十分ではなかったと判断される場合には，この問題中に宗教分布の主題図を参考資料として示し，それを読み取らせた上で本問題を問うような工夫を行うことも考えられる。

②【Step.3　多様な衣服と変容】に関わる問題

問題例ii　次の写真3と写真4は，南アジアの気候や歴史の影響を受けた衣服を撮影したものである。これらの写真に関連することがらについて述べた下の文章中の空欄タとチに当てはまる語の組合せとして最も適当なものを，あとの①～④のうちから一つ選べ。

写真3

写真4

　写真3は，サリーとよばれる衣服である。一枚の布を体に巻きつけて着るもので，体を締め付けないゆとりのある形をしていて（　タ　）が高く，主にヒンドゥー教徒の女性が着る。
　写真4は，マドラスチェックとよばれる柄の衣服である。チェンナイ（マドラス）では，職人によってこの柄の（　チ　）がつくられてきた。ヨーロッパに広まったこの柄には，イギリスの影響を受けて変化したものがみられる。

	①	②	③	④
タチ	通気性 綿織物	通気性 毛織物	保温性 綿織物	保温性 毛織物

（令和3年度「大学入学者選抜に係る大学入学共通テスト(1)」地理A　出題問題）

　この 問題例ⅱ は，衣服が地域の特色ある気候に対応するとともに，他の文化の影響によって変容し得ることを主題に問題として構成されている。指導計画上の第二次では，衣服をテーマに生活文化の変容と社会環境の変化との関わりについて考察する学習を行う。ここでは，そうした学習を通じて身に付ける，伝統的な衣服の素材や形態などと地域の自然環境や生業などとの関わりについての知識を活用して考察しているかを評価する問題である（正解：①）。衣服のみならず，衣食住といった生活文化が，自然及び社会的条件によって影響を受け，さらに変容することは，世界各地において見られる現象であり，それを具体的な事例でもって問おうとするものである。

　ここで取り扱われているような主題例は，過去の学習指導要領等でも問われてきたところであり，上掲の問題についても，これまで様々な場面で対象地域や事象，出題形式を変えて問われてきたところである。そこでそのような問題の再利用の可能性を探ることが考えられる。

　過去に行われた様々なペーパーテストを基に，その中から自分自身が授業化した指導計画のねらいに合致する良問を見いだし活用することが考えられる。過去に作成された良問を，今日においても活用できるか否かを批判的に吟味することは，良問の作成過程を追体験することにつながり，自分自身の問題作成能力の向上につながるものである。したがって，後の（2）②にも示すように，既存の問題の活用策について不断の見直しを図ることは，単に時間と労力の縮減にとどまらない付加価値をもたらすものと考えられ，まずは，多種多様な問題収集のためのアンテナを張り巡らし，「評価問題の改善（ブラッシュアップ）」の可能性を探ることを推奨したい。なお，既存の問題を再利用し，評価の視点に合わせて選択肢を変更したり，選択式の問題を基に論述式の問題に改変し，表現力を含めて評価する問題としたりするなど，精選された資料を活用しつつ，実際の学習過程を踏まえ，生徒の実態に合わせて出題方法を調整するなどといった工夫も期待したい。

③【Step.4　多様性への配慮や工夫】に関わる問題

　問題例ⅲ　次の2枚の写真A，Bは，いずれもヨーロッパの「ある国」の駅に掲げられた標識を撮影したものです。あなたは，この標識が掲げられた駅がある「ある国」とは，どこだと考えますか。また，同じ国内でAとBのように，異なる記載の標識があるのはなぜだと考えますか。いずれも看板の記載内容に触れた上で，簡潔に答えなさい。（※便宜上，写真をイラストに置き換えている。）

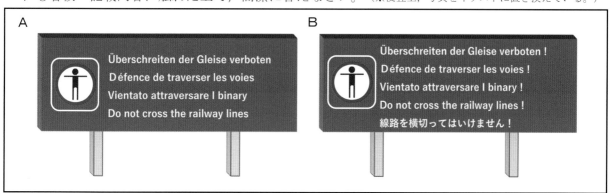

この <u>問題例iii</u> は，世界の言語の分布についての知識や，多様な言語が混在する国で見られる課題や人々が共存するための取組についての知識を活用し，写真から読み取った情報を基にヨーロッパにある「ある国」を特定するとともに，写真Bで見られる日本語の記載から，日本人訪問者に向けた配慮について推察し，二つの標識の記載が異なる理由について適切に記述しているかを評価する問題である。指導計画上の第三次では，いくつかの事例を基に，グローバル化が進む中で，多様な生活文化をもつ人々が共存するための取組などについて考察し，主な宗教や言語の分布とその歴史的背景，多様な宗教や言語などの生活文化をもつ人々が共存するための工夫や取組について理解を深めている。ここでは，「線路横断の禁止という極めて重要な情報を伝達するための公式の『標識』において，複数の文字言語をもって行っているという点から，この国において用いられている公的な文字言語は多様なのではないか」，「標識中の日本語の記載から，写真Aとは異なって写真Bが撮影された駅では，日本人の居住者や訪問者が多いのではないか」，「グローバル化の中で増加した日本人訪問者に向けた配慮として，写真Bは写真Aよりも最近撮影されたものではないか」などと，生徒が自身の既知の事実を活用し，筋道を立てて考察，表現しているかどうかに力点を置いて評価することが期待される。知識を活用して思考する力を見取る問題とするためには，単なる知識の再生にならないように留意する必要がある。例えば，授業で扱わない資料を基に出題するなど，身に付けた知識や技能を活用して考察する問題とする工夫が重要である。<u>問題例iii</u> で使用した写真のように，学習の成果を基にした考察を促す適切な資料を提示するためには，インターネットや新聞などを活用して，適切な写真や主題図などを日常的に収集することが大切である。

（2）評価問題の活用例としての誤答分析と評価問題の改善
①評価問題の活用例としての誤答分析について

　ペーパーテストの結果を指導の改善及び生徒の学習改善に生かすことが大切である。「単元の評価規準」に示されたそれぞれの評価規準に照らして，具体的な学習のつまずきの例として「推測される生徒の状況」と，それに対する生徒への「指導の手立ての例」を，<u>問題例 i</u> を基に紹介する。

　<u>問題例 i</u> では，選択肢を，それぞれ異なる宗教と気候（作物の栽培条件）の組合せになるように設定しており，四つのうちから一つを選ばせる形式をとっている（アはキリスト教・降水量少，イはイスラーム・降水量少，ウは仏教・降水量多，エはイスラーム・降水量多）。このような工夫をすることで，選んだ解答から，生徒がどのような思考をたどっているかを推測し，生徒のつまずきを把握することができる。そして，そのつまずきに応じた適切な指導を行うことで，指導と評価の，より一層の一体化を図ることが可能となる。

　アを選択した生徒は，　　X　　が小麦栽培に適した地域であることは読み取れている。しかし，イスラームの分布と結び付けて考えることができていない。一方，エを選択した生徒は，イスラームの分布と結び付けて考えることはできているものの，**資料**に描かれた小麦やその説明の記述を見落としていると考えられ，場合によっては，小麦や稲の栽培条件と赤道直下にあるこの国の自然環境との関わりについて理解できていない可能性もある。さらに，ウを選択した生徒については，小麦の栽培条件と自然環境との関係について理解できていない上に，イスラームの分布と結び付けて考えることができていないものと思われる。

　そこで，アを選択した生徒には，Aの国章の解説に触れられていた「三日月と星」に着目させる

とともに，Ａ，Ｂの国章を丁寧に見比べさせて，それが同様に描かれていることに気付かせることで,国章に宗教的なシンボルが描かれていることの意味を考えさせることが大切である。その上で，中学校段階でも既習である大まかな宗教分布の地図を基に，その空間的な広がりについて思い出させるといった指導が考えられる。

一方，エを選択した生徒には，Ａの国章の解説にある「中央右寄りには小麦，左寄りにヤシやオリーブなどの植物」という記述，Ｂの国章の解説にある「右側にはＡの国章にも見られ，この国の主食でもある穀物」という記述を再確認させ，前者を踏まえて，後者の穀物とは小麦であることを読み取らせることから始める必要がある。その上で解答に至らない場合は，上述の小麦や米といった穀物の栽培条件について振り返らせつつ,赤道直下という高温多雨の気候条件を想像させた上で，それに適応した主食となる穀物が何であるかを想像させるといった指導が考えられる。

最後に，ウを選択した生徒には，アを選択した生徒への支援と，エを選択した生徒への支援を，ともに行う必要がある。その際，基礎的・基本的な知識の蓄積が十分ではないとも考えられるため，必要に応じて中学校段階での学習内容を提示して振り返らせつつ，資料を丁寧に読み取らせることが大切である。まずは，Ａ，Ｂの国章それぞれについて，説明に書かれた記述と，国章に描かれた図との対応関係を一つ一つ結び付けさせることが考えられる。その上で，ＡとＢの国章の共通点，ＡとＢの解説の関わりについて着目させ，結果的に資料の意味するところと問われていることとの関係について話を進めるなどといった，順を追った指導が考えられる。

正答した生徒を褒めることは評価の重要な側面であるが，その一方で誤答した生徒に対する適切な手立ても評価の重要な側面である。そしてその際，選択した生徒に対して，どの点において課題があるのかを見極め，そのつまずきに応じた手立てを講じることが必要である。

②評価問題の改善（ブラッシュアップ）について

学習指導と同様に学習評価の方法についても，不断の改善が求められる。本事例で扱う評価問題に関してもそれは当てはまり，既存の評価問題の改変を図ることで，従前には問えなかったような視点からの評価問題に改善することが可能となる。例えば，以下の改変では，従前は個別の知識の獲得を問う評価問題であったものを，説明文と解答群の記述を工夫することで，説明文中から読み取れる生活様式と地図中から引き出せる空間情報を結び付ける力を問う評価問題とすることが可能となってくる。このように記載内容の部分的な改変によって，評価問題はその趣旨を大きく変えることが可能であり，既存の評価問題を対象とした不断の見直しが期待される。

〔問題文〕次の文は，ある都市で見られる伝統的な衣服についての説明です。このような伝統的な衣服が見られる都市とは，どこの都市ですか。選択肢１～４のうちから最も適切なものを選び，その記号を書きなさい。

改変前

〔説明文〕この都市では，ポンチョと呼ばれる，着脱しやすく，リャマなどの毛でつくられた衣服が用いられている。
〔選択肢〕
1 デンヴァー　2 ラパス
3 バンガロール　4 ロンドン

→

改変後

〔説明文〕この都市では，気温の年較差より日較差が大きい気候に合わせて，着脱しやすく，高地の生活に適した動物の毛でつくられた衣服が用いられている。

〔選択肢〕

なお，この見直しによって，右の表のように，正答に至らなかった生徒に対しても，「気温の年較差より日較差が大きい」と「高地」のどちらの条件を見落として誤答に至ったのかの分析が可能であり，それらの生徒に対する次の手立てを考える誤答分析が可能である。

	日較差	高地
1（デンヴァー）	×	○
2（ラパス）	○	○
3（バンガロール）	○	×
4（ロンドン）	×	×

キーワード　ワークシートを用いた「技能」，「主体的に学習に取り組む態度」の評価

単元名	内容のまとまり
私たちのまちの防災対策	C　持続可能な地域づくりと私たち (1)　自然環境と防災

1　単元の目標

・生徒の生活圏で見られる自然災害を基に，地域の自然環境の特色と自然災害への備えや対応との関わりとともに，自然災害の規模や頻度，地域性を踏まえた備えや対応の重要性などについて理解する。

・様々な自然災害に対応したハザードマップや新旧地形図をはじめとする各種の地理情報について，その情報を収集し，読み取り，まとめる地理的技能を身に付ける。

・地域性を踏まえた防災について，自然及び社会的条件との関わり，地域の共通点や差異，持続可能な地域づくりなどに着目して，「生活圏の地域性を踏まえた防災対策」などの主題を設定し，「自然災害に備えるために，私たちはどのような対策を取るべきか」などを，多面的・多角的に考察し，表現する。

・私たちのまちの防災対策について，よりよい社会の実現を視野にそこで見られる課題を主体的に追究しようとする態度を養う。

2　単元の評価規準

知識・技能	思考・判断・表現	主体的に学習に取り組む態度
・生徒の生活圏で見られる自然災害を基に，地域の自然環境の特色と自然災害への備えや対応との関わりとともに，自然災害の規模や頻度，地域性を踏まえた備えや対応の重要性などについて理解している。 ・様々な自然災害に対応したハザードマップや新旧地形図をはじめとする各種の地理情報について，その情報を収集し，読み取り，まとめる地理的技能を身に付けている。	・地域性を踏まえた防災について，自然及び社会的条件との関わり，地域の共通点や差異，持続可能な地域づくりなどに着目して，「生活圏の地域性を踏まえた防災対策」などの主題を基に，「自然災害に備えるために，私たちはどのような対策を取るべきか」などを，多面的・多角的に考察し，表現している。	・私たちのまちの防災対策について，よりよい社会の実現を視野にそこで見られる課題を主体的に追究しようとしている。

3　指導と評価の計画（10時間）

　本事例では，内容のまとまりである中項目「自然環境と防災」を，「世界と日本の自然災害」と「私たちのまちの防災対策」の二つの単元に分け，その中項目全体の指導計画の概要とともに，単元「私たちのまちの防災対策」の指導と評価の計画を次に示すこととする。

内容のまとまり	小単元	各次の内容と配当時間例		
C（1） 自然環境と 防災 （20 時間）	①世界と日本の 自然災害 （10 時間）	導　入　世界の自然環境と災害に関する見通し（1時間） 第一次　世界からみた日本の自然の特色に関する資料の読み取り（3時間） 第二次　日本の自然災害における危険度をまとめた地図の作成（5時間） 第三次　世界と日本の自然災害リスクに関する振り返り（1時間）		
	②私たちのまち の防災対策 （本事例） （10 時間）	第一次　生活圏での防災対策に関する見通し（1時間） 第二次　生活圏での自然災害に関する資料の読み取り（3時間） 第三次　生活圏での自然災害に対する避難計画の作成（5時間） まとめ　防災対策に関する振り返り（1時間）		

（〇…「評定に用いる評価」，●…「学習改善につなげる評価」）

	ねらい・学習活動	知	思	態	評価規準等
第一次 （1時間扱）	【ねらい】これまでの学習を踏まえ，自然環境から予想される生活圏の自然災害について考察する。				
	【学習課題；単元全体に関わる問い】「自然災害に備えるために，私たちはどのような対策を取るべきか」（中項目前段の単元までの学習を踏まえて）				
	・生活圏のハザードマップから，想定される自然災害とその危険度の高い地域を読み取り，「なぜその場所は危険度が高いと考えられるのだろうか」という問いを設定し，危険度の想定理由について仮説を立てる。	●	●		●生活圏のハザードマップから，想定される自然災害とその危険度の高い地域を読み取っている。 ●これまでの学習で身に付けた知識を関連付け，多面的・多角的に考察し仮説を設定している。
第二次 （3時間扱）	【ねらい】ハザードマップなどから必要な情報を読み取ったり，複数の地図を重ね合わせて関連付けたりする技能を身に付ける。				
	・インターネットでの資料調査や図書館などでの文献調査などを基に，ハザードマップや新旧地形図，土地条件図，文献資料などの資料を収集し，それらの資料を基に仮説を検証する。 ・各自の検証をワークシートにまとめ，それを基にグループで発表し合う。	〇	●		〇ハザードマップや新旧地形図，土地条件図などの読図や，文献資料の読み取りから，仮説の検証に必要な情報を収集し，適切にまとめている。 ●検証の結果について根拠を示して適切に説明している。
第三次 （5時間扱）	【ねらい】地域の防災の在り方について話し合う活動を通して，生活圏で想定される自然災害についての認識を深め，防災意識を高めたり，防災を考えるために必要な技能を身に付けたりするとともに，自分たちの生活と自然環境との関わりについて考察する。				
	・複数の地図から読み取ったことを関連付け，地形と予想される自然災害の危険度との関係についてまとめるとともに，それぞれの地域の防災上の課題について考察したことを ワークシート1 にまとめる。	〇		●	〇危険度や地形などに関する必要な情報を複数の地図から読み取り，地形と自然災害の危険度との関係について適切にまとめている。 ●生活圏の自然環境の特色と自然災害との関わりについて関心を高めている。
	【学習課題】「身近な地域では，自然災害に対してどのような備えが必要か」				
	・グループごとに地区を分担して，地域の自然環境の特色に応じた自然災害への備えや，避難計画を作成するための調査方法について話し合う。	●			●自然環境の特色に応じた自然災害への備えや，避難計画を検討するための調査方法について理解している。

		知	思	態	
	・現地調査やＧＩＳを通して避難場所の位置や道路網などといった防災や避難に関わる情報を集め，避難計画を作成して地図などにまとめる。	●			●現地調査やＧＩＳを通して防災や避難に関わる情報を収集し，適切に地図などにまとめている。
	・グループで議論したことを基に，生活圏の地域性を踏まえた防災や緊急時の行動などについて考察し，レポートにまとめる。		○		○生活圏の自然及び社会的条件との関わり，持続可能な地域づくりなどに着目して，多面的・多角的に考察し，表現している。
	・堤防のかさ上げやダム建設など生活圏の防災に関わる対策の概要についてまとめる。	●			●生活圏の防災に関わる取組の内容について理解するとともに，持続可能な地域づくりなどに着目して，その意義を多面的・多角的に考察している。
単元のまとめ（１時間扱）	【ねらい】学習を振り返り，生活圏で想定される自然災害に対する緊急の場合の適切な行動や日常生活の中での防災について具体的に考えることを通して防災意識を高める。				
	・ハザードマップを基に，仮想の地区Ｘで想定される自然災害の種類や規模などを読み取り，どのような備えが必要か考察する。	○			○ハザードマップから，想定される自然災害の種類や規模，防災や避難に関わる情報などを適切に読み取っている。
	・これまでの学習を振り返り，生活圏で想定される自然災害に対して必要な備えや防災上の課題について考察したことを ワークシート２ にまとめる。	○			○自然災害の規模や頻度，地域性を踏まえた備えや対応について理解するとともに，その重要性について理解している。
				○	○生活圏の防災対策についての関心を高め，学んだことを実生活に適用しようとしたり，これからの学習に意欲的に取り組もうとしたりしている。

4 観点別学習状況の評価の進め方

本事例は，先に示したように，内容のまとまりである中項目「自然環境と防災」を前・後半二つの単元に分けたうちの，後半に当たる単元である。前半に当たる単元「世界と日本の自然災害」では，自然災害における危険度をまとめた地図を作成することなどを通して自然災害のリスクを考察する。そこで，前半の単元のまとめとして

【作業】地図中のa～fは，どのような地形や環境だろうか。また，それぞれの場所では，どのような災害が起こりうるだろうか。

右のワークシートを用いて，「知識及び技能」の定着を確認することが考えられる。これらの「知識及び技能」を踏まえ，後半の単元「私たちのまちの防災対策」では，生活圏の防災について考察する。ここでの学習活動は生活圏を対象とすることから，生徒が実際に収集した資料を読み取ったり，調べ，まとめたりすることが中心となるため，地図や地理情報に関する地理的技能を評価する場面を多く設定できる。そこで，ここでは，①「技能」の評価が主眼となる第三次１時間目に相当する授業，②「主体的に学習に取り組む態度」の評価が主眼となる単元のまとめに相当する授業について，それぞれ用いるワークシートとその記入例を例示し，評価の進め方を分析することとする。

（1）「技能」の評定に用いる評価で使用するワークシートの例

ワークシート1

自然災害の調査結果をまとめよう

このワークシートに示した河川洪水のほか，津波や都市型水害，土砂災害，火山災害などをテーマにしたワークシートも考えられる。

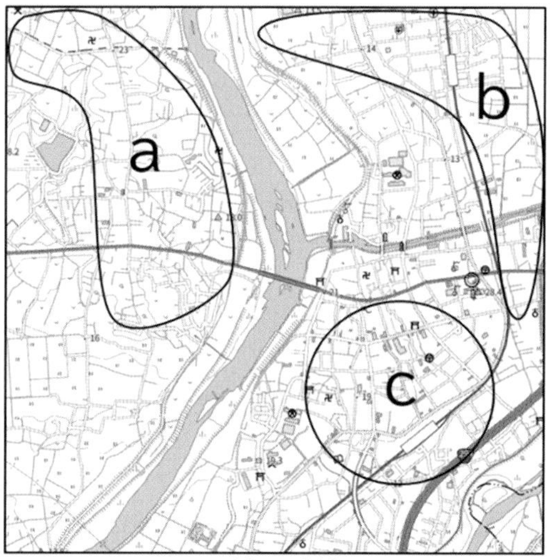

↑地理院地図

↑旧版地形図 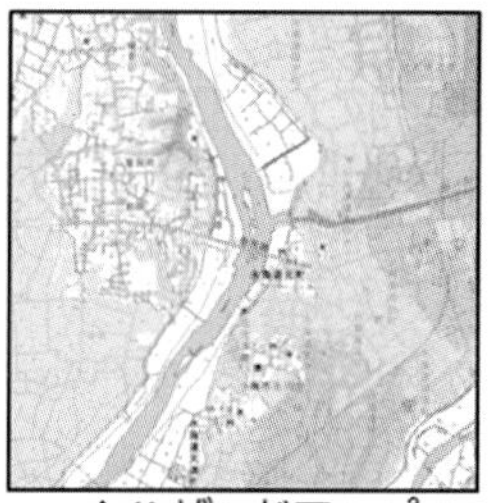　　　↑ハザードマップ

↑色別標高図 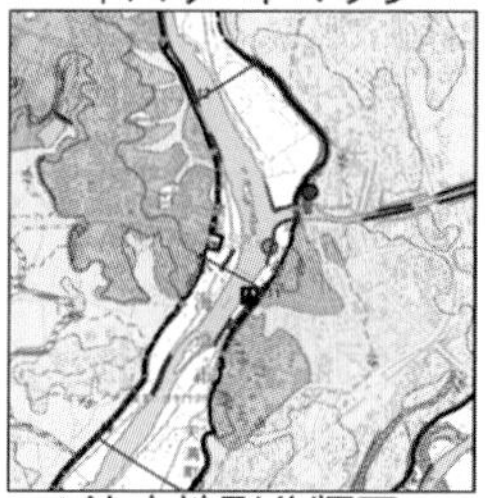　　　↑治水地形分類図

【作業】各種の地図を関連付け，地理院地図の各エリアの中に危険度の高・中・低を記入しよう。

【読図】各エリアにみられる地形と，予想される自然災害には，どのような関係があるだろうか。

空白の欄とせず，次のように導くことも考えられる。
・エリア　　　　は　　　　といった地形であり，　　　　　　の危険度が高い。
・エリア　　　　は　　　　といった地形であり，　　　　　　の危険度が低い。

【振り返り】次回以降のグループ学習に向け，自らの調査を振り返り，見いだしたことや，考えたことを記入しておこう。

第三次の1時間目では，ワークシート1を用いて，複数の地図から読み取ったことを関連付け，地形と予想される自然災害の危険度との関係についてまとめるとともに，それぞれの地域の防災上の課題について考察する学習活動を行うことを想定している。【作業】及び【読図】の欄への記述などを基に，災害の危険度や地形などに関して必要な情報を複数の地図から読み取り，地形と自然災害の危険度との関係について適切にまとめているかによって，「知識・技能」のうちの「技能」に着目して「評定に用いる評価」を行うことが考えられる。ここでは，次ページの例1のように地理院地図中の各エリアの中に危険度の高・中・低を適切に描き，【読図】の欄に地形との関係を適切に記入できていれば，必要な情報を読み取ったり，複数の地図を重ね合わせて適切に関連付けたりしていると判断できることから，「おおむね満足できる」状況（B）と考えられる。

なお，このワークシートで例示した地図は，旧版地形図を除き，いずれもウェブコンテンツを利用したもので，ハザードマップは「重ねるハザードマップ」，その他の地図は「地理院地図」の地図選択機能を用いたものである。

例1：「おおむね満足できる」状況（B）と考えられる生徒の記述例

> 【読図】各エリアにみられる地形と，予想される自然災害には，どのような関係があるだろうか。
> bのような後背湿地で浸水の危険度が高く，
> aのような台地で浸水の危険度が低い。

　他方，「おおむね満足できる」状況（B）に至らなかった場合には，「ハザードマップで危険度が高いと示されている地域は，地理院地図ではどこに当たるだろう」や「そうした地域は，治水地形分類図ではどのように示されているだろう」など，生徒が複数の地図を関連付けて考察することを促す補助発問を加えるなどして，考察の過程にいくつかの段階を設けて支援することなどが考えられる。例えば，次の例2では，地形と自然災害の危険度を結び付けていない点で「努力を要する」状況（C）と判断できる。

例2：「努力を要する」状況（C）と考えられる生徒の記述例

> 【読図】各エリアにみられる地形と，予想される自然災害には，どのような関係があるだろうか。
> 川の近くは、浸水しやすいので危ない。

　このような生徒への手立てとして，例えば，治水地形分類図で後背湿地として示されている地域と，ハザードマップで浸水深5～10mとして示されている地域が，地理院地図上ではどこに当たるかを示させ，それらの重なりから，地形と浸水深は関連していることに気付かせるよう指導することが考えられる。このような指導を通じて，次の例3の【振り返り】の欄の記述に見られるように，地域の防災について考察する際には，場所の自然条件などに着目し，複数の地図から情報を読み取り，それらを重ね合わせて考察することが有効であることについて気付かせることが大切である。

例3：支援した生徒の【振り返り】の欄の記述例

> 【振り返り】次回以降のグループ学習に向け，自らの調査を振り返り，見いだしたことや，考えたことを記入しておこう。
> 地図を重ね合わせることで、浸水の危険度には地形が関係していることが分かった。災害への備えを考える時には、地形などの環境を踏まえて考えることが大切だと思った。

　なお，ここでは，【振り返り】の欄への記述を基に，「主体的に学習に取り組む態度」について「学習改善につなげる評価」を行うことも考えられる。その後のグループでの調査やレポート作成の活動に主体的に取り組めるよう，それまでの学習を通じて，生活圏の自然環境の特色と自然災害との関わりについて関心を高めているか確認することが大切である。

　こうした学習を踏まえ，第三次4時間目では，グループで議論したことを基に，生活圏の地域性を踏まえた防災や緊急時の行動などについて考察したことをレポートにまとめる活動を行い，「思考・判断・表現」についての「評定に用いる評価」を行うことを想定している。その評価に当たっては，レポートの記述内容が，地形や気候といった自然条件や，都市化，高齢化といった社会的条件などに着目した考察や，避難の際に支援が必要な高齢者や障害者などへの配慮を考えるなどといった，地域に住む様々な人々の立場からの考察であると判断できれば，「地理的な見方・考え方」を働かせた多面的・多角的な考察ができていると考えられる。こうした記述が見られず，「努力を要する」状況（C）と考えられる生徒については，例えば，それまでの学習を振り返り，着目する視点について助言したり，様々な人々の存在などに気付かせたりするなどして，改めて「自然災害に対し

て，日頃からどのような備えや対策が必要なのか，また緊急時にはどのような行動をとる必要があるか」などと問いかけ，考察を促すなどの支援を行うことが考えられる。

（2）「主体的に学習に取り組む態度」の評定に用いる評価で使用するワークシートの例

ワークシート2

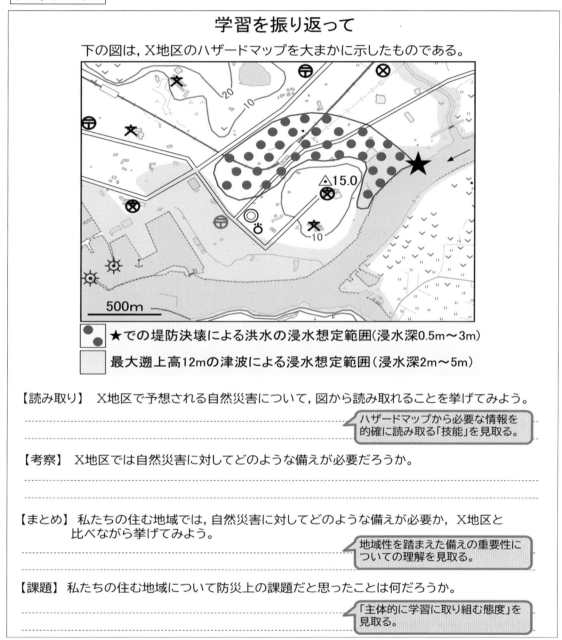

【読み取り】　X地区で予想される自然災害について，図から読み取れることを挙げてみよう。

> ハザードマップから必要な情報を
> 的確に読み取る「技能」を見取る。

【考察】　X地区では自然災害に対してどのような備えが必要だろうか。

【まとめ】　私たちの住む地域では，自然災害に対してどのような備えが必要か，X地区と
比べながら挙げてみよう。

> 地域性を踏まえた備えの重要性に
> ついての理解を見取る。

【課題】　私たちの住む地域について防災上の課題だと思ったことは何だろうか。

> 「主体的に学習に取り組む態度」を
> 見取る。

単元のまとめでは，ワークシート2を用いて，学習を振り返り，生活圏で想定される自然災害に対する緊急の場合の適切な行動や日常生活の中での防災について具体的に考えることを通して，防災意識を高める学習活動を行うことを想定している。

ワークシート2は，主に「主体的に学習に取り組む態度」についての評価で用いるワークシートの工夫改善の試案として例示したものである。ここでは，「指導と評価の計画」中に示したように，このワークシートを用いて，生活圏の防災について考察する上で不可欠なハザードマップを活用する技能や，地域性を踏まえた備えや対応の重要性などの理解についても評価できるよう工夫してい

る。単元の学習を振り返るためのワークシートを用いた学習活動を通して,「技能」や「知識」についての学習状況を見取るとともに,それらの状況も踏まえつつ,「主体的に学習に取り組む態度」の評価を行うことを意図したものである。

なお,　ワークシート2　中の地図は,日本のある地域について,「地理院地図 Vector」の編集画面で文字を消したり,主要道路のみを表示したりといった加工を施し,仮想の地区としたものであり,浸水想定範囲については,実際のハザードマップを基に簡略化して示している。

ハザードマップを活用する技能の評価については,【読み取り】の欄への記述を基に,X地区のハザードマップから,想定される自然災害の種類や規模,防災や避難に関わる情報などを適切に読み取っているかについて評価することが考えられる。X地区が海沿いにあり,市役所などが立地する市街地であること,堤防決壊による洪水と津波とによる二つの浸水被害が考えられ,それぞれ浸水想定範囲が異なることなどについてハザードマップから読み取ることが考えられる。

また,ここでは,【考察】として示された問いについて,ハザードマップから読み取ったことを基に,X地区で必要な自然災害への備えについて,自然及び社会的条件に着目して考察することが考えられる。その際,X地区では浸水想定範囲が必ずしも標高で決められているわけではないことに気付かせ,その理由について考察させることも考えられる。洪水は,堤防が決壊した場所によって被害範囲が大きく変わる。また,津波は河川をさかのぼることが考えられるため,海岸から離れた場所でも被害が発生することもある。それぞれの自然災害を想定してハザードマップ上に適切な避難ルートや避難所などを記入する作業を取り入れ,自然災害の規模や頻度,地域性を踏まえた備えについて考察する活動を行うことも考えられる。このように,地域や各学校の実態に応じて,いくつかの予想される自然災害に対する備えや対応について考えさせることが望ましい。なお,ハザードマップはあくまでも地域の災害リスクの目安であり,浸水等の明示がないからといって,そこが安全であることを保証するものではないことにも留意が必要である。

次に,地域性を踏まえた備えや対応の重要性の理解については,自然災害の規模や頻度,地域性を踏まえた備えや対応について理解していれば,地域性を踏まえた備えや対応の重要性について理解していると考えられることから,ワークシートの【まとめ】の欄への記述を基に,評価することが考えられる。次の**例4**の生徒は,生活圏とX地区の共通点や相違点を見いだし,予想される自然災害や必要な対策について適切に記述していることから,自然災害の規模や頻度,地域性を踏まえた備えや対応について理解しており,その重要性についても理解していると考えられる。

例4:地域性を踏まえた備えや対応を理解しており,（B）と判断できる生徒の記述例

> 【まとめ】私たちの住む地域では,自然災害に対してどのような備えが必要か,X地区と比べながら挙げてみよう。
>
> 私たちの住む大都市でも,X地区と同じように,川沿いでは津波がさかのぼってくると想定することが必要。一方X地区と異なり,ゲリラ豪雨で浸水することもあるので,地下放水路を作ったり,浸水時に高台でなく高いビルに避難することも必要。

なお,自然災害を踏まえた地域区分図を作る授業実践例については,「言語活動の充実に関する指導事例集【高等学校版】」にもあり,地域性を踏まえた備えや対応の重要性を理解させる上で参考となる。

> 文部科学省 ＞ 教育 ＞ 小学校,中学校,高等学校 ＞ 学習指導要領「生きる力」 ＞ 授業改善のための参考資料 ＞
> 言語活動の充実に関する指導事例集 ＞言語活動の充実に関する指導事例集【高等学校版】
>   URL https://www.mext.go.jp/a_menu/shotou/new-cs/gengo/1322283.htm

「主体的に学習に取り組む態度」の評価については，ワークシートの【課題】の欄への記述を基に，これまでの学習を踏まえ，生活圏の防災対策についての関心を高め，学んだことを実生活に適応しようとしたり，これからの学習に意欲的に取り組もうとしたりしているかを見取り，評価することが考えられる。

「これからの学習に意欲的に取り組もう」とすることについては，生活圏の防災に関して「知識及び技能」を獲得したり，「思考力・判断力・表現力等」を身に付けたりすることを，今後も継続しようとしていることを意味している。この単元では，学習内容を踏まえた疑問（問い）の内容などから，学習後も関心をもって自ら追究し続けたい，解決・改善を図っていきたいといった意欲や，自分の住む地域の防災に主体的に関わろうとする意欲が示されているかを見取ることが考えられる。

例えば，次の例5の生徒アの記述は，X地区についてのハザードマップの読み取りにおいて，標高と予想浸水深との関わりに疑問をもち，地図以外の資料も収集することの必要性を認識するとともに，現地調査の実施を考えるなど，生活圏の防災についての関心の高まりや今後もさらに追究しようとする意欲を確認することができる。また，生徒イの記述は，高齢化の進展という生活圏の地域性を踏まえ，避難時に必要な対策について考えるとともに，今後も意欲的に取り組もうとする態度が確認できることから，それぞれ「おおむね満足できる」状況と判断することができる。

例5：「おおむね満足できる」状況（B）と考えられる生徒ア，生徒イの記述例

> ア【課題】私たちの住む地域について，防災上の課題だと思ったことは何だろうか。
> X地区と同様に，私の住む地域でも，同じ標高で予想浸水深が違うのはなぜかと疑問に思った。地図だけでは分からない部分もありそうなので，ぜひ現地調査をしてみたい。

> イ【課題】私たちの住む地域について，防災上の課題だと思ったことは何だろうか。
> 高齢化の進む私の町で，自分は避難できても，自力で避難できない人の安全をどう確保したらよいか，地域の一員としてこれから考えていきたい。

また，「主体的に学習に取り組む態度」の評価について，次の例6のように災害に対する備えが現実的ではなく，学習の成果を踏まえた記述となっていないため，「努力を要する」状況（C）と判断される場合には，補助発問を加えるなどして，学習のねらいに迫る考察の過程にいくつかの段階を設けて支援することなどが考えられる。

例6：「努力を要する」状況（C）と考えられる生徒の記述例

> 【課題】私たちの住む地域について，防災上の課題だと思ったことは何だろうか。
> 洪水やガケ崩れが起こりそうな所には，はじめから近寄らない。

上の例6では，地域の防災に主体的に関わろうとする意欲が十分に示されていないと考えられることから，「自分の町のハザードマップには，どうして非常用持ち出し袋のイラストが描かれているのだろう」など，自助や共助の意義を意識させる補助発問を加えることが考えられる。このような支援により防災意識を高め，地域の防災に主体的に関わろうとする態度を育むことが期待される。

なお，対象となる生活圏には，実際に自然災害によって被災した地域，被災が想定される地域があったり，これまで自然災害によって被災した人々が居住していたりすることが考えられる。実際の指導に当たっては，こうした個人の置かれている状況やプライバシーなどに十分配慮する必要がある。

地理歴史科　　事例4（地理探究）
キーワード　内容のまとまり（中項目）を分割した評価，総合した評価

単元名	内容のまとまり
観光	A　現代世界の系統地理的考察 (3)　交通・通信，観光

1　単元の目標

・交通・通信網と物流や人の移動に関する運輸，観光などに関わる諸事象を基に，それらの空間的な規則性，傾向性や，交通・通信，観光に関わる問題の現状や要因，解決に向けた取組などについて理解する。

・交通・通信網と物流や人の移動に関する運輸，観光などに関わる諸事象について，場所の特徴や場所の結び付きなどに着目して，「交通・通信網の地域格差」や「訪日外国人観光客の観光行動の多様化」などの主題を設定し，「交通・通信網の整備は地域にどのような影響を及ぼすのか」や「観光地の盛衰はなぜ起こるのだろうか，また，持続可能な観光開発の推進にはどのような取組が必要だろうか」などを，多面的・多角的に考察し，表現する。

・交通・通信，観光について，よりよい社会の実現を視野にそこで見られる課題を主体的に追究しようとする態度を養う。

2　単元の評価規準

知識・技能	思考・判断・表現	主体的に学習に取り組む態度
・交通・通信網と物流や人の移動に関する運輸，観光などに関わる諸事象を基に，それらの空間的な規則性，傾向性や，交通・通信，観光に関わる問題の現状や要因，解決に向けた取組などについて理解している。	・交通・通信網と物流や人の移動に関する運輸，観光などに関わる諸事象について，場所の特徴や場所の結び付きなどに着目して，「交通・通信網の地域格差」や「訪日外国人観光客の観光行動の多様化」などの主題を基に，「交通・通信網の整備は地域にどのような影響を及ぼすのか」や「観光地の盛衰はなぜ起こるのだろうか，また，持続可能な観光開発の推進にはどのような取組が必要だろうか」などを，多面的・多角的に考察し，表現している。	・交通・通信，観光について，よりよい社会の実現を視野にそこで見られる課題を主体的に追究しようとしている。

3　指導と評価の計画

　本単元を含む大項目A「現代世界の系統地理的考察」は，五つの中項目で構成されるが，いずれの中項目も現代世界における地理的な諸事象の空間的な規則性，傾向性や関連する課題の要因を捉えるなどの学習を通して，現代世界の諸事象の地理的認識とともに，系統地理的な考察の手法を身に付けることを主なねらいとしている。そのため，各中項目で取り上げる事象は異なるものの，身に付けるべき考察の手法などには共通する点があり，このことを踏まえれば，「思考・判断・表現」，「主体的に学習に取り組む態度」などにおいては，観点の趣旨を同じくする単元（中項目）があれば，その観点については，単元を束ねて評価することが考えられる。

また一方で，各中項目は，中項目(1)「自然環境」における地形，気候などのように，複数の事象を対象にしている。そのため，同じ中項目内にはあるものの，身に付けるべき地理的認識などには異なる点があり，このことを踏まえれば，「知識・技能」の「知識」などにおいては，一つの単元（中項目）であっても，その観点について，単元を分割して評価することも考えられる。

このような評価の考え方については，その具体的な評価の仕方を後述するが，ここでは後者の考え方に立ち，中項目(3)「交通・通信，観光」を，次のとおり二つの小単元に分割することとし，このうちの「観光」に関する学習に焦点を当て，指導と評価の計画を示すこととする。

なお，ここで，「観光」に焦点を当てたのは，「4　『C(1)持続可能な国土像の探究』の学習を見通した指導と評価の工夫」で示すとおり，この科目のまとめとなるC(1)「持続可能な国土像の探究」において，「観光」を取り上げることを想定した設定としているからであり，以降，それを前提とした学習展開，時間配当となっていることに留意されたい。また，そのような設定下では，本稿では事例として示さないものの，B(2)「現代世界の諸地域」においても，取り上げる事例地域で「観光」に関わる地域的特色や地球的課題などに触れることが想定されることにも留意されたい。

内容のまとまり	小単元	各次の内容と配当時間例	
A(3) 交通・通信，観光 （10時間）	①交通・通信 （4時間）	第一次　移動手段の地域性と人やモノの流れ（2時間） 第二次　通信の発達にともなう社会の変化（2時間）	
	②観光 （本事例） （6時間）	導　入　観光はなぜ重要か（1時間） 第一次　観光の変遷の傾向性と地域に与える影響（2時間） 第二次　観光振興のための課題と取組（2時間） まとめ　持続可能な観光開発に大切なことは何か（1時間）	

ここで設定した「観光」に関する小単元で考えられる目標等については，以下のとおりである。

（1）小単元の目標

・観光に関わる事象を基に，観光地の立地やそこを訪れる観光客の動向などの空間的な規則性，傾向性や，持続可能な観光開発の推進の現状や要因，解決に向けた取組などについて理解する。
・観光に関わる事象について，場所の特徴や場所の結び付きなどに着目して，「訪日外国人観光客の観光行動の多様化」などの主題を設定し，「観光地の盛衰はなぜ起こるのだろうか，また，持続可能な観光開発の推進にはどのような取組が必要だろうか」などを，多面的・多角的に考察し，表現する。
・観光について，よりよい社会の実現を視野にそこで見られる課題を主体的に追究しようとする態度を養う。

（2）小単元の評価規準

知識・技能	思考・判断・表現	（主体的に学習に取り組む態度）
・観光に関わる事象を基に，観光地の立地やそこを訪れる観光客の動向などの空間的な規則性，傾向性や，持続可能な観光開発の推進の現状や要因，解決に向けた取組などについて理解している。	・観光に関わる事象について，場所の特徴や場所の結び付きなどに着目して，「訪日外国人観光客の観光行動の多様化」などの主題を基に，「観光地の盛衰はなぜ起こるのだろうか，また，持続可能な観光開発の推進にはどのような取組が必要だろうか」などを，多面的・多角的に考察し，表現している。	・観光について，よりよい社会の実現を視野にそこで見られる課題を主体的に追究しようとしている。 ※「学習改善につなげる評価」のための評価規準として設定することが考えられる。

（3）小単元の指導と評価の計画（6時間）　　（○…「評定に用いる評価」，●…「学習改善につなげる評価」）

	ねらい・学習活動	知	思	態	評価規準等
小単元の導入（1時間扱）	①【ねらい】歴史資料や統計資料を基に，観光地の変遷への関心を高めるとともに，観光の重要性に気付く。				
	・身近な地域の観光に関して，道中日記や浮世絵などの歴史資料の読み取りなどから，観光の意味や役割，観光地の変遷などについて疑問を出し合って ワークシート１ に記入する。			●	●観光地の成立や発展，変遷について，問いを見いだしたり予想したりしている。
	・観光に関する統計資料から，観光が国や地域の経済に与える影響を読み取り， ワークシート１ にまとめる。	●			●世界や日本の観光客数，観光収入の動向を基に，観光産業の経済的な重要性について理解している。
	【学習課題；小単元全体に関わる問い】「観光地の盛衰はなぜ起こるのだろうか，また，持続可能な観光開発の推進にはどのような取組が必要だろうか」				
第一次（2時間扱）	②【ねらい】観光に関する統計資料から読み取ったことを基に，観光地の空間的な規則性や傾向性，観光が地域に及ぼす影響などを理解する。				
	【学習課題】「観光産業は地域にどのような変化を与えるのだろうか」				
	・統計資料などから，余暇活動の地域性や様々な観光行動，観光地の類型などについて調べ，ワークシートにまとめる。	○			○観光に関する空間的な規則性や傾向性，最近の観光の動向について理解している。
	・事例として取り上げた世界遺産に関する統計資料や記事などを基に，観光が地域経済に与える影響やオーバーツーリズムなどの課題について考察する。		●		●課題が見られる場所の特徴や場所の結び付きなどに着目し，課題の要因やその解決の方向性について多面的・多角的に考察している。
	③【ねらい】訪日外国人観光客数の推移について調べ，交通・通信の発達や主な観光地の立地などと関連付けて，その現状や要因などについて考察する。				
	【学習課題】「近年，訪日外国人観光客数が増加したのはなぜなのだろうか」				
	・ＲＥＳＡＳなどを活用して，日本全体やいくつかの地域の訪問客の推移や特性などを調べ，ワークシートにまとめる。	●			●ＲＥＳＡＳを使って，観光に関する情報を適切に収集している。
	・「観光白書」などを基に，訪日外国人観光客数の推移や出入国地，宿泊地の特徴などをワークシートにまとめる。	○			○訪日外国人観光客数の推移の様子や，外国人観光客の主な観光行動について理解している。
	・いくつかの観光地を事例として取り上げ，訪日外国人観光客数の増加の要因について考察する。		●		●場所の特徴や場所の結び付きなどに着目し，交通・通信の発達などと関連付けて外国人観光客数の推移やその理由を多面的・多角的に考察している。
第二次	④【ねらい】インターネットを使って，公的機関等の資料にアクセスし，必要な情報を収集する技能を身に付け，資料収集の見通しをもつ。				
	【学習課題】「持続可能な観光開発の推進にはどのような取組が必要だろうか」				

（2時間扱）	・これまでの学習を踏まえ，観光に関する「地球的課題」とは何かについてグループで話し合う。		●		●これまでの学習を基に，観光に関する課題として考えたことを説明している。
	・グループで選んだテーマに関して，インターネットを使って官公庁や都道府県などの公的機関のウェブサイトから情報を収集し，主な施策の内容や考えられる成果と課題について ワークシート2 にまとめる。		● ●		●インターネットを使って公的機関が発信する様々な情報を収集できることを理解している。 ●取り上げた事例に関して，持続可能な観光開発の推進の現状や，その解決に向けた取組などについて理解している。

⑤【ねらい】持続可能な観光開発の在り方について，自分の考えをもつ。

【学習課題】「持続可能な観光開発の推進にはどのような取組が必要だろうか」

	・各グループで調べたことについての発表を聞き，それを基に施策の重要度をランク付けし，その理由についてグループ内で意見交換する。		●		●施策の重要度を判断した理由について資料などを用いて根拠を明確にして説明している。
	・これまでの学習を振り返り，持続可能な観光開発の推進に向けた課題や対策について考察する。			○	○場所の特徴や場所の結び付きなどに着目し，持続可能な観光開発の推進に向けた課題や対策について考察し，文章にまとめている。

⑥【ねらい】小単元の学習を振り返らせるとともに，探究活動の見通しをもつ。

【学習課題；小単元全体に関わる問い】「観光地の盛衰はなぜ起こるのだろうか，また，持続可能な観光開発の推進にはどのような取組が必要だろうか」

小単元のまとめ（1時間扱）	・前時の終わりにまとめた，持続可能な観光開発の推進に向けた課題や対策について考えたことを，グループで発表し合う。		●		●自分の考えを，根拠を明確にして説明している。
	・これまでの中項目A(3)「交通・通信，観光」の学習全体を振り返り，考えたことを ワークシート3 に記入する。		●		●交通・通信，観光について，さらに調べたいことや，よく分からなかったことを整理し，これからの学習に生かそうとするとともに，C(1)での持続可能な国土像の探究に意欲的に取り組もうとしている。

第3編
事例4

4 「C(1)持続可能な国土像の探究」の学習を見通した指導と評価の工夫

「地理探究」の集大成として行う「持続可能な国土像の探究」に向けて適切な時間配当を行うため，既述のとおり，そこで取り扱う主題を見据えて，系統地理的考察で扱う事象や地誌的考察で扱う地域を重点化するなどの工夫が考えられる。

次ページの ワークシート1 は，この小単元の導入において活用することを想定したものである。観光をテーマにした探究活動を見据え，まずは身近な地域の観光地の成立や発展，変遷について，問いを見いだしたり予想したりする活動を通して，動機付けと方向付けを図ることが考えられる。

本事例は学校所在地を神奈川県藤沢市として設定している。ここでは，浮世絵などの歴史資料や地元市のホームページに掲載された資料などを基に，身近な地域の観光地の成立や歴史的な変遷について考察したり，市の観光に関する統計資料を基に，観光が地域の経済に与える影響について考察したりする活動を通して，観光産業の経済的な重要性について理解させる。この一連の活動によって，小単元全体に関わる問いである「観光地の盛衰はなぜ起こるのだろうか，また，持続可能な観光開発の推進にはどのような取組が必要だろうか」について，確実に捉えさせることが考えられる。

― 75 ―

【観光】「観光は，生活や社会でどのような役割をもつのだろうか」

資料１
浮世絵（略） 東海道五拾三次　藤澤　遊行寺 歌川広重・1833～34（天保4～5）年作

資料２
浮世絵（略） 相州江乃嶋辨才天開帳参詣群集之図 歌川広重・1851（嘉永4）年作

資料３

　神奈川県湘南地方の藤沢市は，東京から電車で1時間弱，江戸時代には東海道の藤沢宿がおかれていた。時宗の総本山である遊行寺（清浄光寺）の門前町から発達した宿場町だが，東海道から北東に分かれる大山道（大山阿夫利神社・大山不動尊へ至る），南へ下る江の島道（江島神社へ至る）など多くの道が交わる地であり，「東海道宿村大概帳」には，藤沢宿の名物は「大山詣で（もうで），江ノ島弁財天詣で」と記されている。江戸時代の浮世絵から当時の様子をうかがうと，**資料１**の奥に見える高まりが遊行寺，手前の鳥居は江島神社の第一鳥居で，手前右手へ1里（約4km）ほど先に弁財天が祀られた江の島がある。

【藤沢市ふじさわ宿交流館　ホームページにより作成】

資料４　藤沢市の主な観光行事と人出（人）

(2018年)

1月	初詣（7社寺・三が日）	400,500
	新春藤沢・江の島七福神めぐり	6,073
2月	エノシマトレジャー宝探し	20,521
3月	湘南江の島春まつり	58,000
4～5月	ゴールデンウィーク片瀬江の島エリア	492,000
5月	ふじさわ産業フェスタ	68,000
6月	江の島大道芸フェスティバル	28,000
7月	江の島天王祭（八坂神社神幸祭）	60,000
7～9月	海水浴客数	1,571,454
9月	藤沢市民まつり	159,300
10月	ふじさわ江の島花火大会	85,000
11～3月	湘南の宝石（江の島ライトアップ）	170,953

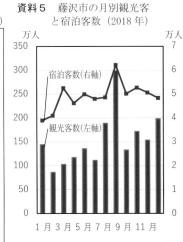

資料５　藤沢市の月別観光客と宿泊客数（2018年）

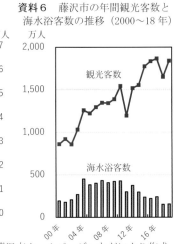

資料６　藤沢市の年間観光客数と海水浴客数の推移（2000～18年）

「藤沢市ホームページ」などにより作成

設問例
Ⅰ　資料１の浮世絵に描かれている人々は何をしているのだろうか。また，それは人々にとってどのような意味をもつものだろうか。推察してみよう。
Ⅱ　資料５から，藤沢市を訪れる年間観光客数の推移はどのようになっているか，グラフを読み取ってみよう。
Ⅲ　観光客数の増減はどうして起こるのだろうか。観光客数が増えたり，減ったりする要因となりうることを考えてみよう。

　次ページの ワークシート２ は，第二次で行うグループ活動で活用することを想定したものである。このワークシートを基に持続可能な観光開発に向けた課題や対策について考察したり表現したりする活動を通して，インターネットを使って効果的に資料を収集する技能を身に付けるとともに，持続可能な観光開発に向けた取組の現状や課題などについて理解を深めることが考えられる。

　生徒は，第一次でRESASや「観光白書」などの資料を基に，余暇活動の地域性や様々な観光行動，観光地の類型，訪日外国人観光客の増加，外国人観光客の主な観光行動など，観光に関する空間的な規則性や傾向性，最近の観光の動向について整理している。このワークシートのⅡでは，それらを踏まえ，グループで選んだテーマに関して情報を収集し，観光に関する主な取組の成果と課題について考察する。ここで，インターネットを使って官公庁などの公的機関が発信する白書や統計資料などに触れさせることで，国土像の探究での資料収集に見通しをもたせる効果が期待できる。

　例えば，このワークシートで活用する「観光白書」の「資料編」や「第Ⅰ部　観光の動向」には，外国人観光客数の動向や都道府県別のデータなど多くの統計資料が掲載されており，展開される授業の主題に応じて，生徒が多面的・多角的に考察するための資料として効果的な活用が見込まれる。また，旧版も含めウェブページで公開されており，グループ内の個々の生徒がそれぞれに手分けをし

第3編
事例4

てＩＣＴ端末を活用して調査することも考えられる。こうした活動を通して，公的機関が発信する信頼性の高い様々な情報を活用する方法を理解させることが考えられる。

Ⅲ，Ⅳでは，各グループで調べたことについての発表を基に，生徒一人一人が政策の重要度をランク付けし，その理由についてグループ内で意見交換する。このことを通して，実際に行われている施策の内容や意図などについて，さらに理解を深めることが考えられる。また，Ⅴでは，持続可能な観光開発に関する資料動画を閲覧して，小単元の学習を振り返り，持続可能な観光開発についての自分の考えを整理させる。「持続可能な観光開発に向けた課題や対策」について考察したことの記述内容を基に「思考・判断・表現」の「評定に用いる評価」を行うことが考えられる。

ワークシート２

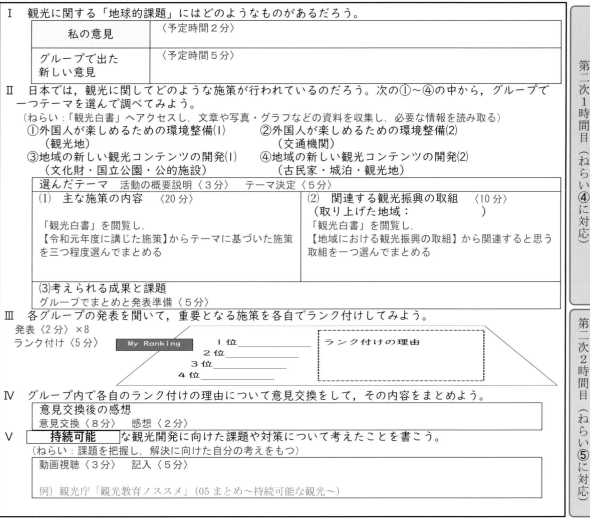

次ページの**ワークシート３**は，小単元のまとめで活用するものである。ここでは，単元全体の「交通・通信」及び「観光」の学習を振り返り，重点化して扱った観光と交通・通信との関わりについて整理させるとともに，「持続可能な観光開発の推進にはどのような取組が必要だろうか」について自分の考えをまとめさせる。そして，単元の学習内容である「交通・通信，観光」について，さらに調べたいことや，よく分からなかったことを整理させる。これらの記述から「これからの学習に生かそう」としているかどうかを確認し，「学習改善につなげる評価」を行い，「持続可能な国土像の探究」の学習に向けての動機付けや方向付けを行うことが大切である。

Ⅰ 観光地の盛衰はなぜ起こるのだろうか
　①人気の観光地となる背景として考えられることを，整理してみよう

> **交通機関の発達との関わり**
> 　安価に利用できるＬＣＣが就航したことで，主にアジアからの訪日観光客が増えた。
> 　新幹線や高速道路が開通したことでアクセスが良くなり観光客が増えた。

> **情報・通信技術の広がりとの関わり**
> 　テレビや雑誌のほか，ＳＮＳで写真やおススメ情報を見て，行きたい場所を探す人が増えた。キャッシュレス決済が普及して，外国人でも支払いが簡単になった。

> **観光資源の存在や整備，集客力の変化**
> 　テーマパークや歴史的建造物，温泉がある地域は集客力が高い。世界遺産になると価値が認識され観光客が増える。地元のグルメや観光スポットなどがテレビで話題になると人が集まる。

　②訪問客数が増加しない，または減少する観光地はどのようなところか，整理してみよう

> 　地元でしか味わえない食文化など，観光客が再訪したいと思う要素が乏しい。
> 　最寄りの駅や空港からの交通の便が悪くて行きづらかったり，宿泊施設が無かったりする。

Ⅱ 持続可能な観光開発の推進にはどのような取組が必要か，自分の考えを整理してみよう。

> 　観光客が増えて，ごみの増加や道路の渋滞などで地元の生活に悪影響が出るといった問題が起こっている。地域の住民の生活とのバランスを考えることも大切になる。道路や新しい駅を作るなどの費用も必要になるのではないか。

Ⅲ 地域活性化に向けて，交通・通信の発達や観光開発はどのような意味を持つだろうか。

> 　観光客は食事や買い物，宿泊でお金を使うので，工場などを作らなくても，地元の経済活性化につながる。景観や食材など地元にあるものをアピールするために積極的にＳＮＳを使うのも有効である。それが地元住民の地域に対する意識を高めるという効果もあると思う。

Ⅳ 単元の学習の振り返り
　交通・通信，観光の学習を通して，考えたことやもっと調べたいと思ったことを整理しよう。

> 　インターネットやＳＮＳでの情報発信や口コミが，旅行先の選定に大きな役割を持っていて，ＩＣＴの活用が大切だと思った。また，競争が激しくなっているので，持続可能な開発がますます重要だと思う。現在行われている取組の課題についてもっと調べてみたい。

5　内容のまとまり（中項目）を分割したり，総合したりする場合の評価

（1）内容のまとまり（中項目）を分割する場合の評価

　地理領域科目は，地理総合，地理探究のいずれも中項目をもって内容のまとまりとしており，一般にはそれを単位として「評定に用いる評価」を行うことになる。しかし，対象となる中項目の取り扱う事象が多岐に渡る，あるいは取り扱う事象を重点化するなどといった場合には，それを分割してそれぞれに評価を行うことも考えられる。

　本事例は，その具体例であり，この中項目では後の探究活動での取り扱いを視野に，小単元「観光」に重点を置く指導計画としている。そのため，小単元「交通・通信」では，「学習改善につなげる評価」は各観点について行いつつ，「評定に用いる評価」は，例えば「知識・技能」のうちの「知識」の観点については評価資料として記録は残し，それ以外の観点については，「3（3）小単元の指導と評価の計画」で示した評価をもって，全体の評価とすることも考えられる。

（2）内容のまとまり（中項目）を総合する場合の評価

　平成22年，31年にそれぞれ取りまとめられた「児童生徒の学習評価の在り方について（報告）」によれば，平成22年版で，「関心・意欲・態度」については，表面的な状況のみに着目することにならないよう留意するとともに，教科の特性や学習内容等も踏まえつつ，ある程度長い区切りの中で適

切な頻度で「おおむね満足できる」状況等にあるかどうかを評価するなどの工夫を行うことも重要であると示されている。このことを踏まえれば，「関心・意欲・態度」の趣旨を継承する「主体的に学習に取り組む態度」についても，その評価場面の頻度に関して，場合によっては内容のまとまりとしての単元（中項目）を越えて評価規準を設定することも考えられる。

そこで，本単元を含む大項目Ａ「現代世界の系統地理的考察」については，既述のとおり，各中項目で対象となる地理的な事象は異なるものの，大項目全体の学習を通して，現代世界の諸事象の地理的認識とともに，系統地理的な考察の手法を身に付けることを主なねらいとしていることから，大項目全体の学習を通して「主体的に学習に取り組む態度」の評価を行うことが考えられる。

本事例では，次の**図１**に示すように，大項目Ａの「主体的に学習に取り組む態度」についての評価規準を設け，大項目Ａの終了時に，五つの中項目をまとめて「評定に用いる評価」を行うこととし，内容のまとまりとしての単元や，それを分割した小単元では，「…主体的に追究しようとしている」かどうかについて，「学習改善につなげる評価」のみを行うこととしている。

例えば，(5)「生活文化，民族・宗教」の学習を終えた時点で，系統地理的考察についての学習全体を振り返り，さらに調べたいことや，よく分からなかったことについて記述する場面を設け，そこでの記述から，系統地理的考察に関わる諸事象についての関心の高まりや，学習したことを地誌的考察や国土像の探究で生かそうとすることなどを確認し，「主体的に学習に取り組む態度」の「評定に用いる評価」の資料として用いることが考えられる。

(1)自然環境	自然環境	
(2)資源，産業	資源，産業	について，よりよい社会の実現を視野にそこで見られる課題を主体的に追究しようとしている。
(3)交通・通信，観光	交通・通信，観光	
(4)人口，都市・村落	人口，都市・村落	
(5)生活文化，民族・宗教	生活文化，民族・宗教	

Ａ　現代世界の系統地理的考察	現代世界の系統地理的考察に関わる諸事象について，よりよい社会の実現を視野にそこで見られる課題を主体的に追究しようとしている。

図１　「主体的に学習に取り組む態度」について，中項目の評価規準を大項目の評価規準として統合した事例

このことは，大項目Ｂ「現代世界の地誌的考察」についても同趣旨のことが考えられる。「現代世界の地誌的考察」では，二つの中項目の学習全体を通して，現代世界の地誌的考察に関わる諸地域について，「主体的に追究しようとしている」態度を育成することが考えられる。従って，この場合，大項目Ｂの終了時に，「主体的に学習に取り組む態度」が育成されているかどうかについて，「評定に用いる評価」を行うことが考えられる。

「主体的に学習に取り組む態度」について，このように内容のまとまりを越えて評価する場合，「主体的に学習に取り組む態度」の「評定に用いる評価」の場面を，内容のまとまりである中項目の数の８回から３回に割愛，精選することができる。

なお，Ｂ(2)「現代世界の諸地域」における学習評価の進め方については，評価の観点は異なるものの，平成24年国立教育政策研究所発行の「評価規準の作成，評価方法等の工夫改善のための参考資料（高等学校　地理歴史）」掲載の事例（地理Ｂ）が参考になる。

（https://www.nier.go.jp/kaihatsu/hyouka/kou/02_kou_tirirekishi.pdf）

地理歴史科　　事例５（地理探究）

キーワード　構想，探究場面における各観点の評価

単元名	内容のまとまり
持続可能な国土像の探究	C　現代世界におけるこれからの日本の国土像 (1)　持続可能な国土像の探究

1　単元の目標

・現代世界におけるこれからの日本の国土像の探究を基に，我が国が抱える地理的な諸課題の解決の方向性や将来の国土の在り方などを構想することの重要性や，探究する手法などについて理解する。

・現代世界におけるこれからの日本の国土像について，地域の結び付き，構造や変容，持続可能な社会づくりなどに着目して，「持続可能な地域経済活性化」などの主題を設定し，「持続可能な地域経済活性化から見た日本の国土像とはどのようなものだろうか」などを，多面的・多角的に探究し，表現する。

・持続可能な国土像について，よりよい社会の実現を視野に社会に見られる地理的な課題を主体的に探究しようとする態度を養う。

2　単元の評価規準

知識・技能	思考・判断・表現	主体的に学習に取り組む態度
・現代世界におけるこれからの日本の国土像の探究を基に，我が国が抱える地理的な課題の解決の方向性や将来の国土の在り方などを構想することの重要性や，探究する手法などについて理解している。	・現代世界におけるこれからの日本の国土像について，地域の結び付き，構造や変容，持続可能な社会づくりなどに着目して，「持続可能な地域経済活性化」などの主題を基に，「持続可能な地域経済活性化から見た日本の国土像とはどのようなものだろうか」などを，多面的・多角的に探究し，表現している。	・持続可能な国土像について，よりよい社会の実現を視野に社会に見られる地理的な課題を主体的に探究しようとしている。

3　指導と評価の計画（10時間）　　　　　（○…「評定に用いる評価」，●…「学習改善につなげる評価」）

	ねらい・学習活動	知	思	態	評価規準等
単元の導入（１時間扱）	【ねらい】探究する主題を「持続可能な地域経済活性化」とし，少子高齢化や産業構造の変化などに対応した地域経済活性化を実現するために，日本の地域経済にはどのような課題があり，今後の地域経済活性化の在り方はどうあるべきかについて構想する。				
	・「系統地理的考察」の各単元を振り返るとともに，日本の産業別人口の推移のグラフなどを基に，日本にはどのような課題があるかを考え，探究する主題である「持続可能な地域経済活性化」について，単元の学習の見通しをもつ。 　ワークシート２	●	●		●資料を適切に読み取り，その後の課題発見に結び付けている。 ●これまでの学習の成果や資料から読み取ったことを基に，日本が抱える課題について問いを見いだしたり，予想したりしようとしている。
	【学習課題；単元全体に関わる問い】「持続可能な地域経済活性化から見た日本の国土像とはどのようなものだろうか」				
	【ねらい・課題把握】インターネットを使って様々な資料を収集する方法を確認するとともに，資料を基に仮説の設定と調査計画の作成を行う。				

第一次 （2時間扱）	【学習課題】「どのような仮説が考えられるか，また，どのような調査計画を作成すればよいだろうか」			
	※本事例では，前時に設定した「持続可能な地域経済活性化」という主題を基に，「中山間地域」を対象地域として探究活動に取り組むグループを事例として取り上げることとする。			
	・インターネットを利用して，ワークシートに提示された資料の出典を調べる。また，その資料から読み取ったことを ワークシート1 に記入する。	●		●インターネットを使って該当の資料を見つけ出すとともに，そこから必要な情報を適切に読み取っている。
	・資料を基に，グループで話し合い，問いと仮説を設定し，調査方法を考える。 問いの例：「中山間地域の地域経済を活性化させるためにはどのような方法があるだろうか」		●	●提示された資料を基に，グループで意見交換を行い，地域の結び付きや持続可能な社会づくりなどに着目して，適切な問いと仮説を立てている。
	【設定された仮説の例】 　Ａ（2）「資源，産業」やＡ（3）「交通・通信，観光」での学習を踏まえ，農産物生産の内訳，6次産業化（農作物栽培・加工・販売の一体化），農村観光などに関わる様々な統計資料を基に，「地域資源を有機的に結び付けた観光開発によって，中山間地域の地域経済を持続的に活性化させられるのではないか」との仮説を立てる。			
第二次 （3時間扱）	【ねらい・課題追究】仮説を検証するため，図書館やウェブページからの情報収集や，聞き取り調査を行うとともに，調べたことを基に分布図やグラフなどを作成し，考察，構想する。			
	【学習課題】「仮説を検証するためには，どのような資料が必要だろうか」			
	・仮説を検証するために，図書館やウェブページで情報を収集したり，自治体の担当者などに聞き取り調査したりする。	●		●聞き取り調査の際の質問事項を事前に整理するなど，仮説検証のための資料を効果的に収集し，調査結果を適切にまとめている。
	【仮説検証の例】 　設定した仮説の検証方法として，まず，図書館やウェブページなどで情報を収集する。そこで得られた情報を基に，ＧＩＳを活用して観光農園の分布を地図化したり，6次産業化に関わる取組事例を複数調べて観光客数や販売額の推移等の統計をグラフ化したりする。			
	・持続可能な地域経済活性化に関する具体的な取組について，考察，構想したことを，プレゼンテーションソフトを使って発表資料としてまとめる。 <発表資料をまとめる際の指示の例> ・発表は5分，スライドは10枚以内。仮説，調査計画，結論を必ず示すこと。 ・地図を必ず使用すること。写真，グラフ等も使用可。資料の出典を必ず示すこと。		●	●地域の結び付き，構造や変容，持続可能な社会づくりなどに着目し，地域経済活性化に関する取組について多面的・多角的に考察，構想している。
第三次 （3時間扱）	【ねらい・課題解決】発表会において，プレゼンテーションソフトを使って発表するとともに，質疑応答を踏まえて，探究活動をまとめたレポートを作成する。			
	【学習課題】「どのようにレポートにまとめるか」			
	・持続可能な地域経済活性化に関する取組について考察したことを，グラフや主題図などを使ってグループごとに発表し，質疑応答を行う。		●	●考察，構想したことを適切にまとめ，グラフや主題図などを効果的に使って説明している。
	・他のグループの発表を聞き，疑問に思ったことや自分のグループの調査の参考になったことを ワークシート3 に記入する。		●	●他のグループの発表を聞き，自分のグループの調査に生かそうとしている。

	・提案した内容の妥当性（採算など）や効果，実現可能性などに関する質疑を踏まえ，「持続可能な地域経済活性化」について個人でレポートを作成する。	●		●地域経済が抱える地理的な課題の現状や要因，解決の方向性などについて理解している。
			○	○地域の結び付き，構造や変容，持続可能な社会づくりなどに着目して，我が国の地域経済が抱える地理的な課題の解決の方向性や将来の国土の在り方などを多面的・多角的に構想し，論述している。
単元のまとめ（1時間扱）	【ねらい・新たな課題把握】発表会を振り返り，新たな問いや仮説を設定し，追加の調査計画を作成する。			
	【学習課題；単元全体に関わる問い】「持続可能な地域経済活性化から見た日本の国土像とはどのようなものだろうか」			
	【課題】日本の国土像の在り方ついて改めて考えてみよう。これまでの探究活動を振り返り，新たな問いや仮説を設定し，追加の調査計画を作成してみよう。			
	・これまでの学習を振り返り，新たな問いや仮説を設定し，追加の調査計画を作成する。	○		○適切な問いや仮説を立て，適切な調査計画を作成している。 探究する手法についての理解の評価
			○	○これまでの学習を踏まえ，新たな問いや仮説について，探究しようとしている。
	・学習を振り返り，探究活動に向かう姿勢などを自己評価したり，国土像を構想することの意義について考えたりしたことを ワークシート4 に記入する。	○		○地理的な課題の解決の方向性や望ましい国土の在り方について，複数の立場や意見を踏まえて構想することの重要性を理解している。

4　観点別学習状況の評価の仕方

　本単元（Ｃ(1)「持続可能な国土像の探究」）は，「課題を探究する活動」を通して，「我が国が抱える地理的な諸課題の解決の方向性や将来の国土の在り方などを構想することの重要性」や，「探究する手法」などについて理解するとともに，地理的な見方・考え方を働かせ地理的な諸課題の解決の方向性や将来の国土の在り方などを「多面的・多角的に探究し，表現」することが求められる。この「課題を探究する活動」については，地理領域科目では「地理総合」Ｃ(2)「生活圏の調査と地域の展望」においても示されているが，ここでは，本単元を基に，「課題を探究する活動」の学習評価の進め方について事例を示すこととする。

　なお，ここでの活動は，個人での活動を基本とする場合の他，グループごとやクラス全体での活動を基本とする場合など，それぞれの学校やクラスの実態に合わせて様々な形態が考えられる。本事例では，グループで探究活動に取り組むことを想定し，各観点の評価の仕方について示すこととする。

（1）「知識・技能」

　「知識・技能」については，「我が国が抱える地理的な諸課題の解決の方向性や将来の国土の在り方などを構想することの重要性」や，「探究する手法」などの理解について評価する必要がある。「技能」については，この中項目では「技能」に関する目標は明示されていないが，学習指導要領では「内容の取扱い」における内容の全体にわたって配慮する事項として，「地理的技能を身に付けることができるよう系統性に留意して計画的に指導すること」とされており，この中項目が「地理探究」の学

習の集大成として位置付けられることから，基礎的・基本的な地理的技能が身に付いているかを確認するため，これまでの学習で身に付けた技能を活用する場面を適宜設定することが考えられる。

① 「我が国が抱える地理的な諸課題の解決の方向性や将来の国土の在り方などを構想することの重要性」の理解についての評価

構想することの重要性を理解するためには，地理的な課題の解決の方向性や国土の在り方などを構想する活動を適切に行うことが大切である。そのため，第三次において個人で作成したレポートの記述内容から，調査した地理的な課題の現状や要因，解決の方向性などを捉えることができているかを見取り，「知識・技能」について「学習改善につなげる評価」を行うとともに，「思考・判断・表現」の「評定に用いる評価」の状況も踏まえ，適切な助言や指導を行うことが考えられる。

その上で，単元のまとめにおいては，後掲する ワークシート4 を活用して，学習を振り返り，自己評価したり，自分の考えを記述したりする活動を行うこととしている。このワークシートの記述などから，これまでの学習を踏まえ，課題解決の方向性や望ましい国土の在り方について，複数の立場や意見を踏まえて構想することの重要性を理解しているかを見取り，「評定に用いる評価」を行うことを想定している。

② 「探究する手法」の理解についての評価

単元のまとめでは， ワークシート4 を活用して，発表会を通して気付いた疑問や課題を整理し，そこから得た情報などから，新たに問いや仮説を設定するとともに，これまでの学習を踏まえ，その仮説検証のための追加の調査計画を作成する活動を行うこととしている。そこで新たに設定した問いや仮説，追加の調査計画などの状況から，「探究する手法」の理解について「評定に用いる評価」を行うことが考えられる。

③ 「知識・技能」のうち「技能」についての評価

「技能」の評価については，グループで収集した資料から情報を読み取ったり，まとめたりする場面や，地理情報を地図化したりグラフ化したりする場面などで，適宜，「学習改善につなげる評価」を行うこととしている。ここで生徒の状況を的確に把握し必要な支援を行うことで，基礎的・基本的な地理的技能を確実に身に付けさせることが大切である。「技能」に関する「評定に用いる評価」を「知識」とは別に行うことも考えられるが，本事例では，ワークシートやレポートの記述などを基に，「探究する手法」についての理解の状況と一体化したものとして一括して評価することとしている。

（２）「思考・判断・表現」

「思考・判断・表現」については，本事例では単元全体に関わる問いである「持続可能な地域経済活性化から見た国土像とはどのようなものだろうか」について多面的・多角的に探究し，表現しているかどうかによって評価する。生徒の主体的な活動になるように留意し，順次，考察を深めて構想に結び付けられるよう，適宜「学習改善につなげる評価」を行い，適切に指導することが大切である。

第一次の「学習改善につなげる評価」では，グループで話し合い，問いと仮説を設定する場面において，提示された資料を基に，グループで意見交換を行い，適切な問いと仮説を立てているかを確認することとしている。本事例では，中山間地域の主産業である「農業」と，**事例4**（地理探究）において重点化して取り上げた「観光」とを結び付けた取組を基に，中山間地域の持続可能な地域経済活性化の在り方を探究するグループの活動を取り上げている。次ページの ワークシート1 は，その際に用いるワークシートの一部である。

ワークシート１では，資料から読み取ったことを基に，仮説が設定できているかを確認する。ここで示された農業の６次産業化や農村宿泊に関する統計資料から読み取ったことを基に，地域経済の活性化に関する仮説を設定することができていれば，「おおむね満足できる」状況（Ｂ）であると考えられる。また，地域経済の活性化に関する仮説を立てることができなかったり，地域の実情に合わない仮説であったりした場合は，「努力を要する」状況（Ｃ）であり，提示した資料に関連して，Ａ(2)「資源，産業」における農業に関する地球的課題や，Ａ(4)「人口，都市・村落」における先進国の人口問題，日本の村落における居住問題についての学習を振り返らせることなどが考えられる。

なお，このワークシートでは，クラス全体で探究するテーマの方向性を共有させるために，教師が基礎的な資料を提示して方向付けを行う設定としている。

また，グループ活動への関わりについて自己評価させることで，生徒の学習状況を把握し，指導に生かすことを想定している。例えば，「４（できた）」や「１（できなかった）」を選択した生徒については，個別に確認し，好事例を全体で共有したり，個別に励ましや助言を与えたりするなどして，グループ活動を円滑に進め，学習のねらいに到達できるよう支援することが考えられる。

ワークシート１

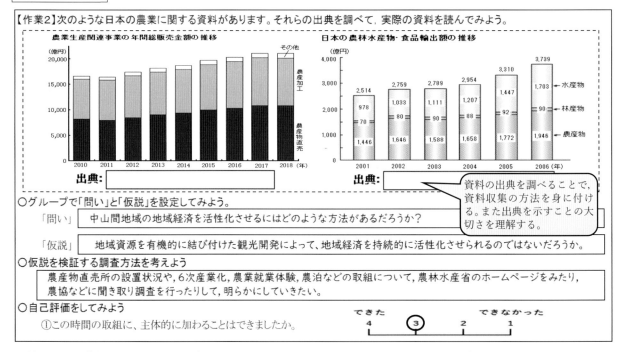

第二次の「学習改善につなげる評価」では，グループで具体的な取組を構想する場面において，地域の結び付き，構造や変容，持続可能な社会づくりなどに着目し，多面的・多角的に考察，構想しているかを確認することとしている。発表資料をまとめるに当たり，調査によって得た資料を基に，対象地域の特色や他地域との結び付き，地域の変容の様子などに着目したり，課題解決策の実現可能性や持続可能性に留意したりして構想できるよう，助言を与えることが考えられる。

第三次の「評定に用いる評価」では，個人で作成したレポートの記述内容を基に，提案の実現可能性などを検討して適宜修正し，地域の結び付き，構造や変容，持続可能な社会づくりなどに着目して，地理的な課題の解決の方向性や将来の国土の在り方などを多面的・多角的に構想し，論述しているかについて評価することが考えられる。

次の資料は，第三次で生徒が作成したレポートの記述例の一部である。

> ６次産業化に関する新たな取組の提案（栃木県鹿沼市を例に）
> ①これまでにみられた取組
> 2016 年 11 月に市は「いちご市」を宣言　→　いちごに関する事柄が多い
>   ・銘菓「いちご大福」（市内２店舗）　・シンボルキャラクター「ベリーちゃん」
>   ・観光いちご園（市内８か所）　　　　・いちご市ロゴマーク
>
> ②新たな取組の提案
>   いちごに関する取組
>   ・銘菓「いちごショートケーキ」販売　・「ベリーちゃん」の家族キャラ考案
>   いちごとは別の特産品を使用
>   ・「鹿沼土」…鹿沼土で作ったオブジェの制作
>   ・「木工品」…木工品を展示した美術館や木材で作った遊具を集めた公園などの施設を設置

　このレポートでは，調査によって得た資料を根拠として示し，これまでの取組をまとめるとともに，地域の資源を活用した持続可能な取組の提案が行われていると考えられ，「おおむね満足できる」状況（B）であるとしている。ここで単に調べたことをまとめるだけで，持続可能な社会づくりに着目していなかったり，根拠を示して論述していなかったりしている場合は，「努力を要する」状況（C）とみなすことができる。そうした生徒に対しては，収集した資料を再度確認させるなどして，根拠を示して説明できるよう助言することなどが考えられる。

（3）「主体的に学習に取り組む態度」

　「主体的に学習に取り組む態度」については，地理的な諸課題の解決の方向性や将来の国土の在り方などを「主体的に探究しようとしている」状況を評価することが考えられる。

　単元の導入の「学習改善につなげる評価」では，資料から読み取ったことなどを基に，「日本が抱える課題について問いを見いだしたり，予想したりしようとしている」状況などから，見通しをもって学習に取り組もうとしているかを確認することが考えられる。単元の導入では，生徒が自ら主題を設定するに当たり，教師が提示した資料から読み取ったことを基に，日本の抱える課題について考察

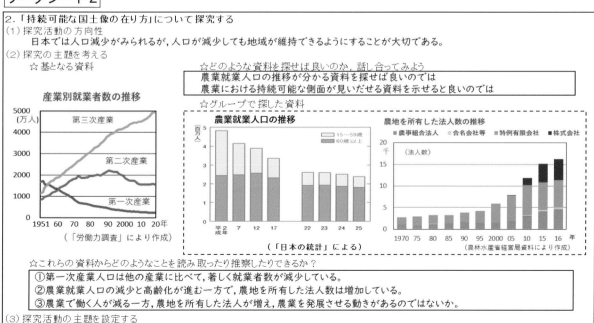

させる場面を設定しており，そこで資料から読み取ったり，推察したりしたことを ワークシート2 に記述させ，その記述内容を基に確認することを想定している。その際，例えば，資料の読み取りに苦手意識をもつ生徒については，読み取りができるよう適切な助言を与えるなど，以後の学習活動に意欲的に取り組めるようにすることが大切である。

第三次の「学習改善につなげる評価」では，発表会やその後の意見交換などから，自らの課題設定や内容の見直しを図っているかどうかを確認することが考えられる。ここでは，発表や質疑を基に，新たに疑問を見いだしたり，自分のグループの調査に生かそうとしたりすることが大切である。発表会を振り返って考えたことを ワークシート3 に記述させ，その内容から，話合いを通して自らの学習を調整しようとしつつ，粘り強く取り組もうとする意欲や態度を見取ることが考えられる。また，ここでも自己評価を行い，それを学習改善や指導の改善に生かすことが考えられる。

ワークシート3

> **V　発表会の振り返り**
> (1) 他のグループの発表を聞き，疑問に思ったことや参考になったことを書きなさい。
> > ・B班の発表が分かりやすかった。どのようにして資料を手に入れたのか知りたい。
> > ・C班の空き校舎を活用するという方法は，多くの人が関われそうでなるほどと思った。
> (2) 新たな課題
> > ・空き校舎など，地元にあるものを活用することは大切だと思った。中山間地域で活用できるものを見つけたい。
> > ・物産の販売だけでなく，体験を伴う観光振興が有効であると思った。調査した地域でできることを考えたい。
> > ・施設の維持には大きな費用が必要ではという質問があった。美術館の維持にはどれくらいかかるか調べたい。
> ○ 自己評価をしてみよう　　　　　　　　　　　できた　　　　　　できなかった
> > ① グループの資料作成やクラス発表に，主体的に加わることができましたか。　④　3　2　1

単元のまとめの「評定に用いる評価」では，発表会を振り返り，新たな問いや仮説を設定し，追加の調査計画を作成する活動において，次ページに示した ワークシート4 への記述等から，「主体的に学習に取り組む態度」について評価することが考えられる。例えば，新たに立てた問いや仮説，調査計画の内容などによって，「探究する手法」についての理解だけでなく，テーマについての関心の高まりや探究活動に対する意欲を見取り，評価することが考えられる。その手順については後述する。

「主体的に学習に取り組む態度」の評価を行う際の留意点として，生徒が見通しを立てる機会を設けること，学習を振り返る機会を設けること，教師や他の生徒による評価を伝えることなどが挙げられる。生徒が見通しを立てる機会を設けることとは，単元全体に関わる問いに対する疑問を挙げたり，その答えを予想したり，課題解決に必要な情報の収集先を考えたり，既習事項のうち役に立ちそうなことを挙げたりすることなどが考えられる。学習を振り返る機会を設けることとは，自らの学びの過程を捉え，自らの学習を調整する機会を設けることに他ならない。単元末などに「主体的に学習に取り組む態度」が「努力を要する」状況（C）である場合，単元の途中で教師が見取った「学習改善につなげる評価」を再度伝えたり，他の生徒にも尋ねてみるよう助言したりすることが考えられる。教師や他の生徒による評価を伝えることについては，教師が，生徒とコミュニケーションを取りながら，追究過程において生徒の優れていた点や成長が見られた点，改善すべき点などに気付かせることや，生徒同士が互いの学びの過程を評価し合うことなどが考えられる。

5　単元のまとめでの評価につながるワークシートの例

単元のまとめは，本単元での探究活動のまとめであると同時に，「地理探究」の学習全体のまとめとしても位置付けられる。ここでは， ワークシート4 を基にして評価する方法を例示する。

ワークシート4のⅠは，「知識・技能」及び「主体的に学習に取り組む態度」の「評定に用いる評価」の資料を得るために設定している。（1）〜（3）の質問に対して，下の記述例のように，新たな問いや仮説が適切に立てられ，明確な設定の理由や単元の学習を踏まえた適切な調査計画が示されていれば，「知識・技能」に関する「探究する手法」の理解について，「おおむね満足できる」状況（B）と評価することができると考えられる。また，適切な問いや仮説，調査計画が設定できていれば，これまでの単元の学習において自己調整を重ね，粘り強く取り組んできた成果であると考えられること，記述内容から，日本の国土像についての関心の高まりや探究活動に対する意欲を見取ることができると考えられることから，ここでの記述を基に「主体的に学習に取り組む態度」の「評定に用いる評価」の資料とすることが考えられる。

　Ⅱのうち，（1）の①〜③の質問については，資料収集の技能，プレゼンテーションに関する技能，国土像を探究することの意義について，その重要性を意識させることを意図したものである。地理的な課題について，調べたり，まとめたり，考察，表現したりするなどの探究活動を，今後の生活の中で継続的に行うようにするためには，その意義を認識させ，こうした活動の動機付けや方向付けを図ることが大切である。

　Ⅱ（2）は，「地理的な諸課題の解決の方向性や将来の国土の在り方などを構想することの重要性」の理解についての評価に用いるものである。下の記述例のように，学習を通して身に付けたり気付いたりしたことを基に具体的に記述していれば，構想することの重要性の理解について「おおむね満足できる」状況（B）と考えられる。このように，「課題を探究する活動」の意義について問うことによって，その意義についての理解を深め，授業後の日常生活においても「課題を探究する活動」が持続的に行われるきっかけとなることが期待される。

第3編
事例5

ワークシート4

単元の名称	持続可能な国土像の探究	
単元の位置	まとめ（1時間扱）	
単元の問い	「持続可能な地域経済活性化から見た日本の国土像とはどのようなものだろうか」	

Ⅰ　日本の国土像の探究を深めるために、新たな仮説や調査計画を設定する。
（1）これまでの調査結果を踏まえ、新たな仮説（問い）を書きなさい。
　　里山を使った体験型のサービスを提供する観光開発によって，都市と農村との結び付きを強めることで，地域経済を活性化させることができるのではないか。
（2）仮説の設定理由を書きなさい。
　　C班の発表を聞いて，空き校舎を使った地域おこしを調べていたら，M町の取組に興味をもち，調べたいと思った。地域の様々な資源をつなぎ合わせる方法が効果的だと思ったから。
（3）新たな仮説の調査計画を書きなさい。（必要となる調査方法や資料の種類など，具体的に書くこと）
　・実際に町の観光客がどれくらい増えているのか，観光客はどこから来ているのかなど，RESASを使って調べる。
　・M町のホームページなどで，町内にある様々な観光施設の運営方法を調べる。
　・地理院地図を使って，空き校舎の施設の分布図を作って，位置関係を確認する。
　・町の人に，この取組を始めて良かったこと，苦労していること，今後の課題などについて聞き取り調査する。

Ⅱ　「持続可能な国土像」についての探究を振り返ろう
（1）次の質問について、当てはまる番号に〇を付けなさい。
　　①必要な資料を集めるスキルが高まった。
　　②調べたり考えたりしたことをプレゼンできるようになることは大切だ。
　　③国土像や地域の在り方を自分たちで考えることは大切だ。

（2）高校生が地域の課題の解決の方向性や将来の国土の在り方などを構想することの意義について書きなさい。
　・実際に自分たちで調べてみたことで，授業で勉強した内容をより具体的に知ることができる。
　・地域の課題について自分で調べて，考え発表して，自分なりの考えをもつことが大切である。
　・自分の住んでいる国や地域について関心を高め，今後も調べていこうと考えられるようになる。

地理歴史科　　事例6（歴史総合）
キーワード　「内容のまとまり」を踏まえた指導計画と評価計画

単元名	内容のまとまり
近代化と私たち	B　近代化と私たち (1) 近代化への問い　　(2) 結び付く世界と日本の開国 (3) 国民国家と明治維新　(4) 近代化と現代的な諸課題

1　単元の目標

・近代化の歴史に関わる諸事象について，世界とその中の日本を広く相互的な視野から捉え，現代的な諸課題の形成に関わる近代化の歴史を理解するとともに，諸資料から歴史に関する様々な情報を適切かつ効果的に調べまとめる技能を身に付けるようにする。

・近代化の歴史に関わる事象の意味や意義，特色などを，時期や年代，推移，比較，相互の関連や現在とのつながりなどに着目して，概念などを活用して多面的・多角的に考察する力や，考察したことを効果的に説明したり，議論したりする力を養う。

・近代化の歴史に関わる諸事象について，よりよい社会の実現を視野に課題を主体的に追究しようとする態度を養う。

2　単元の評価規準

　「歴史総合」では，大項目が一つの大きな単元としてのまとまりをもっている。その構造を踏まえて，単元としてまとまりをもった学習の構成を行い，評価の計画を作成することが大切である。

　単元の評価規準の作成においては，「巻末資料」として後掲する「内容のまとまりごとの評価規準（例）」(P. 160 参照)が基本形となるが，「技能」や「主体的に学習に取り組む態度」の評価規準については，「内容のまとまりごとの評価規準（例）」では省略されていたり，抽象的に示されていたりしているため，大項目のねらいに即して，より具体的な評価規準を加えている(以下「単元の評価規準」下線部分)。

B「近代化と私たち」を事例とした「単元の評価規準」

知識・技能	思考・判断・表現	主体的に学習に取り組む態度
・近代化に伴う生活や社会の変容について，資料から情報を読み取ったりまとめたりしている。	・近代化に伴う生活や社会の変容について考察し，問いを表現している。	・近代化の歴史に関わる諸事象について，見通しをもって学習に取り組もうとし，学習を振り返りながら課題を追究しようとしている。
・18 世紀のアジアや日本における生産と流通，アジア各地域間やアジア諸国と欧米諸国の貿易などを基に，諸資料から歴史に関する様々な情報を適切かつ効果的に調べまとめ，18 世紀のアジアの経済と社会を理解している。	・18 世紀のアジア諸国の経済が欧米諸国に与えた影響などに着目して，主題について，アジア諸国とその他の国や地域の動向を比較したり，相互に関連付けたりするなどして，18 世紀のアジア諸国における経済活動の特徴，アジア各地域間の関係，アジア諸国と欧米諸国との関係などを多面的・多角的に考察し，表現している。	
・産業革命と交通・通信手段の革	・産業革命の影響，中国の開港と日本	

第3編
事例6

新，中国の開港と日本の開国などを基に，<u>諸資料から歴史に関する様々な情報を適切かつ効果的に調べまとめ</u>，工業化と世界市場の形成を理解している。	の開国の背景とその影響などに着目して，主題について，アジア諸国とその他の国や地域の動向を比較したり，相互に関連付けたりするなどして，アジア諸国と欧米諸国との関係の変容などを多面的・多角的に考察し，表現している。	
・18世紀後半以降の欧米の市民革命や国民統合の動向，日本の明治維新や大日本帝国憲法の制定などを基に，<u>諸資料から歴史に関する様々な情報を適切かつ効果的に調べまとめ</u>，立憲体制と国民国家の形成を理解している。	・国民国家の形成の背景や影響などに着目して，主題について，アジア諸国とその他の国や地域の動向を比較したり，相互に関連付けたりするなどして，政治変革の特徴，国民国家の特徴や社会の変容などを多面的・多角的に考察し，表現している。	
・列強の進出と植民地の形成，日清・日露戦争などを基に，<u>諸資料から歴史に関する様々な情報を適切かつ効果的に調べまとめ</u>，列強の帝国主義政策とアジア諸国の変容を理解している。	・帝国主義政策の背景，帝国主義政策がアジア・アフリカに与えた影響などに着目して，主題について，アジア諸国とその他の国や地域の動向を比較したり，相互に関連付けたりするなどして，帝国主義政策の特徴，列強間の関係の変容などを多面的・多角的に考察し，表現している。	
・現代的な諸課題の形成に関わる近代化の歴史を理解している。	・事象の背景や原因，結果や影響などに着目して，アジア諸国とその他の国や地域の動向を比較したり，相互に関連付けたりするなどして，主題について多面的・多角的に考察し，表現している。	・よりよい社会の実現を視野に，<u>自身との関わりを踏まえて学習を振り返るとともに，次の学習へのつながりを見いだそうとしている。</u>

3 単元の指導と評価の計画

　ここでは，「歴史総合」の基本的な構造に即して評価規準の設定を行う際の手順を，大項目B「近代化と私たち」を事例に示すこととする。大項目B「近代化と私たち」では，**図1**のように(1)から(4)の中項目が設定されており，それらが小単元1から小単元6の一連の学習を構成している。

図1　大項目の学習の構造（B「近代化と私たち」の場合）

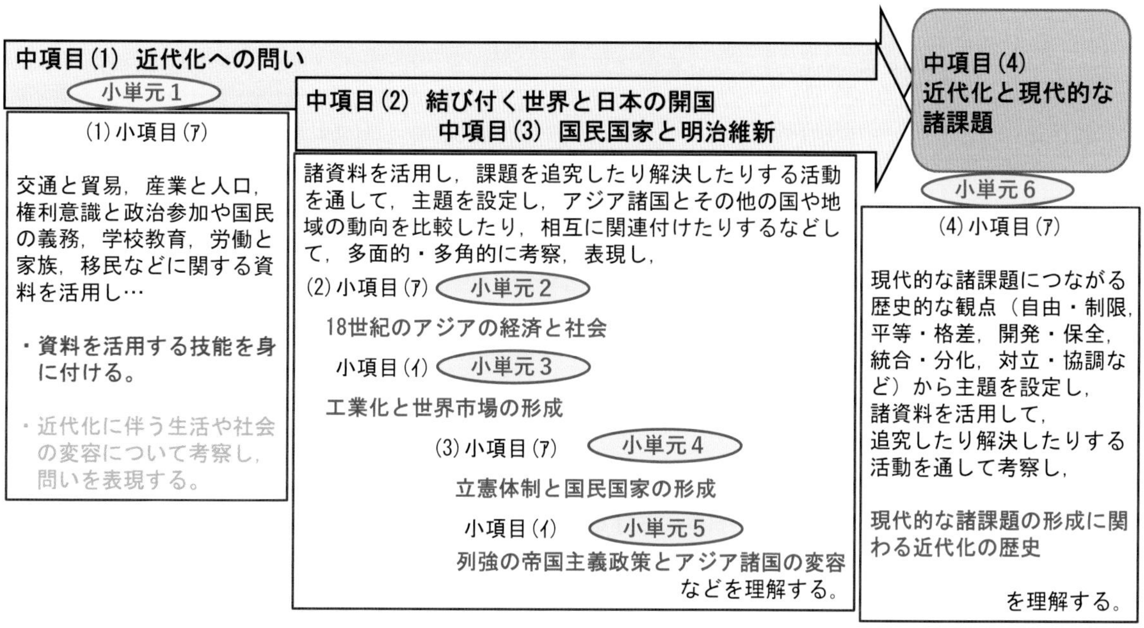

中項目(1)「近代化への問い」では，小単元1として，近代化に伴う生活や社会の変容について考察し，問いを表現することで，単元全体の見通しをもつ学習を行う。中項目(2)「結び付く世界と日本の開国」，中項目(3)「国民国家と明治維新」では，学習指導要領上のそれぞれの小項目に対応して，小単元2から5として，それぞれ主題について諸資料を活用して多面的・多角的に考察し，近代化の歴史に関わる概念を理解する学習を行う。中項目(4)「近代化と現代的な諸課題」では，小単元6として，現代的な諸課題につながる歴史的な観点から設定した主題について，諸資料を活用して考察し，現代的な諸課題の形成に関わる近代化の歴史を理解する学習を行うとともに，大項目全体のまとめや振り返りを行う。それぞれの小単元については，その下に複数の「次」を配置しており，各「次」は，1または複数の単位時間で構成されることを想定している。

　また，指導と評価の計画にある●印は，評価結果を記録として残す必要はないが，日常的な机間指導や話合いの様子の観察，ワークシートの活用なども含め，学習の過程で生徒の状況を把握したり，確認したりすることを通して，学習改善につなげる場面を示している（「学習改善につなげる評価」）。○印は，観点別学習状況の評価を記録に残す場面を示している（「評定に用いる評価」）。

　なお，本事例は「内容のまとまり」となる大項目Bの全体構造を示しているため，20時間を超える長期の指導計画の概略を示している。そのため，具体的な学習活動や評価方法については，小単元1に該当する事例を96ページから，小単元5に該当する事例を100ページから，小単元6に該当する事例を108ページから別途掲載しているので，併せて確認していただきたい。

B「近代化と私たち」の指導と評価の計画 　（○…「評定に用いる評価」，●…「学習改善につなげる評価」）

中項目	小単元	学習活動	評価の観点 知	思	態	評価規準等
(1)近代化への問い	小単元1 ★補足96ページ	【ねらい】交通と貿易，産業と人口，権利意識と政治参加や国民の義務，学校教育，労働と家族，移民などに関する資料を活用し，近代化に伴う生活や社会の変容について考察し，問いを表現する。 課題「近代化に伴い生活や社会が変化したことを示す資料から，興味・関心をもったこと，疑問に思ったこと，追究したいことなどを問いの形にして表現してみよう」				
		・これまでの学習や中学校の学習を踏まえて，近代化に伴い生活や社会が変化したことを示す資料から，情報を読み取る。	●			●近代化に伴う生活や社会の変容について，資料から情報を読み取ったり，まとめたりしている。
		・近代化に伴う生活や社会の変容について，興味・関心をもったこと，疑問に思ったこと，追究したいことなどを見いだして，問いの形に表現する。		●		●近代化に伴う生活や社会の変容について考察し，問いを表現している。
					●	●大項目全体の学習の見通しをもって取り組もうとしている。
(2)結び付く世界と日本の開国	小単元2	【ねらい】18世紀のアジア諸国の経済が欧米諸国に与えた影響などに着目して，18世紀のアジア諸国における経済活動の特徴，アジア各地域間の関係，アジア諸国と欧米諸国との関係などを多面的・多角的に考察し，表現することを通して，18世紀のアジアの経済と社会を理解する。 主題　「18世紀のアジア諸国と欧米諸国との貿易や国際関係の特徴」				
		小単元2の学習の見通し ・小単元2全体に関わる問い「18世紀頃のアジア諸国と欧米諸国との貿易や国際関係はどのように特徴付けられるのだろうか」について考察する。			●	●小単元2全体に関わる問いの答えを予想することで，小単元全体の学習の見通しをもって取り組もうとしている。
		第①次　18世紀のアジアや日本における生産と流通 課題a「18世紀頃の中国や日本では，それぞれどのような商品がどのように生産	●			●資料から学習上の課題につながる情報を適切かつ効果的に読み取っている。

	学習内容・課題			評価の観点・内容
	され，流通していたのだろうか」 課題b「あなたは，18世紀頃の中国と日本の商品生産や流通を比較したとき，その共通点と相違点のうち，何が重要だと考えるか，それはなぜか」	●		●18世紀のアジア諸国の経済が欧米諸国に与えた影響などに着目して，アジア諸国とその他の国や地域の動向を比較したり，相互に関連付けたりするなどして，18世紀のアジア諸国における経済活動の特徴を多面的・多角的に考察し，表現している。
	第②次 アジア各地域間やアジア諸国と欧米諸国の貿易 課題a「18世紀頃のアジア各地域間やアジア諸国と欧米諸国の貿易・交易はどのような特徴をもっていたか」	●		●資料から学習上の課題につながる情報を適切かつ効果的に読み取っている。
	課題b「あなたは，なぜアジアでは欧米諸国が求める商品を供給できたと考えるか」	●		●18世紀のアジア諸国の経済が欧米諸国に与えた影響などに着目して，アジア諸国とその他の国や地域の動向を比較したり，相互に関連付けたりするなどして，アジア各地域間の関係，アジア諸国と欧米諸国との関係などを多面的・多角的に考察し，表現している。
	第③次 まとめ ・各次の学習内容を踏まえて，小単元２全体に関わる問いについて，資料を活用して考察し，その結果を表現する。	○		○18世紀のアジア諸国の経済が欧米諸国に与えた影響などに着目して，小単元２全体に関わる問いについて考察し，表現している。
			○	○「18世紀のアジアの経済と社会」について理解している。
小単元3	**【ねらい】**産業革命の影響，中国の開港と日本の開国の背景とその影響などに着目して，アジア諸国と欧米諸国との関係の変容などを多面的・多角的に考察し，表現することを通して，工業化と世界市場の形成を理解する。 主題「産業革命が世界各地に与えた影響」			
	小単元3の学習の見通し ・ 小単元3全体に関わる問い「イギリスに始まる産業革命は，世界各地の社会や経済をどのように変えたのだろうか，また，その変化は，アジアと欧米の関係をどのように変えたのだろうか」について考察する。	●		●小単元3全体に関わる問いの答えを予想することで，小単元全体の学習の見通しをもって取り組もうとしている。
	第①次 産業革命と交通・通信手段の革新 課題a「なぜイギリスで産業革命が展開したのか」	●		●資料から学習上の課題につながる情報を適切かつ効果的に読み取っている。
	課題b「あなたは，産業革命が人々の生活をどのように変化させたと考えるか」	●		●産業革命の影響に着目して，アジア諸国とその他の国や地域の動向を比較したり，相互に関連付けたりするなどして，アジア諸国と欧米諸国との関係の変容などを多面的・多角的に考察し，表現している。
	第②次 中国の開港と日本の開国 課題a「欧米は，なぜ中国の開港，日本の開国を求めたのだろうか，中国や日本は，その後，貿易の拡大にそれぞれどう対応したのだろうか」	●		●資料から学習上の課題につながる情報を適切かつ効果的に読み取っている。
	課題b「あなたは，中国の開港と日本の開国が国際社会に与えた影響のうち，最も重要なものは何だと考えるか，それはなぜか」	●		●中国の開港と日本の開国の背景とその影響に着目して，アジア諸国とその他の国や地域の動向を比較したり，相互に関連付けたりするなどして，アジア諸国と欧米諸国との関係の変容などを多面的・多角的に考察し，表現している。
	第③次 まとめ ・各次の学習内容を踏まえて，小単元3全体に関わる問いについて，資料を活用して考察し，その結果を表現する。	○		○産業革命の影響，中国の開港と日本の開国の背景とその影響などに着目して，小単元3全体に関わる問いについて考察し，表現している。

		学習活動	知	思	態	評価規準
			○			○「工業化と世界市場の形成」について理解している。
		・小単元2・3の学習をふまえて小単元1で表現した問いについて確認し，必要に応じて修正する。			●	●自身の学習について振り返り，調整しようとしている。
(3)	4	※中項目(3)国民国家と明治維新（小単元4・5）の構造は中項目(2)（小単元2・3）に準ずる。				
	5	★事例7　100ページ				
(4)近代化と現代的な諸課題	小単元6	【ねらい】自由・制限，平等・格差，開発・保全，統合・分化，対立・協調などの観点から設定された主題について多面的・多角的に考察し，表現することを通して，現代的な諸課題の形成に関わる近代化の歴史を理解する。 <課題1> 主題「貿易を巡る国内や国家間の対立」（自由・制限を観点に） 課題（問い）「貿易を巡る問題が，なぜ国論を二分したり戦争へ発展したりするのだろうか，また，この問題は，現代に続く課題とどのような点が関連しているのだろうか」 <課題2> ・小単元1で表現した問いを振り返ろう。				
	★事例8　108ページ	<課題1> ・課題（問い）について，これまでの学習を振り返り，資料を活用して，現代的な諸課題との関連を考察し，話し合った結果を表現する。		○		○事象の背景や原因，結果や影響などに着目して，主題について，現代的な諸課題に関連付けて，多面的・多角的に考察し，表現している。
				○		○現代的な諸課題の形成に関わる近代化の歴史について理解している。
		<課題2> ・小単元1で表現した問いを振り返り，新たに加わった視点や理解が深まったと考えられる点についてまとめる。			○	○「近代化と私たち」における学習の経緯について，よりよい社会の実現を視野に，自身との関わりを踏まえて学習を振り返るとともに，次の学習へのつながりを見いだそうとしている。

4　観点別学習状況の評価の進め方

　学習評価は資質・能力の育成に重要な役割を担っている。学習評価がその役割を果たすには，生徒に学習の状況を伝え，改善の方向性を示すと共に，教師の指導改善につながるものにしていくことが大切である。特に，「学習改善につなげる評価」（●）の場面においては，生徒の学習状況を確認し，そのままの状況では目標に到達することが難しいと考えられる生徒に対して，教師が指導，支援することで，学習改善を図るように促すことが大切である。例えば，図２は，事例7の「思考・判断・表現」の「学習改善につなげる評価」の場面で，生徒の記述状況を確認し，指導や支援を行い，生徒の記述が変化した様子を示したものである（詳細については，P. 104参照）。

図２　「学習改善につなげる評価」の様子

【生徒】	【教師】	【生徒】
「努力を要する」状況 （植民地となったアジア・アフリカ地域では，インドの綿花のように単一の農作物の栽培や，インドシナの石炭など資源の採掘などを強いられた）	何が不十分なのかを確認して，指導や支援を行う	「おおむね満足できる」状況 （アジア・アフリカ地域では，資源の採掘が強いられるなど支配が強化されたが，一方で，そのことによって，近代化や民族的な団結を目指す動きが促されていく側面も見られた）

（1）「知識・技能」

　「知識・技能」の評価の対象となるものは，個別の事象などの知識のみに留まるものではなく，資料から情報を読み取り，それらを関連付けて，近代化の歴史の変化に関わる事象の意味や意義，特色などを考察した結果として生み出されるものである。従って，「知識・技能」の評価については，次に示す「思考・判断・表現」の観点との関係も踏まえて行うことが大切である。

・各「次」の「知識・技能」の観点に関わる●印は，「資料から学習上の課題につながる情報を適切かつ効果的に読み取っている」と示されており，「技能」を確認する場面を表している。ここでは，単に「資料に示されていることを確認している」ということに留まるものではなく，課題を踏まえ，「必要な情報を収集しているか」「情報を『見方・考え方』を働かせて読み取っているか」「読み取った情報を学習の課題の解決に向けてまとめているか」などについて確認することが大切である（技能の評価については，下記**＜技能の評価について＞**も参照）。

・小単元2から5の最終「次」の○印の場面は，例えば，小単元3において，『工業化と世界市場の形成』について理解している」と示されている通り，これは，小単元の学習課題について考察した結果を表現する際に，資料や既習の知識を活用しつつ，概念的な知識が獲得されていることが評価の対象となることを表している。また，上記の「技能」についての状況を合わせて評価することにも留意する。

・小単元6の○印は，現代的な諸課題の形成に関わる近代化の歴史について理解しているかを評価することを表している（詳細は**事例8**を参照）。

＜技能の評価について＞　「適切かつ効果的」な資料の活用とは

　技能の評価規準については，「指導と評価の計画」内に，「課題につながる情報を適切かつ効果的に読み取っている」と示しているが，「適切かつ効果的」とは何を求めているのであろうか。

　基礎的な技能の例として，「解説」P.364に【参考資料2】「社会的事象等について調べまとめる技能」が示されている。そこでは「手段を考えて課題解決に必要な社会的事象等に関する情報を収集する技能」「収集した情報を社会的な見方・考え方に沿って読み取る技能」「読み取った情報を課題解決に向けてまとめる技能」として，それぞれ学校種の段階を踏まえた詳細な事例が複数示されている。特に，高等学校地理歴史科歴史領域科目においては，「思考・判断・表現」の観点との関係を踏まえつつ，技能として評価すべき内容を確認しておきたい。

　また，「解説」P.131～134「⑤課題（問い）の設定と資料の活用」に，「『歴史総合』では，学習全般において課題（問い）を設定し追究する学習が求められる。この学習において重要であるのは，第一に課題（問い）の設定であり，第二に課題（問い）の追究を促す資料の活用である」と示されている。つまり，本事例でも「課題につながる情報を…読み取っている」と示されているように，単元や各「次」における課題（問い）の追究のために，資料からどのような情報を取り出すかという点が重要となる。なお，「解説」P.133～134には，教師が生徒の資料活用の技能の習得を促すための発問の事例として，＜課題（問い）の追究を促す資料の活用の例＞が示されている。併せて参照されたい。

　「適切かつ効果的に」という点について，その表すものは多様であるが，学習のねらいや学習課題を踏まえて，評価規準として具体的に示しておくことが大切である。

（2）「思考・判断・表現」

「思考・判断・表現」の観点については，各単元などで設定された課題（問い）について，「歴史的な見方・考え方」を働かせながら，多面的・多角的に考察し，表現していることを評価できるよう，具体的な「視点」などを組み込んだ評価規準を設定することが重要である。

・各「次」の●印は，小単元の学習課題について，「歴史的な見方・考え方」を働かせて考察するという生徒の学習の過程を，例えば，グループでの話合いや発表の場面，ワークシートの記述などから確認する場面を表している。

・小単元２から５の最終「次」の○印は，「小単元全体に関わる問いについて考察し，表現している」と示されている。これは，それまでの学習内容を踏まえて小単元の学習課題について考察した結果を評価することを表している（詳細は**事例７**を参照）。その際，上記（１）**「知識・技能」**の評価との関係も踏まえ，生徒の学習の過程に着目して評価を行うことが大切である。

・小単元６の○印は，事象の背景や原因，結果や影響などに着目して，主題について，現代的な諸課題に関連付けて，多面的・多角的に考察し，その結果を表現していることを評価することを表している（詳細は**事例８**を参照）。

（3）「主体的に学習に取り組む態度」

「主体的に学習に取り組む態度」の観点については，毎回の授業や小単元に相当するような数時間の中ではなく，ある程度長い区切りの中でその成果を評価することが考えられる。従って，「内容のまとまり」を基本として評価場面を設定している。

・小単元１の●印は，大項目に対する学習の見通しをもって，学習に取り組もうとしているかを確認する場面を表している（後掲の**補足**参照）。

・小単元２から５の冒頭の●印は，各小単元の学習の見通しをもって，学習に取り組もうとしているかを確認する場面を表している。また，中項目(2)及び(3)の最後の●印は，「自身の学習について振り返り，調整しようとしている」と示されている。小単元３であれば，小単元２・３の学習（学習指導要領上の中項目(2)「結び付く世界と日本の開国」の学習）を踏まえて，小単元１で表現した「問い」について確認して，小単元２・３の学習内容，学習の方法や過程を振り返り，学びを調整しようとしているかを確認する場面であることを表している（詳細は**事例７**，「問い」と各小単元との関係については次ページの**＜生徒が表現した「問い」の活用について＞**を参照）。本事例では省略されているが，小単元５のまとめであれば，同様に小単元４・５の学習を踏まえることになる。これらについては，ワークシートなどから生徒の学習状況を把握し，適切な助言を与えることが考えられる。

・小単元６の○印は，1）生徒が小単元１で表現した問いを踏まえ，大項目全体の学習状況を自身との関わりを踏まえて振り返り，学びを確認したり調整しようとしたり，2）今後の学習へのつながりを見いだそうとしたりしていることなどについて，評価を行うことが考えられる（**事例８**を参照）。

次ページの**図３**は，これまで示してきた大項目Ｂ「近代化と私たち」の学習の過程とその評価の在り方について示した模式図である。図中の○印や●印は，上記の説明のそれらに対応している。このように大項目が一つの大きな単元としての構造をもつことに留意し，それらに沿った評価活動を行うことが重要である。

図３　学習の過程と評価の在り方（B「近代化と私たち」の場合）

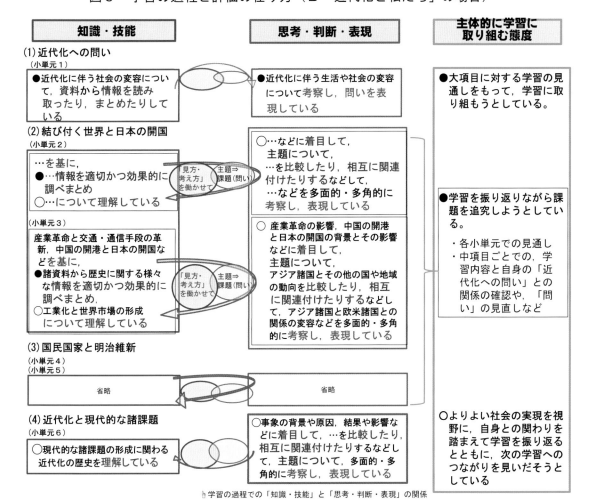

▷学習の過程での「知識・技能」と「思考・判断・表現」の関係

＜生徒が表現した「問い」の活用について＞

　小単元１で表現した「問い」は，その後の学習に生かしていくことが大切である。本事例においては，以下の図で示すように，小単元２と３及び小単元４と５の学習，つまり中項目(2)及び(3)の学習が終了した時点で，学習内容と小単元１で表現した問いとの関係を確認する場面をそれぞれ設定している。また，小単元６において，小単元１で表現した「問い」がどのように変容したのかを確認し，単元全体の学習を振り返ることとしている。

┌─────────────────────────────┐
│　　　　生徒が表現した「問い」の活用
│　　　　Ｂ「近代化と私たち」を事例に
└─────────────────────────────┘

(1)近代化への問い	(2)結び付く世界と日本の開国	(3)国民国家と明治維新	(4)近代化と現代的な諸課題
・資料を活用し，…近代化に伴う生活や社会の変容について考察し，**問いを表現する**　＜小単元１＞	・18世紀のアジアの経済と社会を理解する　＜小単元２＞ ・工業化と世界市場の形成を理解する　＜小単元３＞	・立憲体制と国民国家の形成を理解する　＜小単元４＞ ・列強の帝国主義政策とアジア諸国の変容を理解する　＜小単元５＞	・現代的な諸課題につながる歴史的な観点から，主題を設定し，…現代的な諸課題の形成に関わる近代化の歴史を理解する　＜小単元６＞
「問い」の表現	学習内容と「問い」との関係の確認，「問い」の見直し①	学習内容と「問い」との関係の確認，「問い」の見直し②	主題の考察への「問い」の活用（※D（4）では，主題の設定にも活用）

近代化に伴う生活や社会の変容についての問いを深化させたり，新たな課題（問い）を見いだしたりする

＜小単元１の「問いを表現する」学習の指導と評価の工夫＞

　以下は，大項目Ｂ「近代化と私たち」の中項目(1)「近代化への問い」の指導と評価の計画を示したものである。「問いを表現する」活動は，単元の導入部として，単元の学習と「私たち」との関連性に気付き，興味・関心をもち課題意識を醸成するように行うことが大切である。資料から適切かつ効果的に情報を読み取ったりまとめたりする技能を身に付けることや，近代化に伴う生活や社会の変容について考察することも求められているが，主眼は生徒自身が問いを表現することにあり，詳細な知識を獲得させることをねらいとしていないことに注意したい（小単元の位置付けについては，P.89の図１を参照。本事例は図中の「小単元１」に該当する）。

1　小単元１の目標

　労働と学校教育に関する複数の資料を活用し，それらの資料から情報を読み取ったりまとめたりする学習活動を通して，近代化に伴う生活や社会の変容について考察し，大項目「近代化と私たち」で追究したい問いを表現するとともに，「近代化と私たち」の学習に対する見通しを立てる。

2　小単元１の評価規準

知識・技能	思考・判断・表現	主体的に学習に取り組む態度
・近代化に伴う生活や社会の変容について，労働と学校教育に関する資料から，情報を読み取ったりまとめたりしている。	・近代化に伴う生活や社会の変容について考察し，問いを表現している。	・近代化の歴史に関わる諸事象について，見通しをもって学習に取り組もうとしている。

Ｂ(1)「近代化への問い」（小単元１）の指導と評価の計画（２時間）

（○…「評定に用いる評価」，●…「学習改善につなげる評価」）

時	学習活動	評価の観点 知｜思｜態	評価規準等
第1時	【小単元１のねらい】中学校までの学習及び大項目Ａ「歴史の扉」の学習を踏まえ，諸資料を活用して情報を読み取ったりまとめたりする技能を習得し，人々の生活や社会の在り方が近代化に伴い変化したことに関して抱いた興味・関心や疑問などを基に，追究したいことを見いだして，自分自身の問いを表現する。		

【第１時のねらい】教育や労働などに関する資料を基に，近代化に伴う生活や社会の変容についての情報を読み取ったりまとめたりする。

第１時の学習課題　「近代初期の10代を取り巻く社会や生活はどのようなものだったのだろうか」
　　　　　　　　（現代の私たちとどのように異なる（あるいは同じ）だろうか）

【学習課題の設定】
・中学校までの学習や大項目Ａ「歴史の扉」の学習を踏まえ，「近代化」について理解していることをクラスで共有するとともに，学習課題を設定する。

（「近代化とは何だろうか」に対する生徒の発言や記述例）
・技術や医療が進歩し，機械化が進むこと。
・世界的なつながりが強くなること。
・欧米などの文化や技術を取り入れて，自国に反映させること。

【労働に関する資料の読み取り】近代初期のアメリカ，日本，イギリスの10代の労働に関する資料を基に，労働の近代化による生活や社会の変化について考える。
[問い] 当時と今でどのような違いがあるだろうか。資料から当時の労働について，どのようなことがわかるだろうか。どのような疑問が生まれるだろうか。

[資料]
・近代のアメリカの労働の様子が分かる資料
　（例えば，繊維機械の使い方を子どもに説明している写真など）
・近代のイギリスの工場での労働の様子が分かる資料
　（例えば，当時の長時間労働を説明している資料など）
・近代の日本の労働の様子が分かる資料
　（例えば，和田英による富岡日誌など）

【指導上の留意点】労働についての資料を読み取る際には，「学校は行っていなかったのか」という生徒の疑問を導き，教育の話につなげたい。	（生徒の発言や記述例） ・機械化と長時間労働を行い，大量生産をして利益を求めるようになった。 ・働くことへの希望に溢れる人もいたようだけど，労働環境が相当悪かったみたい。

【教育に関する資料の読み取り】 近代初期の教育に関わる資料を基に，近代化による生活や社会の変化について考える。

[問い]当時と今で教育にはどのような違いがあるだろうか。資料から当時の教育について，どのようなものだったことが分かるだろうか。そこからどのような疑問が生まれるだろうか。

[資料]
・ヨーロッパ各国の読み書きできる人口の比率
・1872 年の学制
・日本の就学率の変化を示したグラフ
・明治時代の教科書（デジタルライブラリー）

P. 99 参照

（生徒の発言や記述例）
・識字率が向上しているのは学校の影響と思う。
・子供のほとんどが学校に通うようになるのは 30 年くらいかかっている。
・算数など，今の教科もあるが，作法や修身などの今はない教科もある。
・絵が入っている教科書もある。

【資料からの考察のまとめ】
・近代化によって人々の生活や社会はどのように変化したのだろうか，資料から読み取ったことをまとめる。

● ●複数の資料から情報を読み取り，課題（問い）についてまとめている。

（生徒の発言や記述例）
・労働では機械を扱うようになり，現在のような大量生産が可能になっていったと考えられる。でも，子供や女性が働かされていて，中には働くことへの希望にあふれる人もいたようだけど，労働環境が相当悪かったみたいだ。一方で，国が子供に教育を一斉に行うようになり，今と同じように学校でいろんな教科が始まっている。

第2時

【第2時のねらい】 学校教育，労働と家族などに関する資料を活用し，近代化に伴う生活や社会の変容についての自分自身の問いを表現するとともに，単元の学習の見通しを立てる。

第2時の課題　「近代化に伴う生活や社会の変容について，これからの学習で自分が考えてみたい問いを表現しよう」

【前時の内容の確認】 近代化に伴う生活や社会の変化について，現代と比較して考える。

[問い]現代の私たちと，近代初期の 10 代を取り巻く社会や生活はどのように異なる（あるいは同じ）だろうか。）

・前時で読み取った生活や社会の変化について，生徒同士で交流し合い，発表する。

（生徒の発言や記述例）
・現代の私たちと近代の 10 代を取り巻く社会や生活は違う。学校へ通うといった雰囲気は似ているが，近代初期は，国に貢献するために働き，学ぶという印象が強い。

【問いの表現】 近代化と私たちについて自分が追究していきたいことを問いとして表現する。

・これまでの学習の中で，自分が考えてみたい疑問を整理する。
・図書館等で自分の疑問に関連する資料を収集し，疑問について調べる。
・生徒同士で交流し，議論することを通して，問いとして表現する。

● ●これまでの学習を踏まえ，大項目B「近代化と私たち」で追究したいことを，問いとして表現している。

（生徒の発言や記述例）
・女性が不当に扱われたのはなぜか，どうやって権利が認められるようになったのか。
・なぜ教育が始められたのだろうか。
・なぜ修身や作法などの礼儀を学校で学ぶ必要があったのか。

【学習の見通し】 これからの近代化の歴史を学んでいく上で，どのような点に注意し，学習を進めていくかについて考える。

● ●近代化の歴史に関わる諸事象について，表現した問いに対する見通しをもって学習に取り組もうとしている。

【指導上の留意点】学習課題を示すなど，この単元でどのような学習が行われるのかをある程度把握させた上で考えさせたい。

（生徒の発言や記述例）
・世界と日本の関わりに注目して，国家と国民の関係性や権利の考え方がどのように変化したかについて，日本と他の国々を比べながら学びたい。

3　小単元1の観点別学習状況の評価の進め方】

（1）「知識・技能」

・第1時の【資料からの考察のまとめ】の●印は，複数の資料から情報を適切かつ効果的に読み取り，課題（問い）の解決に向けてまとめているかどうかを確認する場面を表している。

例1：「おおむね満足できる」状況と考えられる生徒の記述例

> 　労働では機械を扱うようになり，現在のような大量生産が可能になっていったと考えられる。でも，子どもや女性が働かされていて，中には働くことに希望にあふれる人もいたようだけど，労働環境が相当悪かったみたいだ。一方で，国が子どもに教育を一斉に行うようになり，今と同じように学校でいろんな教科が始まっている。

　例1の記述例は，近代化によって私たちの生活や社会はどのように変化したのだろうかという問いに対して，労働と教育に関する諸資料から読み取ったことを適切にまとめていることが確認できるため，「おおむね満足できる」状況と考えられる。

　こうした記述に到達することができるよう，授業の中では，労働についての諸資料から情報を読み取る学習場面と，教育についての諸資料から情報を読み取る場面をそれぞれ設定している。その際に，ワークシートなどを利用し，生徒に読み取った内容についてメモを取っておくよう指導する。右下の生徒の記述例は，日本，アメリカ，イギリスでの近代の労働に関する肯定的・否定的な評価を含んだ資料を見比べ，共通点を読み取っていること，また，機械化や大量生産，労働時間の課題など，現代の自分たちの生活や社会とも共通する課題を指摘していることが確認できる。

> 　機械化により，大量生産が可能になった。なぜ労働時間が増えていったのか。
> 　機械化と長時間労働を組み合わせることで，大量生産を行い，利益を求めようとしたのではないか。

　このように，中学校までの学習及び大項目A「歴史の扉」の学習を踏まえ，様々な資料を読み解く学習活動を適切に組み込んでいくことで，情報を読み取りまとめる技能を生徒が獲得できるよう働きかけることが必要である。

（2）「思考・判断・表現」

・第2時の【問いの表現】の●印は，近代化に伴う生活や社会の変容について考察し，問いを表現しているかどうかを確認する場面を表している。

例2：「おおむね満足できる」状況と考えられる生徒の記述例

> なぜ女性が不当に扱われたのか。また，どのような経緯で権利が認められるようになったのか。

> なぜ修身や作法などの礼儀を学校で学ぶ必要があったのか。

　例2の記述例は，第1時で諸資料から読み取った近代化による生活や社会の変化を，「近代化と私たち」の学習で追究したい問いとして表現しており，「おおむね満足できる」状況と考えられる。

　授業では，これまでの学習を踏まえて，図書館等で疑問に関連する資料を収集し，疑問について調べ，生徒相互でそれぞれの疑問について交流して議論するといった学習活動を行っている。こうした活動を通して，生徒は自分が追究したいことを問いとして表現する。このように，生徒が単元で追究したい問いを表現する際には，疑問を問いに深める学習過程の工夫が大切である。労働や教育の変化にはどのような意味があったのか，それらの変化が近代のどのような特徴につながっていくのか，なぜそれらの変化が生じたのかといった方向性の問いを，生徒が表現することができるように働きかけることが必要である。こうした問いは，この後の単元での学習内容に対する生徒の課題意識を高め，

学びに向かう姿勢を育むことにつながると考えられる。一方，十分に検討する時間がない中で，生徒が表現する問いは，すぐに答えが出る表面的な問いになりやすく，単元の学習に向かう姿勢を育む問いになりづらいことに留意することが重要である。

（３）「主体的に学習に取り組む態度」

・第２時の【学習の見通し】の●印は，これから学習していく単元「近代化と私たち」の中で，自分が表現した問いをどのように追究していくか，適切な見通しをもって学習に取り組もうとしているかどうかを確認する場面を表している。

例３：「おおむね満足できる」状況と考えられる生徒の記述例

> 世界と日本の関わりに注目して，国家と国民の関係性や権利の考え方がどのように変化したかについて，日本と他の国々を比べながら学んでいきたい。

例３の記述例は，（２）「思考・判断・表現」で示した，女性の権利について問いを表現した生徒の学習の見通しである。近代化に関わる諸事象として，国家と国民の関係や人々の権利意識を追究する上で，世界と日本の結び付きに注目することは重要であり，表現した問いに対して適切な学習の見通しをもつことができていることから，「おおむね満足できる」状況にあると考えられる。

なお，この後の学習では，例えば，中項目(3)「国民国家と明治維新」で「立憲体制と国民国家の形成」を理解することがねらいとなる。女性の地位向上については，大項目Ｃ「国際秩序の変化や大衆化と私たち」で扱うことになる。そのため，大項目Ｂ「近代化と私たち」の学習を通して，立憲体制や国民国家について理解することにより，自らの問いに対する部分的な結論を得て，次の単元に向けてさらに問いを深めていくことが期待される。生徒の学習の見通しを確認し，生徒の学習を効果的に支援することが大切である。

第３編 事例６

＜ＩＣＴを活用した学習活動＞

本事例においては，第１時の【資料の読み取り】の場面で，ＩＣＴの活用を想定している。例えば，国立教育政策研究所教育図書館の近代教科書デジタルアーカイブでは，近代の教科書が，デジタル化され公開されている。１人１台端末の整備が進んでいれば，生徒それぞれで端末を用いて，各自の興味に基づいて教科書を閲覧したり，気付いたことについて議論したりすることができる。学校や地域，生徒の状況に応じて，ＩＣＴを効果的に活用し，主体的・対話的で深い学びの実現に向けた授業改善を図りたい。

（参考）国立教育政策研究所教育図書館　https://www.nier.go.jp/library/textbooks/K110.html

単元名	内容のまとまり
列強の帝国主義政策とアジア諸国の変容	B　近代化と私たち （3）国民国家と明治維新　小項目(イ)

　本事例では，大項目Bの中項目(3)「国民国家と明治維新」小項目(イ)を取り上げ，学習及びその評価の基本的な構造について示すこととする。

　「歴史総合」の大項目BからDの中項目(2)及び(3)では，「知識及び技能」と「思考力，判断力，表現力等」に関わる事項が一体となり学習のまとまりを構成している。学習指導要領「解説」では，このまとまりを「小項目」と示している。小項目の学習では，主題を設定し，その主題を踏まえた「問い」を示すことで授業が展開する。以下の**図**は，小項目の構造を示したものである。**図**の左側で学習指導要領「歴史総合」B(3)「国民国家と明治維新」の記載を示し，**図**の右側でその構造を表している。

図　歴史領域科目の学習指導要領における小項目の構造（「知識及び技能」の事項と「思考力，判断力，表現力等」の事項の関係）

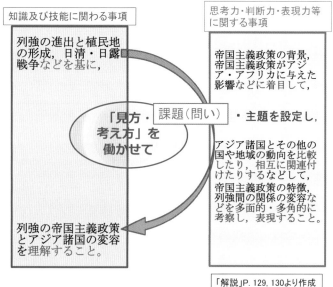

＜学習指導要領の記載と小項目の構成＞

B　近代化と私たち
　（3）国民国家と明治維新
ア　次のような知識を身に付けること。
　（ア）18世紀後半以降の欧米の市民革命や国民統合の動向，日本の明治維新や大日本帝国憲法の制定などを基に，立憲体制と国民国家の形成を理解すること。
　（イ）列強の進出と植民地の形成，日清・日露戦争などを基に，列強の帝国主義政策とアジア諸国の変容を理解すること。

　　ア「知識...」の(イ)と，イ「思考力...」の(イ)とを結び付けて，「小項目(イ)」を構成

イ　次のような思考力，判断力，表現力等を身に付けること。
　（ア）国民国家の形成の背景や影響などに着目して，主題を設定し，アジア諸国とその他の国や地域の動向を比較したり，相互に関連付けたりするなどして，政治変革の特徴，国民国家の特徴や社会の変容などを多面的・多角的に考察し，表現すること。
　（イ）帝国主義政策の背景，帝国主義政策がアジア・アフリカに与えた影響などに着目して，主題を設定し，アジア諸国とその他の国や地域の動向を比較したり，相互に関連付けたりするなどして，帝国主義政策の特徴，列強間の関係の変容などを多面的・多角的に考察し，表現すること。

＜小項目の構造　－B(3)小項目(イ)を事例に－＞

知識及び技能に関わる事項

列強の進出と植民地の形成，日清・日露戦争などを基に，

思考力・判断力・表現力等に関する事項

帝国主義政策の背景，帝国主義政策がアジア・アフリカに与えた影響などに着目して，

「見方・考え方」を働かせて

課題（問い）

・主題を設定し，

アジア諸国とその他の国や地域の動向を比較したり，相互に関連付けたりするなどして，帝国主義政策の特徴，列強間の関係の変容などを多面的・多角的に考察し，表現すること。

列強の帝国主義政策とアジア諸国の変容を理解すること。

「解説」P.129, 130より作成

　この小項目の学習は，以下のような構造となっている（上の**図**の右側を参照）。

①列強の進出と植民地の形成，日清・日露戦争などを基に＜ア(イ)＞

②帝国主義政策の背景，帝国主義政策がアジア・アフリカに与えた影響などに着目して，＜イ(イ)＞

③主題を設定し（生徒に「歴史的な見方・考え方」を働かせた考察を促す課題（問い）を設定して），＜イ(イ)＞

④アジア諸国とその他の国や地域の動向を比較したり，相互に関連付けたりするなどして＜イ(イ)＞

⑤帝国主義政策の特徴，列強間の関係の変容などを多面的・多角的に考察し，表現し，＜イ(イ)＞

⑥列強の帝国主義政策とアジア諸国の変容を理解すること（に至る）。＜ア(イ)＞

第3編
事例7

以下の「指導と評価の計画」では，学習指導要領上の小項目を「小単元」とし，「1　単元の目標」については，小項目の構造を踏まえ，学習の過程が分かりやすいように一連の文章で示している（小単元の位置付けについては，P.89掲載の図を参照。本事例は図中の「小単元5」に該当する）。

1　単元の目標

　列強の進出と植民地の形成，日清・日露戦争などを基に，諸資料から様々な情報を効果的に調べまとめ，帝国主義政策の背景，帝国主義政策がアジア・アフリカに与えた影響などに着目して，主題を設定し，帝国主義政策の特徴，列強間の関係の変容などを多面的・多角的に考察し，表現することを通して，列強の帝国主義政策とアジア諸国の変容を理解する。その際，列強の帝国主義政策とアジア諸国の変容に関わる諸事象について見通しをもって課題に取り組むとともに，自身の問いと関連付けて追究しようとする態度を養う。

2　単元の評価規準

　目標を基に，「内容のまとまりごとの評価規準」（P.33，第2編2②（1））の考え方などを踏まえて，単元の評価規準を作成する。本単元の評価規準の作成に当たっては，以下の点に留意した。
・「知識・技能」「思考・判断・表現」については，本単元と対応する学習指導要領の「内容」の記載（前ページの図を参照）を基に，そこに示された「理解すること」や「考察し，表現すること」の記述を，生徒が「理解している」かどうか，「考察している」かどうかの学習状況として表している。なお，「知識・技能」の「技能」については，本単元に対応する学習指導要領「内容」の記載には示されていないが，学習指導要領の趣旨に鑑み，「諸資料から様々な情報を適切かつ効果的に調べまとめ」ているかどうかの学習状況を加えている。
・「主体的に学習に取り組む態度」については，「内容のまとまりごとの評価規準（例）」（P.161参照）を基に，学習活動をより具体的に表している。なお，この観点については，本単元では「学習改善につなげる評価」（●）のみ，その確認の場面が設定されている。

知識・技能	思考・判断・表現	主体的に学習に取り組む態度
・列強の進出と植民地の形成，日清・日露戦争などを基に，諸資料から様々な情報を適切かつ効果的に調べまとめ，列強の帝国主義政策とアジア諸国の変容を理解している。	・帝国主義政策の背景，帝国主義がアジア・アフリカに与えた影響などに着目して，主題について，帝国主義政策の特徴，列強間の関係の変容などを多面的・多角的に考察し，表現している。	・列強の帝国主義政策とアジア諸国の変容に関わる諸事象について，見通しをもって課題に取り組むとともに，自身の問いと関連付けて追究しようとしている。

3　指導と評価の計画（5時間）

小単元5「列強の帝国主義政策とアジア諸国の変容」の構造

> 学習指導要領B（3）ア（イ）の前半（「〜を基に」の前）に示された「列強の進出と植民地の形成」と「日清・日露戦争」を基に，二つの「次」を設定。

・小単元5の導入（第①次に含み実施）
・第①次　列強の進出と植民地の形成
・第②次　日清・日露戦争
・小単元5のまとめ　列強の帝国主義政策とアジア諸国の変容
　　「国民国家の形成と明治維新」の学習を踏まえた「近代化への問い」の再考察

> 「小単元5のまとめ」に加え，小単元1「近代化への問い」で表現した生徒の問いと，小単元4と5の学習内容との関係を確認する場面として設定。

B (3)「国民国家と明治維新」小項目(イ)（小単元５）の指導と評価の計画

（○…「評定に用いる評価」, ●…「学習改善につなげる評価」）

次	時	学習活動	評価の観点 知	思	態	評価規準等
第①次 列強の進出と植民地の形成	第1時	【ねらい】帝国主義政策の背景，帝国主義政策がアジア・アフリカに与えた影響などに着目して，帝国主義政策の特徴，列強間の関係の変容などを多面的・多角的に考察し，表現することを通して，列強の帝国主義政策とアジア諸国の変容を理解する。 主題「帝国主義政策の影響」 小単元５全体に関わる問い「帝国主義政策は，国際社会にどのような影響を及ぼしたのだろうか」				
		小単元５の学習の見通し ・小単元５全体に関わる問いについて，中学校までの学習や「歴史総合」のこれまでの学習などを踏まえて，どのようなことが分かると問いが明らかにできるかについて，見通しをもつ。			●	●小単元５全体に関わる問いについて，見通しをもって学習に取り組もうとしている。
		第①次の課題　課題a「列強が帝国主義政策をとった理由は何だろうか」 課題b「植民地獲得競争はどのように進められたのだろうか」 課題c「アジア・アフリカは，植民地支配の中でどのように変化したのだろうか」				
		・課題aについて，当時の風刺画や世界の工業生産を示すグラフなどの資料を基に，科学技術の発展や第二次産業革命の進展など列強の国内状況を確認し，資料から読み取る。				
		・課題bについて，列強の植民地領有面積を比較する資料などを基に，列強の植民地獲得競争の状況や列強間の対立が生じた背景を確認し，資料から読み取る。				
		・課題a，課題bについて，生徒相互で話し合い，その結果をワークシートに記入する。	●			●諸資料から課題の解決につながる情報を適切かつ効果的に読み取っている。
	第2時	・19世紀後半の列強による世界分割を示す地図から，アジア・アフリカの状況を確認し，当時の状況を把握する。				
		・アヘン戦争後の清朝社会の矛盾や太平天国の乱の展開，フランスのインドシナ植民地化への展開，エジプトのウラービー運動の展開などを示す資料を基に，植民地とされた各地の人々が置かれた社会状況の変化や近代化に向けた動向，民族意識の形成などを捉え，課題cについて考察し，その結果をワークシートに記入する。		●		●資料から読み取った情報を基に，帝国主義政策がアジア・アフリカに与えた影響について着目し，アジア・アフリカの変化や動向を多面的・多角的に考察している。
第②次 日清・日露戦争	第3時	第②次の課題　課題a「アジアは日清・日露戦争を経て，どのように変化したのだろうか」 課題b「日清・日露戦争は，当時の日本にどのような影響を与えたのだろうか」				
		・課題aについて，日清戦争と台湾の植民地化，各国の中国への進出，三国干渉，ロシアの中国・朝鮮への進出，日露戦争と韓国併合，各国の日清・日露戦争後の政策などを確認する。				
		・当時のアジアの地図等を活用して，日清・日露戦争を経た東アジアの変化，日本と列強諸国との関係，日本とアジア諸国との関係などを捉え，課題aについて資料から読み取ったことをワークシートに記入する。	●			●諸資料から課題の解決につながる情報を適切かつ効果的に読み取っている。
	第4時	・当時の新聞，地域に残る忠魂碑などの戦争遺跡資料等を活用して，当時の日本人の意識やアジアの人々の意識の変化について考察する。				

		・日清・日露戦争の意味や意義について話し合い，課題b について考察し，その結果をワークシートに記入する。		●	●小単元4で学習した国民国家の形成を踏まえ，日清・日露戦争が国内に与えた影響に着目して，日清・日露戦争が与えたアジア，日本への影響や，国内のアジアへのまなざしの変化などについて考察している。
小単元5のまとめ	第5時	小単元5のまとめ 小単元5全体に関わる問い「帝国主義政策は，国際社会にどのような影響を及ぼしたのだろうか」			
		・資料を活用し，当時の日本やアジア，列強の諸状況や列強への対応に関する当時の多様な意見について考察し，その結果を相互に発表する。P.107参照			
		・上記の学習活動を手がかりに，小単元5全体に関わる問いについて，本単元での学習を振り返って考察し，その結果を表現する。		○	○帝国主義政策の特徴，列強間の関係の変容などについて多面的・多角的に考察している。
		・「列強の帝国主義政策とアジア諸国の変容」について文章でまとめる。		○	○列強の帝国主義政策とアジア諸国の変容について理解している。
		・この小単元のはじめに記した「見通し」の記述と比較して，考えが深まった点や視点が広がった点などを各自で確認する。			
		小単元4と小単元5（中項目(3)）の学習を踏まえた，「近代化への問い」との関係の確認			
		・「国民国家と明治維新」（小項目4，小項目5）の学習を終え，小単元1で表現した自身の「近代化への問い」との関係について，新たに気付いたことをワークシートに記入する。		●	●自身の問いについて，立憲体制と国民国家の形成，列強の帝国主義政策とアジア諸国の変容と関連付けて追究しようとしている。

小単元4と小単元5とを合わせて，学習指導要領上の中項目(3)「国民国家と明治維新」の学習が終了する。そのため，二つの小単元の学習と，小単元1で生徒自身が表現した「問い」を関連付けて学習を振り返る場面を設定している（P.95参照）。よって，評価規準にも小単元4の「立憲体制と国民国家の形成」が加えられている。

第3編
事例7

4 観点別学習状況の評価の進め方

（1）「知識・技能」

・第1時，第3時の●印は，主に諸資料から課題の解決につながる様々な情報を適切かつ効果的に読み取る「技能」を確認する場面を表している。

・「小単元のまとめ」の○印は，小単元の冒頭で示した小単元5全体に関わる問いについて，既習の知識を活用しつつ，列強の帝国主義政策とアジア諸国の変容について，概念的に理解できているかについて評価を行う場面を表している。従って，列強の帝国主義政策とアジア諸国の変容について説明できていれば「おおむね満足できる」状況（B）と考えられる。

次の例1は，「小単元5のまとめ」での生徒の記述例であり，第①次と第②次での学習を踏まえ，列強の帝国主義政策が，植民地となったアジア地域の政治，経済，文化の面にまで影響を及ぼしたことを指摘し，それらを概念的な知識として獲得していることが読み取れるため，「おおむね満足できる」状況（B）と考えられる。

例１：「おおむね満足できる」状況（Ｂ）と考えられる生徒の記述例

> 帝国主義政策のもと，植民地となったアジア地域では，政治的な支配や経済的な搾取だけでなく，文化面でも大きな影響を受けた。一方で，近代化への動きが見られたり，民族運動が形成されるようになった。

（２）「思考・判断・表現」

・第２時，第４時の●印は，これまでの学習の成果や資料から収集した情報を基に，事象の展開や背景，原因，結果，影響，などに着目して，多面的・多角的に考察できているかを確認する場面を表している。

例２：「努力を要する」状況と考えられる生徒の記述例

> 植民地となったアジア・アフリカ地域では，インドの綿花のように単一の農作物の栽培やインドシナの石炭など資源の採掘などを強いられた。

例２の記述例は，第２時の●印の場面の記述例であり，植民地支配によるアジア・アフリカ地域の変化について，経済的な影響の視点のみの記述に留まっているため，「努力を要する」状況にあると考えられる。このような場合，歴史の事象には様々な側面があることに気付かせたり，様々な角度から捉えることができるような支援を行ったりすることが大切である。例えば，ウラービー運動の展開を示す資料などの読み取りについて，「なぜ人々は抵抗したのだろうか」と生徒に問いかけることで，近代化や民族の自立に向けた動きが見られるようになったことなど，政治的，文化的な影響にも気付くように促し，再度考察に取り組むようにするといった支援が考えられる。こうした教師の支援によって，次の例３の記述例のように，複数の事象を関連付けてその背景や原因などについて示した記述を行うことができれば，「おおむね満足できる」状況に至っていると考えられる。

例３：支援によって改善した生徒の記述例

> アジア・アフリカ地域では，資源の採掘が強いられるなど支配が強化されたが，一方で，そのことによって，近代化や民族的な団結を目指す動きが促されていく側面も見られた。

・第５時「小単元のまとめ」の〇印は，本単元での学習や資料から収集した情報を基に，帝国主義政策の特徴，列強間の関係の変容などについて多面的・多角的に考察し，その結果を表現しているかどうかを評価する場面を表している。授業におけるワークシートや，比較的長期の学習のまとまりの中で活用する 小単元５全体の「学習の記録用紙」（例） (P. 106 参照) 等の生徒の考察の過程を示す成果物が作成されることが想定されるため，それらを用いて評価を行うことが考えられる。

次の例４の記述例では，第①次で学習した工業化の急速な進展やアジア・アフリカ地域の分割，第②次で学習した日清・日露戦争の影響やアジア・アフリカ地域の変化などを踏まえて，帝国主義政策が国際社会に与えた影響について説明できている。従って，「それまでの学習を踏まえて根拠をもって考察」している記述と評価できるため，「おおむね満足できる」状況（Ｂ）と考えられる。

例４：「おおむね満足できる」状況（Ｂ）と考えられる生徒の記述例

> ヨーロッパ諸国では，第２次産業革命の進展により工業力がとても向上した。こうした国では，原料の輸入先や製品や余った資本の輸出先として植民地を獲得する動きが生まれた。ヨーロッパ諸国は，軍事力を背景にして競い合うようにアフリカやアジア地域に進出して植民地を獲得した。その結果，アフ

リカやアジアは列強により分割されてしまった。植民地となった地域では，工場主・商人などの民族資本家や法律家・教師など知識人が育ち，宗主国から自立する動きが高まった。日本は，日清・日露戦争の勝利により海外への進出を強め，台湾や朝鮮半島を植民地化し，帝国主義国の仲間入りをすることになった。この時期の日本で，一等国意識が形成されたことから考えると，植民地を獲得して領土を広くすることは，世界での自国の地位が高まり，国民の不満をそらすという面があったと考えられる。このように考えると，帝国主義政策は，帝国主義国同士の対立，宗主国と従属国との対立，国内における分断と支配といった影響を世界中に及ぼしており，こうした対立がその後に与えた影響も大きかったと考えられる。

（3）「主体的に学習に取り組む態度」

・第1時の●印は，「帝国主義政策は，国際社会にどのような影響を及ぼしたのだろうか」という 小単元5全体に関わる問い について，中学校での学習やこの科目でのこれまでの学習を踏まえて，見通しをもって学習に取り組もうとしているかを確認する場面を表している。

　例えば，次の**例5**のような記述が見られれば，これまでの学習を踏まえて適切な振り返りを行い，小単元5全体に関わる問い への展望を考えていることが確認できる。

例5：「おおむね満足できる」状況と考えられる生徒の記述例

> 　帝国主義は，産業革命に成功した国が植民地をたくさん持ち，そこから利益を得て軍事力を強化していった。そして，植民地の奪い合いが，その後の戦争の原因となったのではないだろうか。

・第5時の●印は，生徒が小単元1で表現した「近代化への問い」と，小単元4と小単元5の学習内容との関係を確認し，自らの問いについて新たな課題を見いだしたり加わったことなどを踏まえて，自らの問いを改めて捉え直したり，修正が必要だと考えられる点を示したりしていくことで，自身の学習改善を図ろうとしているかについて確認する場面を表している。(P. 95＜生徒が表現した「問い」の活用について＞を参照)。

　例えば，次の**例6**のような記述が見られれば，小単元1で生徒自身が表現した「近代化への問い」と中項目(3)での学習内容とが関係付けられていることが具体的に見られるとともに，今後の学習改善を図ろうとしている状況が確認できる。

例6：「おおむね満足できる」状況と考えられる生徒の記述例

> 　私が最初に表現した問いは，「機械を用いた労働が普及したことで社会はどのように変化したのだろう？」です。関係すると思ったのは，例えば，機械でモノを作るようになると無駄をなくすため，工場でみんなが同じ時間に働く必要が出てきて，学校でも時間の規律が重視されたことなどを学びました。同じように行動する国民が生まれる社会になったと分かったので，関係していると思います。ただ，ここまでで学習した範囲が，政治や経済などいろんな面からだったので，関係していないと思えることも多くありました。次の学習では，結び付きを考えたり世界への影響を意識したりして，学習に取り組みたいと思いました。

　なお，「主体的に学習に取り組む態度」の学習状況の評価については，本事例では「学習改善につなげる評価」（●）のみが示されている。この観点の評価は，「内容のまとまり」（「歴史総合」においては大項目）全体で「評定に用いる評価」（○）を設定しており，その詳細は**事例8**で説明されている。

第3編
事例7

小単元５全体の「学習の記録用紙」（例）と評価の観点

〔小単元５の見通し〕 小単元５全体に関わる問い 「帝国主義政策は，国際社会にどのような影響を及ぼしたのだろうか」について，中学校までの学習や「歴史総合」のこれまでの学習などを踏まえ，見通しを記入しよう。

> 評価の観点：この小単元の導入部の「主体的に学習に取り組む態度」（●）を確認する。
>   すでに学習している範囲の中で，小単元の学習のねらいを確認しつつ，この時点での問いへの考えを記録する。この見通し自体を評価するものではない。課題への展望や適切な振り返りが可能になるための見通しであると同時に，学習に取り組む生徒たちの既存の知識や理解の確認を行い，教師の授業の改善にも資するものとなる。

上の見通しをより明らかにするために必要になると考えられる情報や事柄，課題に取り組む際の視点などについて，考えられることをあげてみよう。

> 評価の観点：この小単元の導入部の「主体的に学習に取り組む態度」（●）を確認する。
>   学習の方法についての見通しを確認する。この見通し自体を評価するものではない。

〔各次の課題のまとめ〕
第①次の課題 課題a 「列強が帝国主義政策をとった理由は何だろうか」 課題b 「植民地獲得競争はどのように進められたのだろうか」について話し合った結果を記入しよう。

> 評価の観点：各次の「知識・技能」（●）を確認する。
>   毎時あるいは数時間ごとにワークシートを収集して学習状況を確認する中で，不十分と考えられる場合には支援を工夫する。

（省略）

第②次の課題 課題b 「日清・日露戦争は，当時の日本にどのような影響を与えたのだろうか」について考察した結果を記入しよう。

> 評価の観点：各次の「思考・判断・表現」（●）を確認する。
>   毎時あるいは数時間ごとにワークシートを収集して学習状況を確認する中で，不十分と考えられる場合には支援を工夫する。

〔小単元５のまとめ〕 小単元５全体に関わる問い 「帝国主義政策は，国際社会にどのような影響を及ぼしたのだろうか」について，各次での課題を踏まえて考察し，記入しよう。

> 評価の観点：第５時（まとめ）の「思考・判断・表現」（○）を評価する。
>   下記の概念的な知識をまとめるに至る根拠や理由について，それまでの学習を踏まえて考察し，適切に表現しているかどうかを評価する。

考察や話合いの結果を踏まえて，「列強の帝国主義政策とアジア諸国の変容」について，まとめ，文章で説明しよう。

> 評価の観点：第５時（まとめ）の「知識・技能」（○）を評価する。
>   第①次から第②次での学習を踏まえ，概念的な知識として理解しているかどうかを評価する。

〔小単元４と小単元５の学習を踏まえた，「近代化への問い」との関係の確認〕 「国民国家と明治維新」の学習を振り返って，次の点を確認してみよう。
・小単元１で表現した自身の「近代化への問い」と，関係すると思ったことはどのようなことだろうか。
・「国民国家と明治維新」の学習を終えて，自身の「問い」について新たに気付いたことや，見直した方がいいと思うことは，どのようなことだろうか。

> 評価の観点：第５時（まとめ）の「主体的に学習に取り組む態度」（●）を確認する。
>   単元の導入部の自らの見通しと比較することで，学習への取り組みや学習方法を振り返り，自己調整を図ろうとしているかを確認する。「主体的に学習に取り組む態度」については，「内容のまとまり」である大項目全体で「評定に用いる評価」（○）を行うため，この場面においては，生徒自身の学習改善が図られているかどうかを確認することがねらいとなる。

＜「小単元のまとめ」に向けた学習活動の工夫＞

　本事例の「指導と評価の計画」第5時での小単元のまとめでは，$\boxed{小単元5全体に関わる問い}$「帝国主義政策は，国際社会にどのような影響を及ぼしたのだろうか」について考察するが，その際，まとめに向かうための学習として，次のような活動が考えられる。

　以下は，第5時「小単元のまとめ」の授業の導入の学習活動である。ここでは，第①次と第②次で学習した，植民地化された地域で生じた議論や帝国主義国側で採られた諸政策が，当時の人々の考えに及ぼした影響について，個別的な知識を総合する適切な資料を活用することで，$\boxed{小単元5全体に関わる問い}$を考察する際の視点を明確にする工夫が図られている。このように，各小単元のまとめの学習においては，小単元のそれまでの学習を踏まえた学習活動を設定するなどして，概念的な考察や理解に進むことを促すための工夫が重要となる。

帝国主義政策の国際社会への影響（中江兆民の『三酔人経綸問答』を教材とした学習の事例）

　中江兆民が明治20年（1887）に著した『三酔人経綸問答』では，当時の国際情勢の中での日本の課題に関して，三人の登場人物がそれぞれ自身の考えを主張している。

【資料①】南海先生による紳士くんの意見の要約	【資料②】南海先生による豪傑くんの意見の要約	【資料③】南海先生自身の意見
紳士くんの意見を要約すれば，民主・平等の制度は様々な制度の中で最も完全で混じりものの無いものであり，万国は遅かれ早かれ必ずこの制度を採用するに違いない。弱小の国は，富国強兵の策など初めから望むべくもないために，いち早くこの最も混じりけのない制度を採用し，海軍・陸軍の軍備を撤廃し，強国の万分の一にも満たない軍備を捨てて，無形の道義の元に学問を盛んにし，国そのものを精緻に彫刻した美術品のように作り上げ，強国がいずれもいつくしむほかはない存在にする。これですね。	豪傑くんの論を要約すれば，ヨーロッパ諸国が軍備の争いに熱中するあまり，いったん破裂に至れば，その災禍はアジアにも及ぶ。このため弱小国は，これを機に大英断を下し，国中の成人男子を招集し，速やかに軍装を整えて大国を侵略し，新たに広大な領土を開拓しなければならない。この英断によって，国内政治をおさめるにも必要となる政策，つまり改革を妨害する古い物好きの元素を排除することが可能になるのだから，外国征服の計画をやめるわけにはいかない，というものでした。	ともかく立憲制度を確立し，上は陛下の尊厳と栄光を，下は民の幸福を確かなものにする。上院下院の二院を設置し上院議員には貴族をあてて世襲とし，下院議員には選挙法を適用して選出する，その詳細は，欧米諸国の現行の憲法について，そのふさわしいものを選んで採用する。このことは，一時に語り尽くせることではありません。外交政策については極めて友好を重んじ，国の威信を損なうことがない限り，決して国威と武力を誇示することをせず，言論，出版，様々な規制は次第に緩やかにし，教育の実施，商工業の活動は，次第に充実を図るなどです。

> 第①次，②次で学習した内容を今回の学習内容と結び付ける発問

学習活動

課題(1)　紳士くん，豪傑くん，南海先生の主張を読み，「帝国主義政策の影響」を探し出そう。

課題(2)　帝国主義をめぐる考え方の違いは，当時の日本の社会にどのような対立を生み出したり，どのような変化をもたらしたりしたのだろうか，他の国ではどうなのだろうか，考えてみよう。

> これまでの学習の視点を広げ，より概念的な考察や理解に向かうことを促す発問

※上記の学習活動の後に，それを手がかりとして，次のような学習につなげることが考えられる。
- $\boxed{小単元5全体に関わる問い}$「帝国主義政策は，国際社会にどのような影響を与えたのだろうか」について各自で考察する。（「思考・判断・表現」（○））
- その結果をグループで話し合う。
- 各自で「列強の帝国主義政策とアジア諸国の変容」についてまとめる。（「知識・技能」（○））

キーワード　「主体的に学習に取り組む態度」の評価の工夫

単元名	内容のまとまり
近代化と現代的な諸課題	B　近代化と私たち (4)　近代化と現代的な諸課題

　本事例は，大項目B「近代化と私たち」の中項目(4)「近代化と現代的な諸課題」の指導と評価の計画である。「歴史総合」B(4)，C(4)はそれぞれの大項目のまとめとして，D(4)は「歴史総合」全体のまとめとして設定されている。本事例は，事例6の「指導と評価の計画」では，小単元6に該当する（小単元の位置付けについては，P.89参照）。

　この中項目の特徴は，現代的な諸課題を歴史的に捉えるための枠組みとして，自由・制限，平等・格差，開発・保全，統合・分化，対立・協調などの観点が例示されていることである。本事例では二つの事例が示され，事例8-1では「平等・格差」，事例8-2では「統合・分化」の観点を取り上げられたものになっている。

　また，二つの事例は，主題の設定においてもそれぞれの単元の設定上の工夫と特徴が示されている。事例8-1は，現代社会においても調整が求められる事柄につながる「近代化の歴史に存在した課題」を考察するように主題が設定されている。一方，事例8-2では，現代的な諸課題を題材として取り上げ，近代の歴史の中にその課題の形成の過程を見いだし「近代化がもたらした現代の課題」を考察するように主題が設定されている。このように，二つの事例では，学習指導要領のこの中項目のねらいを踏まえつつ，多様な主題の追究を通して，「現代的な諸課題の形成に関わる近代化の歴史」を理解できるように，単元における学習の設計の工夫が示されている。

　なお，このような学習の設計の工夫に応じて，単元の評価規準が調整されることにも留意することが大切であり，以下の事例では，「主体的に学習に取り組む態度」に，それぞれの事例の特徴に応じた評価規準の工夫を示している（下記＜「主体的に学習に取り組む態度の評価」の単元の評価規準の作成＞も参照）。

＜「主体的に学習に取り組む態度の評価」の単元の評価規準の作成＞

　評価規準の作成に当たっては，学習指導要領の目標の規定を踏まえ，観点別学習状況の評価の対象とするものについて整理した「評価の観点及びその趣旨」を作成する。その上で，「内容のまとまりごとの評価規準」を作成する。このとき，「知識・技能」や「思考・判断・表現」については，学習指導要領の「2　内容」に示された記述を当てはめ，学習状況として表すことで作成することができる（第1編，第2編参照）。ただし，「主体的に学習に取り組む態度」の観点については，学習指導要領の「2　内容」に関わる事項が示されていないことから，「内容のまとまりごとの評価規準」を作成する際，科目の「評価の観点の趣旨」における「主体的に学習に取り組む態度」を基に作成する。以上の過程で作成された「内容のまとまりごとの評価規準（例）」が，P.161に参考資料として示されている。これを例として，各学校で，それぞれの実態や題材に応じて，単元の評価規準を作成していただきたい（事例6の「単元の評価規準」も参照）。

1　単元の目標

　「平等・格差」の観点から主題を設定し，諸資料を活用して，事象の背景や原因，結果や影響などに着目して，アジア諸国とその他の国や地域の動向を比較したり，相互に関連付けたりするなどして，主題について多面的・多角的に考察し，表現することを通して，現代的な諸課題の形成に関わる近代化の歴史を理解する。その際，自身との関わりを踏まえて「近代化と私たち」の学習を振り返るとともに，次の学習へのつながりを見いだそうとする態度を養う。

2　単元の評価規準

・「知識・技能」，「思考・判断・表現」の評価規準については，本単元と対応する学習指導要領の「内容」の記載を基に作成されている。

・「主体的に学習に取り組む態度」の評価規準については，「内容のまとまりごとの評価規準（例）」（P.161）を基に，この中項目のねらいや指導計画に即して作成されている。また，この観点については，小単元6が大項目Bのまとめに位置付けられるため，「評定に用いる評価」（〇）の場面が設定されていることに注意が必要である。

知識・技能	思考・判断・表現	主体的に学習に取り組む態度
・諸資料を活用して，現代的な諸課題の形成に関わる近代化の歴史を理解している。	・事象の背景や原因，結果や影響などに着目して，アジア諸国とその他の国や地域の動向を比較したり，相互に関連付けたりするなどして，主題について多面的・多角的に考察し，表現している。	・よりよい社会の実現を視野に，自身との関わりを踏まえて「近代化と私たち」の学習を振り返るとともに，次の学習へのつながりを見いだそうとしている。

3　指導と評価の計画（3時間）

　本事例では，大項目A及びBの(1)から(3)までの学習などを基に，「平等・格差」の観点から，主題「工業化がもたらした近代の光と影」を設定した。主題に関連して「産業革命に始まる工業化は人々に何をもたらしたのだろうか」という小単元6全体に関わる問いを設定し，国内や国家間における経済的格差を，「近代化の歴史に存在した課題」として取り上げている。

　イギリス，インド，日本の三カ国の工業化を例に，資本家と労働者の格差や先進工業国と途上国の格差とそれらを是正する動き等，近代化の歴史に存在した課題を考察する。その際，同時代の社会及び人々がそれをどのように受け止め，対処の仕方を講じたのかを，イギリスの自由貿易主義やインド民族主義の発揚，日本の近代化などに関する諸資料を活用して考察する。これらの学習を通じて，現代的な諸課題の形成に関わる近代化の歴史を理解することをねらいとしている。同時代における対処にもかかわらず，工業化がもたらした格差が現在においても対応が求められる課題として残存していることに気付くように，指導を工夫する。また，「近代化と私たち」全体のまとめとして，生徒が自分の表現した問いとの関わりや身の回りの出来事などとの関係を踏まえて学習を振り返るとともに，次の大項目C「国際秩序の変化や大衆化と私たち」へと学びをつなげていくための見通しをもつことができるようにしている。

第3編
事例8

B(4)「近代化と現代的な諸課題」（小単元６）の指導と評価の計画

（○…「評定に用いる評価」，●…「学習改善につなげる評価」）

時	学習活動	評価の観点 知	思	態	評価規準等
	主題「工業化がもたらした近代の光と影」 **小単元６全体に関わる問い**「産業革命に始まる工業化は人々に何をもたらしたのだろうか」				
第1時	**主題や問いに対する見通しをもつ** ・**小単元６全体に関わる問い**「産業革命に始まる工業化は人々に何をもたらしたのだろうか」について考察し，見通しをもつ。 **諸資料を活用して考察する** ・工業化がイギリス，インド，日本にもたらしたものを諸資料から読み取り，整理する。 ・整理した内容を，互いに発表し合い，表にまとめる。	●			●資料を活用し，同時代の社会及び人々がそれをどのように受け止め，対処の仕方を講じたのかを考察している。 ［資料］ ・当時のイギリス，インド，日本の経済を比較する資料 ・イギリス製品の流入がインド手工業に与えた影響など，イギリスとインドについて考察する資料 ・日英修好通商条約など，イギリスと日本について考察する資料 ・日本の変革について海外の反応を考察する資料
第2時	**課題を追究したり，解決したりする** ・諸資料を根拠にして，「平等・格差」の両面から考察し，**小単元６全体に関わる問い**について，イギリス，インド，日本の間で生じた経済的格差の原因や，その格差を埋め平等を実現しようとする思想や行動が生じたことについて，多面的・多角的に考察し，その結果を表現する。 ・単元全体を振り返り，「近代化とは何か」について，自分の言葉でまとめる。 ・**小単元６全体に関わる問い**に対する説明や，「近代化とは何か」についての考えをグループで発表し合い，相互に確認し合う。 ・相互の評価を踏まえて，「近代化とは何か」についての自らの考えを見直したり修正したりして，文章で整理する。	○			○事象の背景や原因，結果や影響などに着目して，アジア諸国とその他の国や地域の動向を比較して，主題について多面的・多角的に考察し，表現している。 【指導上の留意点】以下のような視点を提示し，確認し合うことが考えられる。 ・工業化が人々にもたらした課題に対して，当時の人々の受け止め方や対処の仕方について資料から読み取っている。 ・イギリス，インド，日本の動向を比較したり，相互に関連付けたりしている。 ・工業化が人々にもたらした課題の背景や原因，結果や影響などを説明している。 ・私たちが直面している現代的な課題が，近代化の歴史と関係していることを理解している。 ○現代的な諸課題の形成に関わる近代化の歴史を理解している。
第3時	**学びを振り返る** ・「近代化と私たち」での自身の学習を振り返り，次の学習に向け目標を立てる。 **P.112，ワークシート参照。**			○	○よりよい社会の実現を視野に，自身との関わりを踏まえて「近代化と私たち」の学習を振り返るとともに，次の学習へのつながりを見いだそうとしている。

4　観点別学習状況の評価の進め方

（１）「知識・技能」

・第２時の学習活動「**課題を追究したり，解決したりする**」の○印は，**小単元６全体に関わる問い**「産業革命に始まる工業化は人々に何をもたらしたのだろうか」の考察を踏まえて，現代的な諸課題の形成に関わる近代化の歴史についての理解を評価する場面を表している。

　例１の生徒の記述では，近代化を「欧米中心の産業化」と定義し，国家の形成や政治参加の拡大とともに，「経済格差や人種差別などの現代にまで残る課題」を生み出したことを説明している。現代的な諸課題の形成との関わりから近代化の歴史について理解していると評価できるため，「おおむね満足できる」状況（Ｂ）と考えられる。

例1：「おおむね満足できる」状況（B）と考えられる生徒の記述例

> 近代化とは、国家が統一くされたり、人々の政治参加が始まった一方で、経済格差や人種差別などの現代にまで残る課題も生んでしまった欧米中心の産業化。

（2）「思考・判断・表現」

・第1時の学習活動「諸資料を活用して考察する」の●印は，工業化によってもたらされた格差について同時代の社会及び人々がどのように受け止め，格差を是正し平等を求めようとしたのかについて，諸資料を活用して考察していることを確認する場面を表している。

・第2時の学習活動「課題を追究したり，解決したりする」の○印は，事象の背景や原因，結果や影響などに着目して，アジア諸国とその他の国や地域の動向を比較したり，相互に関連付けたりするなどして，主題「工業化がもたらした近代の光と影」について多面的・多角的に考察し，表現しているかを評価する場面を表している。

　例2の生徒の記述例は，主題を考えるための問いである 小単元6全体に関わる問い 「産業革命に始まる工業化は人々に何をもたらしたのだろうか」に対して表現されたものである。記述例では，工業化に起因する労働問題とそれを是正しようとする動きと，各国の事例を比較したり関連付けたりして，欧米諸国や日本の発展とその影響を受け容易に工業化できなくなったインドといった，各国間の経済格差の形成という側面から近代化の歴史を考察しており，「おおむね満足できる」状況（B）と考えられる。

例2：「おおむね満足できる」状況（B）と考えられる生徒の記述例

> 産業革命に始まる近代化が人々にもたらしたものは2つある。1つ目は、政治への参加だ。工業化によって資本主義が展開していくと、労働に関する様々な問題が生じてきた。人々は、これらの問題に対し、労働組合を結成し運動を始めたり、資本主義のもとでは貧困はなくならないという考え、これを克服する道を探求し生産活動の合理的な共同的な管理を提案する社会主義思想を生み出すなどした。2つ目は、経済格差だ。工業化により、近代化を進めた日本やイギリスなどの国は、経済的に発展し国としての力を強めていった。一方で、インドのような植民地支配されていたりした国は、工業化が遅れ、農業中心だったために、アジア諸国やヨーロッパの国々に遅れをとり、大きな経済格差が生まれてしまうことになった。このように、産業革命による工業化は、人々が政治に参加できるような仕組みが整えられたり、経済の発展が起きた一方で、貧しい国との格差が広がり、現在にも残る国家間の経済格差という問題も生まれてしまった。

（3）「主体的に学習に取り組む態度」

・第3時の学習活動「学びを振り返る」の○印は，この単元「近代化と私たち」について，自身との関わりを踏まえて学習を振り返りを行うとともに，次の学習へのつながりを見いだそうとしているかを評価する場面である（次ページ，例3のワークシートの記述例〔3〕〔4〕を参照）。

　例3のワークシートの記述例では，当初，生徒は近代化を工業の発展として肯定的に捉えていたが，次第に，工業化がもたらした負の側面として経済格差や戦争とのつながりや，現代の貧困の問題の背

第3編
事例8

景となっていることを指摘している。単元の学習を通じて自らの近代化の理解が変容したことを自覚し、「近代化の歴史に存在した課題」が現代まで残存する課題であることが表現されている。また、振り返りを踏まえて学び方の工夫をしようとしているなど、次の学習へのつながりを見いだそうとしている。このように、生徒の記述例では、近代化の歴史に存在した課題を自身との関わりから捉えていること、次の大項目に向けて学び方の工夫をしようとしていることが表現されており、「おおむね満足できる」状況（B）と考えられる。なお、このワークシートでは、「歴史総合」を学ぶ生徒にとって初めての大項目のまとめの活動であることを配慮し、評価の場面となる〔3〕〔4〕の学習活動を導くために、〔1〕〔2〕のような段階を踏まえている。これら〔1〕〔2〕のような振り返りの項目は、「主体的に学習に取り組む態度」を評価するための活動〔3〕〔4〕をよりよく行うためのものであり、生徒の学習の実態に応じて設定することができる。

例3：「おおむね満足できる」状況（B）と考えられる生徒のワークシートの記述例

〔1〕 近代化の歴史に関する自身の学びを振り返り、できた部分とできなかった部分を確認しよう。

□できた部分	□できなかった部分
近代化の歴史を学ぶ中で、現代と結び付けて考えることができ、どのように現代に至ったのか理解が深まった。	歴史を学ぶ中で、登場した人々が行ったことの意図を考えることや、それに対して疑問を持つことができなかった。

〔2〕 近代化の歴史に関して、学ぶ前にもっていた問いと、学んだことにより新たに生み出された問いや予想（仮説）を書いてみよう。

□学ぶ前に持った問い	□学んだことにより新たに生み出された問い
・歴史上の人物がどのように現代を創り上げたのか ・近代化による工業の発展は良いことだけだったのか？	工業化が資本主義と社会主義を生みこれが冷戦につながったと考えると、近代化は世界に戦争を生む原因になったのではないか？

〔3〕 〔1〕や〔2〕を踏まえて、近代化の歴史に関する自分の関心や理解がどのように変わったのか書いてみよう。

近代化とは、工業の発展により、現代まで続く資本主義の確立や、労働者に関する法の制定など良い面ばかりだと思っていた。しかし、それらを別の視点から学んだことで、ヨーロッパの工業化による資本主義の強まりがアジアやアフリカなどのモノカルチャー経済化や工業の遅れに影響を与えているという負の側面にも関心を持つようになった。また、工業化により社会主義思想がうまれ戦争につながったのではないかということも考えるようになり、こうした課題が貧困問題として現代まで続いていることを理解した。

〔4〕 よりよく歴史を学習するために、次にしていきたいことは何か。

歴史上の各国のつながりや、人々の行ったことについて、自分の意見や疑問を持ち、歴史から学び、それをどのように現代へ役立たせるかについて考えていくこと。

「主体的に学習に取り組む態度」（○）の評価に活用（〔3〕〔4〕を活用）

・〔3〕は「近代化と私たち」における学習を振り返り、近代化の歴史について、現代の自分自身との関わりから捉えているかを評価する。この生徒の記述は、単元の学習を通じて、自身の近代化についての認識の変容を自覚しており、近代化がもたらした工業化を、現代の課題でもある貧困（経済格差）と結び付けようとしていると評価できる。

・〔4〕は学習の振り返りを通して、次の学習に生かそうとしているかを評価する。この生徒の記述は、振り返りを踏まえ新たな学習の目標を立て、学び方の工夫をしようとしていると評価できる。

第3編
事例8

－ 112 －

1　単元の目標

　「統合・分化」の観点から主題を設定し，諸資料を活用して，事象の背景や原因，結果や影響などに着目して，アジア諸国とその他の国や地域の動向を比較したり，相互に関連付けたりするなどして，主題について多面的・多角的に考察し，表現することを通して，現代的な諸課題の形成に関わる近代化の歴史を理解する。その際，自身との関わりを踏まえて，近代化がもたらした現代の課題について，よりよい社会の実現を視野に，主体的に追究しようとする態度を養う。

2　単元の評価規準

・「知識・技能」「思考・判断・表現」の評価規準の作成については，事例8-1と同様に進められる。
・「主体的に学習に取り組む態度」の評価規準の作成については，事例8-2では，現代的な諸課題を題材として取り上げ，近代の歴史の中にその課題の形成の過程を見いだし「近代化がもたらした現代の課題」を考察するように主題が設定されているため，「よりよい社会の実現を視野に，…現代の課題について，主体的に追究しようとしている。」としており，自身の学習の調整に加え，現代の課題について主体的に追究しようとしているかどうかが評価規準に含まれている。

知識・技能	思考・判断・表現	主体的に学習に取り組む態度
・諸資料を活用して，現代的な諸課題の形成に関わる近代化の歴史を理解している。	・事象の背景や原因，結果や影響などに着目して，アジア諸国とその他の国や地域の動向を比較したり，相互に関連付けたりするなどして，主題について多面的・多角的に考察し，表現している。	・よりよい社会の実現を視野に，自身との関わりを踏まえて，近代化がもたらした現代の課題について，主体的に追究しようとしている。

3　指導と評価の計画（2時間）

　本事例では，「統合・分化」の観点から，主題「国境による国民統合と地域の分化」を設定した。主題に関連して「なぜ国境は管理されてきたのか」「どのような時に国境管理は緩められたり，強められたりしてきたのか」などの問いを設定し，国境管理をめぐる「統合・分化」を近代化がもたらした現代の諸課題として取り上げている。

　第1時では，現代の国境管理などに関する身近な話題から学習への関心を高め，国境管理が現代の課題となっていることを把握する。その後，「なぜ国境は管理されてきたのか」という問いに対して，大項目A及びBの（1）から（3）の学習などを基に，パスポートが国家主権を象徴し，国民統合の手段の一つとして機能したことや，複数の種類のイギリスのパスポートが帝国域内での人口移動を生み出したことについて考察する。それにより，国境管理の背景と影響について理解することをねらいとしている。

　第2時では，「歴史的にどのような時に国境管理が緩められたり，強められたりしてきたのか」という問いに対して，これまでの学習を踏まえて予想を立て，ヨーロッパの事例から予想を確認し，現在の世界における国境管理の現状について考えることを通して，現在の社会における統合・分化に関する諸課題や，学習したことと自分たちとがどのように関わりがあるかについて考察する。それにより，近代化がもたらした現代の課題について，よりよい社会の実現に向けた自身の考えをもつことができるようになることをねらいとしている。

B（4）「近代化と現代的な諸課題」（小単元６）の指導と評価の計画

（○…「評定に用いる評価」，●…「学習改善につなげる評価」）

時	学習活動	評価の観点 知	思	態	評価規準等
第1時	**主題「国境による国民統合と地域の分化」** **第1時の問い「なぜ国境は管理されてきたのか」** **現代の課題としての国境管理** ・感染症の拡大に伴う国境管理のニュースなどから感じたことを述べ合う。 ・どのような時に国境管理が強化・緩和されるのかについて，予想する。 ・国境管理が，国民の統合に寄与すると同時に，地域の分化にも影響していることに気付かせ，「なぜ国境は管理されてきたのか」という問いについて，これまでの学びの中から，国境の管理を考える上で有用だと思われる事柄について考える。 **近代化の歴史の追究（1）** ・日本においてパスポートが導入された時期や理由を予想する。 ・パスポートの歴史について，既習事項の確認を交えて学習する（主権国家体制，フランス革命，日本の開国など）。 **近代化の歴史の追究（2）** ・イギリスの新パスポートと現パスポートを比べ，気付いたことを話し合う。 ・5種類のイギリスパスポート（イギリス市民，イギリス海外領市民，イギリス臣民，イギリス国民(海外)，イギリス保護民）の存在を写真等の資料で確認し，複数の種類の「イギリス」パスポートがある背景を，これまでの学習から推測する。		●		資料 日本からEU圏への入国制限について報じた新聞記事 欧州連合(EU)は 27 日，域外からの渡航を受け入れるリストから，日本を除外する方針を決めた。日本から EU への不要不急の渡航は原則禁止される。日本での新型コロナウイルスの感染者数が増えていることが理由だ。 資料 日本最初のパスポート（1866 年 10 月 17 日発行） 「帝国一座」座長 隅田川浪五郎 宛 書面のものがイギリス人グラントの小使として同国を訪れたい旨願い出たため，この証書を与えるので，途中いずれの国においても障害なく通行させ，緊急の事態が起きた際には保護するよう該当国の役人へ依頼致します。 資料 パスポートによる管理を強化することを求めるフランス革命期の立法委員会の勧告 もし旅行者が誠実ならば，彼のパスポートは彼にとって有益な書類になり，好印象をもたらそう。もし旅行者が誠実でないのならば，王国中でパスポートによって彼を監視下におく必要がある。…(パスポートと自治体登録の)この対応によって，パスポートに関する法律は，国家の安全のためにとられた他のすべての措置を補完するものとなるだろう。 ●B（1）から（3）（小単元１から５）の帝国主義政策と植民地化の進展についての学習を活用し，帝国の域内などでの人口移動を生み出したこととパスポートの関係について統合・分化の観点から考察し，表現している。 資料 香港市民が持つイギリスのパスポートについて報じた新聞記事 中国外務省は 23 日，香港市民が持つ「英国海外市民（BNO）旅券」について「有効な旅券として認めない」と表明した。英政府が香港市民に特別ビザ（査証）を与える方針を決めたことへの対抗措置。
第2時	**第2時の問い「歴史的にどのような時に国境管理が緩められたり，強められたりしてきたのか」** **国境管理をめぐる統合・分化に関する諸問題についての自分自身の考えを整理しよう。** **近代化の歴史の追究（3）** ・前時の学習を踏まえ，国境管理の背景と影響について，これまでの学習を整理し説明する。 **近代化の歴史の追究（4）** ・ヨーロッパにおいて，どのような時に国境管理が緩められ，どのような時に強められてきたのかについて考察する。 ・最近の出来事や国境管理の歴史について，既習事項についての知識を活用して意見を出し合う。 ・資料から読み取れることについて話し合う。	●		○	●国境による地域の分化と国境内の国民統合について，パスポートに求められた役割とその成立背景から，統合・分化の観点に関わる近代化の歴史について理解している。 ○国家にとっての国境管理の強化と緩和の意義について，事例を基に多面的・多角的に考察，表現している。 資料 スイスバーゼル州の 1862 年の報告より （鉄道や通信の発達により）旅行者が，長距離を高速で移動した後にようやく滞在する傾向が強まり，ほんの少し移動するたびにその書類に査証を与えることができない状況では，パスポートは本来の価値を失い，地方の身分証明書や通行証などと同様に，単なる身分確認の書類となった。さらにいえば，パスポートの管理に責任を負うべき職員が発見できたことはほとんど何もなかった。 1860 年代のドイツの新聞より われわれは第一に，ドイツともっとも密接な問題として，ひとつの祖国をドイツ人のために創ることになる。われわれは，われわれの土地で豊かに育つ強さと能力あるひとびとを保持し続ける。さらに，われわれの連邦においてその福利や名誉や力に寄与できる，あるいはそう欲している強さと能力のある人びとを，他の国民から引き離すのだ。移動の自由によって，われわれは公共心と国民精神，福利と満足を生みだすのである。 （ジョン・トービー著藤川隆男訳『パスポートの発明』）

学習の整理	○		○これまでの学びを踏まえて，統合・分化の観点から国境管理という近代化の歴史に関する事象を国民統合やシチズンシップなど概念的な知識に結び付けて理解している。
・国境管理が緩和されたり，強められたりするのはどのような場合かについて，「国民統合」や「シチズンシップ」などの概念的な言葉でこれまでの学習を整理し説明する。			
現代の課題の考察		○	○よりよい社会の実現を視野に，自身との関わりを踏まえて，近代化がもたらした現代の課題について，主体的に追究しようとしている。
・現在の世界において，国境の管理について，どのような課題があるだろうか。また，その課題について自分がどのように考えているかについて考えを表現する。			

4 観点別学習状況の評価の進め方

（1）「知識・技能」

・第2時の●印は，なぜ国境が管理されてきたのかについて，パスポートが誕生した背景と近代化の歴史を結び付けて捉え，これまでの学習内容を振り返るとともに国境管理の背景と影響について理解しているかどうかをワークシート等から確認する場面を表している。

・第2時の○印は，それまでの学習での日本やヨーロッパなどの地域や，フランス革命などの時期を限った問いや視点を一般化（概念化）し，国境管理の歴史的な意義に結び付けて説明する課題に取り組む場面を表している。

　次の例4は，第2時の○印の場面での生徒の記述例であり，管理の緩和の側面について，経済への着目や地域統合などの概念と結び付けて記述していると評価できるため，「おおむね満足できる」状況（B）と考えられる。

例4：「おおむね満足できる」状況（B）と考えられる生徒の記述例

> 　国民国家の形成に合わせて，他国（他民族）と自国の境界を明確にする必要性から国境が生まれ，戦争などの国家間の対立時には管理が厳しく，逆に国家間で経済・政治的な協力が強まると人やモノの動きを活発にするために管理が弱まる。

（2）「思考・判断・表現」

・第1時の●印は，イギリスの複数のパスポートを比較する活動の中で，生徒が帝国主義政策と植民地化の進展についての大項目Bのこれまでの学習を活用し，帝国の域内などでの人口移動を生み出したこととパスポートの導入との関係について，「統合・分化」の観点から考察し，表現しているかどうかを確認する場面を表している。

・第2時の○印は，第1時で学習したパスポートの歴史について振り返り，管理の緩和の歴史について，これまでの学習を踏まえて予想を立てた後，ヨーロッパやアメリカの事例を比較したり，相互に関連付けたりするなどして，多面的・多角的に考察し，表現しているかどうかを評価する場面を表している。

　次の例5は，第2時の○印の場面での生徒の記述例であり，資料に基づき，物流や国外からの人材の確保に言及しており，複数の資料を解釈し，時代状況を踏まえて緩和と強化の両面を考察・表現できているため，「おおむね満足できる」状況（B）と考えられる。

例5：「おおむね満足できる」状況（B）と考えられる生徒の記述例

> 資料からは鉄道の発達に国境管理が邪魔になっていることが分かる。一方で，ドイツを含むヨーロッパの国々が国境管理を強めた時期は第一次世界大戦と重なっているので，戦争など国家間の緊張が高まることが国境管理を強めることにつながるのではないか。

（3）「主体的に学習に取り組む態度」

・第2時の○印は，これまでの学習を基に，国際分業の進展や地域統合の動揺，難民や感染症など，現在の世界が抱える「統合・分化」をめぐる「近代化がもたらした現代の課題」について，よりよい社会の実現を視野に，自身との関わりを踏まえて，意見を形成しようとしているかを評価する場面を表している。

　次の**例6**の記述例は，これまでの学びを生かし，「帝国主義」や「植民地」などの概念から，「統合・分化」に関わる課題を見いだしており，過去の出来事と現在の日本の在り方や自身の関わりを結び付け，よりよい社会の実現に向けた自分の意見を形成しており，「おおむね満足できる」状況（B）と考えられる。

例6：「おおむね満足できる」状況（B）と考えられる生徒の記述例

> 帝国主義が台頭していた時代に，主にアフリカ諸国に植民地として人為的に国境がひかれ，民族が分断されたが，国境の力が強力なせいで現在もその線を継承しており，民族紛争が絶えないという課題がある。これは，日本のような「第三者」の国が仲介役として適切であり，私たちが今後関わるべき国際問題として注目する意義がある。

　また，次の**例7**の記述例は，「民族」「宗教」などの概念から「統合・分化」に関わる課題を見いだし，これまでの学びを生かそうとしている状況を確認することができるものの，自身との関わりが不明確な意見となっており，「努力を要する状況」（C）と考えられる。そのため，今後の学習に向けて，学習内容を自身との関わりからも考えることができるように促していくことが必要である。

例7：「努力を要する」状況（C）と考えられる生徒の記述例

> 考え方や文化が同じでも，国境という線によって異なる法の下で生活しなければならない人がいる。宗教をめぐる対立による内戦につながりかねないため，社会的に大きな影響がある。

単元名	内容のまとまり
近世の日本と世界	C　近世の日本と世界 (1) 近世への転換と歴史的環境　(2) 歴史資料と近世の展望 (3) 近世の国家・社会の展開と画期（歴史の解釈，説明，論述）

1　単元の目標

・近世の日本と世界の展開に関わる諸事象について，地理的条件や世界の歴史と関連付けながら総合的に捉えて理解するとともに，諸資料から，近世の日本と世界に関する様々な情報を適切かつ効果的に調べまとめる技能を身に付けるようにする。

・近世の日本と世界の展開に関わる事象の意味や意義，伝統と文化の特色などを，時期や年代，推移，比較，相互の関連や現在とのつながりなどに着目して，概念などを活用して多面的・多角的に考察する力や，考察したことを効果的に説明したり，それらを基に議論したりする力を養う。

・近世の日本と世界の展開に関わる諸事象について，よりよい社会の実現を視野に課題を主体的に追究しようとする態度を養う。

2　単元の評価規準

　ここでは「日本史探究」の基本的な学習の構造に即した評価規準の設定を行う際の手順を，C「近世の日本と世界」を事例に示すこととする。

　「日本史探究」大項目A，B及びCは，それぞれ三つの中項目で構成されている。これらは，「歴史総合」と同様に，大項目が「内容のまとまり」となる。単元の評価規準の作成においては，「巻末資料」として後掲する「内容のまとまりごとの評価規準(例)」(P.165 参照)が基本形となるが，「技能」や「主体的に学習に取り組む態度」の評価規準については，「内容のまとまりごとの評価規準(例)」では省略されていたり，抽象的に示されていたりしているため，学習活動に即して，より具体的な評価規準を加えている。また，学習指導要領の趣旨を踏まえ，大項目Cの「まとめ」の学習を想定し，「思考・判断・表現」の評価規準を加えている。（下記C「近世の日本と世界」を事例とした「単元の評価規準」の下線部分参照）。

第3編 事例9

C「近世の日本と世界」を事例とした「単元の評価規準」

知識・技能	思考・判断・表現	主体的に学習に取り組む態度
・織豊政権の政治・経済政策，貿易や対外関係などを基に，諸資料から歴史に関する様々な情報を適切かつ効果的に調べまとめ，中世から近世への時代の転換を理解している。	・村落や都市の支配の変化，アジア各地やヨーロッパ諸国との交流の影響などに着目して，中世から近世の国家・社会の変容を多面的・多角的に考察し，表現している。 ・時代の転換に着目して，近世の特色について多面的・多角的に考察し，時代を通観する問いを表現している。	・近世の日本と世界に関わる諸事象について，見通しをもって学習に取り組み，課題を追究しようとしている。
・近世の特色を示す適切な歴史資料を基に，資料から歴史に関わる情報を収集し，読み取っている。	・歴史資料の特性を踏まえ，資料を通して読み取れる情報から，近世の特色について多面的・多角的に考察し，仮説を表現している。	・近世の日本と世界に関わる諸事象について，見通しをもって学

・法や制度による支配秩序の形成と身分制、貿易の統制と対外関係、技術の向上と開発の進展、学問・文化の発展などを基に、<u>諸資料から歴史に関する様々な情報を適切かつ効果的に調べまとめ、</u>幕藩体制の確立、近世の社会と文化の特色を理解している。 ・産業の発達、飢饉や一揆の発生、幕府政治の動揺と諸藩の動向、学問・思想の展開、庶民の生活と文化などを基に、<u>諸資料から歴史に関する様々な情報を適切かつ効果的に調べまとめ、</u>幕藩体制の変容、近世の庶民の生活と文化の特色、近代化の基盤の形成を理解している。	・織豊政権との類似と相違、アジアの国際情勢の変化、交通・流通の発達、都市の発達と文化の担い手との関係などに着目して、主題を基に、近世の国家・社会の展開について、事象の意味や意義、関係性などを多面的・多角的に考察し、歴史に関わる諸事象の解釈や歴史の画期などを、根拠を示して表現している。 ・社会・経済の仕組みの変化、幕府や諸藩の政策の変化、国際情勢の変化と影響、政治・経済と文化との関係などに着目して、主題を基に、近世の国家・社会の変容について、事象の意味や意義、関係性などを多面的・多角的に考察し、歴史に関わる諸事象の解釈や歴史の画期などを、根拠を示して表現している。 ・「近世の日本と世界」の学習で表現した問いや仮説を踏まえて、近世の特色について多面的・多角的に考察するとともに、近代への展望について表現している。	習に取り組もうとし、<u>学習を振り返りながら</u>課題を追究しようとしている。 ・よりよい社会の実現を視野に、<u>自身との関わりを踏まえて学習を振り返るとともに、次の学習へのつながりを見いだそうとしている。</u>

3 「内容のまとまり」を踏まえた指導と評価の計画

中項目(1)は、時代の転換を歴史的環境から考察して生徒が問いを表現する学習、(2)は諸資料を活用して近世の特色についての仮説を表現する学習、(3)は主題を設定して、事象の意味や意義、関係性などを考察し、歴史に関わる諸事象の解釈や歴史の画期を表現する学習である。

単元の指導と評価の計画は、「2　単元の評価規準」で示したように、大項目の目標を踏まえ、「内容のまとまりごとの評価規準(例)」を基に作成することとなるが、「日本史探究」の大項目の学習は長期にわたる単元構成となるため、その中に設定する「小単元」などによって、適宜、生徒の学習状況を確認し、評価を行う場面を設定することが大切である。学習指導要領の大項目Cの記載と、本事例における単元構成を対照させると以下の図のようになる。

図　大項目の学習の構造（C「近世の日本と世界」の場合）

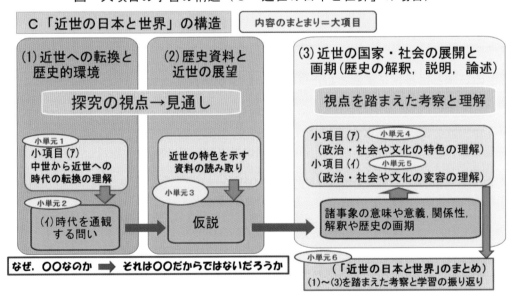

学習指導要領では，大項目Ａ，Ｂ，Ｃの中項目(1)から(3)には，それぞれ小項目が設定されており，これらが以下の指導計画の小単元１から小単元５と対応している。なお，学習指導要領に項目としては示されていないが，その趣旨を踏まえ，本事例では小単元６を大項目Ｃのまとめとして設定している。また，各小単元では，学習内容に応じて，１時間から数時間の複数の「次」が設定されている。

Ｃ「近世の日本と世界」の指導と評価の計画 （○…「評定に用いる評価」，●…「学習改善につなげる評価」）

中項目	小単元	学習活動	知	思	態	評価規準等
(1) 近世への転換と歴史的環境		【小単元１，２のねらい】織豊政権の成立前後からの歴史の展開と歴史的環境を関連付けて時代の転換を理解し，近世の特色について多面的・多角的に考察し，時代を通観する問いを表現する。 課題「時代の転換に着目して近世の特色について考察し，時代を通観する問いを表現しよう」				
	小単元１	第①次　織豊政権の政治・経済政策 課題a「太閤検地や刀狩りの目的は何か，その背景や影響は何だろうか」について，織豊政権の諸政策の目的などから，それらの諸政策が果たした役割などを考察し，その結果を表現する。	●			●資料から学習上の課題につながる情報を適切かつ効果的に読み取っている。
		第②次　貿易や対外関係 課題b「国際環境の変化と織豊政権の対外政策が国内にもたらした影響は何だろうか」について，ヨーロッパ諸国の進出がアジアに与えた影響，日本と他のアジア諸国，諸地域，アジア内の国家間の関係の変化，国内の社会・文化の変容などを考察し，その結果を表現する。			●	● 課題a , 課題b について，村落・都市の支配の変化，アジア各地やヨーロッパ諸国との交流の影響などに着目して考察し，その結果を表現している。
		第③次　小単元１のまとめ ・中世から近世への国家・社会の変容を考察して，その結果をまとめる。	○	○		○ 小単元１のまとめ について，多面的・多角的に考察し，その結果を表現している。 ○中学校の学習や「中世の日本と世界」の学習，この小単元の第①次，第②次の学習を踏まえて，中世から近世への時代の転換を理解している。
	小単元２	第①次　時代を通観する問いの表現 ・興味・関心をもったこと，疑問に思ったことを基に，近世の特色を追究するための問いの形に表現する。		●		●時代の転換に着目して，近世の特色について，多面的・多角的に考察し，時代を通観する問いを表現している。
		小単元２「時代を通観する問い」については，小単元１の時代の転換の学習を踏まえた問いとなっているかどうかを確認する。				
(2) 歴史資料と近世の展望	小単元３	【小単元３のねらい】資料から情報を収集して読み取る技能を身に付けるとともに，読み取った情報から近世の特色についての仮説を表現することを通じて，見通しをもった学習を展開できるようにする。 課題「資料を通して読み取れる情報から近世の特色について考察し，仮説を表現しよう」				
		第①次　外交政策と幕藩体制 課題a 幕府の法令などを基にした外交や外交政策に関わる資料を基に，「江戸幕府が対外的な人の交流を制限したのはなぜだろうか」「江戸時代前期の外交政策の推移と宗教政策は幕藩体制維持にどのような役割を果たしたのか」について考察し，話し合った結果を表現する。	○		●	○近世の特色を示す資料から歴史に関わる情報を収集し，読み取る技能を身に付けている。 ● 課題a について，江戸時代前期の外交政策の推移と，宗教政策が幕藩体制維持に果たし

た役割とを関連付けて考察し，その結果を表現している。

第②次　仮説の表現
課題b 小単元2の第①次の「時代を通観する問い」について，小単元3の第①次の考察の結果を踏まえ，近世の特色についての仮説を表現する。

● ●課題b について，資料を通して読み取れる情報から，近世の特色について多面的・多角的に考察し，仮説を表現している。

> ここでは「仮説の表現」を「思考・判断・表現」（●）にしているが，学校の状況に応じて，○とすることも可能である。「仮説」については，近世の特色を見通すことができているかどうかを確認する。

● ●「近世の日本と世界」に対する学習の見通しをもって，近世の特色について明らかにしようとしている。

(3) 近世の国家・社会の展開と画期

小単元4

【小単元4のねらい】織豊政権との類似と相違，アジアの国際情勢の変化，交通・流通の発達，都市の発達と文化の担い手との関係などに着目して，主題を設定し，近世の国家・社会の展開について，事象の意味や意義，関係性などを多面的・多角的に考察し，歴史に関わる諸事象の解釈や歴史の画期などを根拠を示して表現することを通して，幕藩体制の確立，近世の社会と文化の特色を理解する。
主題 「幕藩体制の確立と長期安定の背景」

小単元4の学習の見通し
・近世の特色について立てた仮説やこれまでの学習などを踏まえて，小単元4全体に関わる問い「幕藩体制が確立し，長い間維持されたのはなぜだろうか」について考察し，その結果を表現する。

● ●小単元4全体に関わる問いを踏まえて，見通しをもって学習に取り組もうとしている。

> 小単元4，5では，その導入時に小単元4全体に関わる問いを一度考えてみることで，学習の見通しをもつようにする（後掲，ワークシート1参照）。

★補足1 123ページ参照

第①次　法や制度による支配秩序の形成と身分制
課題a 「江戸幕府はどのように全国を統治したのだろうか，それは織豊政権の統治とどのような違いがあるのか」について，諸資料を活用して確認し，説明などを踏まえてその結果を表現する。

● ●課題a について，複数の資料を活用し，学習上の課題につながる情報を適切かつ効果的に読み取っている。

課題b 「戦乱がなくなったことが人々の生活や社会にどのような影響を与えたのだろうか」について，諸資料を活用して考察し，話し合った結果を表現する。
課題c 「幕藩体制の確立の過程で，あなたが最も重要な意味をもつと考える出来事は何か」について，諸資料を活用して考察し，話し合った結果を表現する。

> 各「次」の学習の到達点として課題c を取り上げて，「知・技」「思・判・表」の●評価に活用することも考えられる（後掲，ワークシート2参照）。

● ●課題b，c について，織豊政権との類似と相違などに着目して考察し，その結果を表現している。

第②次　貿易の統制と対外関係
課題a 「ヨーロッパ諸国やアジア各地が相互に交流するなかで，日本はどのような影響を受けただろうか」「江戸幕府はどのような外交政策を展開したのだろうか」について，諸資料を活用して確認し，説明などを踏まえてその結果を表現する。

● ●課題a について，複数の資料を活用し，学習上の課題につながる情報を適切かつ効果的に読み取っている。

課題b 「江戸幕府はなぜ，貿易を統制する必要性を感じたのであろうか」について，諸資料を活用して考察し，話し合った結果を表現する。
課題c 「江戸時代の日本は国を閉ざしていたと評価すべきだろうか，それとも他にどのような評価が考えられるだろうか」について，諸資料を活用して考察し，話し合った結果を表現する。

● ●課題b，c について，アジアの国際情勢の変化などに着目して考察し，その結果を表現している。

第③次　技術の向上と開発の進展
課題a 「近世前半に，どのような産業がどのように発達し

● ●課題a について，複数の資料を活用し，学習上の課題につ

第3編
事例9

		たのだろうか」について，諸資料を活用して確認し，説明などを踏まえてその結果を表現する。 課題 b 「なぜ，近世の初頭に耕地面積の増大と生産力の向上が起こったのだろうか」について，諸資料を活用して考察し，話し合った結果を表現する。 課題 c 「人々の暮らしの安定に最も影響を与えた産業面・経済面の変化は何だと考えるか，それはなぜか」について，諸資料を活用して考察し，その結果を表現する。		●	ながる情報を適切かつ効果的に読み取っている。 ●課題 b ， c について，交通・流通の発達などに着目して考察し，その結果を表現している。

第④次　学問・文化の発展
課題 a 「近世前半の学問や文化にはどのような特徴があるだろうか」について，諸資料を活用して確認し，説明などを踏まえてその結果を表現する。　　●

●課題 a について，複数の資料を活用し，学習上の課題につながる情報を適切かつ効果的に読み取っている。

課題 b 「近世前半における文化の担い手と幕府の政策にはどのような関係性があるだろうか」について，諸資料を活用して考察し，話し合った結果を表現する。

課題 c 「文化の担い手が変化した背景として，あなたが最も重要だと思うことは何か，それはなぜか」について，諸資料を活用して考察し，その結果を表現する。　　●

●課題 b ， c について，都市の発達と文化の担い手などに着目して考察し，その結果を表現している。

第⑤次　小単元4のまとめ
・各次の学習内容を踏まえて，小単元4全体に関わる問い「幕藩体制が確立し，長い間維持されたのはなぜだろうか」について諸資料を活用して考察し，その結果を表現する。　　○

○織豊政権との類似と相違，アジアの国際情勢の変化，交通・流通の発達，都市の発達と文化の担い手などに着目して，小単元4全体に関わる問いについて考察し，結果を表現している。

○「幕藩体制の確立，近世の社会と文化の特色」について理解している。

・小単元3で表現した「仮説」を踏まえて，小単元4の学習を振り返る。　　●

●自身の学習について振り返り，調整しようとしている。

小単元5

【小単元5のねらい】社会・経済の仕組みの変化，幕府や諸藩の政策の変化，国際情勢の変化と影響，政治・経済と文化との関係などに着目して，主題を設定し，近世の国家・社会の変容について，事象の意味や意義，関係性などを多面的・多角的に考察し，歴史に関わる諸事象の解釈や歴史の画期などを根拠を示して表現することを通して，幕藩体制の変容，近世の庶民の生活と文化の特色，近代化の基盤の形成を理解する。

（省略）

小単元6　大項目のまとめ

【小単元6のねらい】「近世の日本と世界」を振り返り，近世の特色についてまとめ，近代の学習につなげる。

<課題1>
・小単元2で表現した「時代を通観する問い」，及び小単元3で表現した「仮説」について改めて考察し，小単元4，5の学習を踏まえて近世の特色についてまとめるとともに，近代へのつながりについて考察し，その結果を表現する。　　○

○「近世の日本と世界」の学習で表現した問いや仮説を踏まえて，近世の特色について多面的・多角的に考察するとともに，近代へのつながりについて考察し，表現している。

<課題2>
・これまでの学習を振り返り，新たに加わった視点や理解が深まったと考えられる点，次の学習へのつながりについて，その結果を表現する。　　○

○「近世の日本と世界」における学習の経緯について，自身との関わりを踏まえて振り返るとともに，次の学習へのつながりを見いだそうとしている。

★補足2　125ページ参照

第3編
事例9

4　観点別学習状況の評価の進め方

　「日本史探究」の科目構造の特色の一つは，中項目(1)で時代を通観する問いを，(2)で資料を基に時代の特色についての仮説を表現することで，(3)の学習の展望をもつことを促す点である。従って，時代を通観する問いや仮説を表現することは，その後の探究に向けた見通しである点に留意して，評価の計画を設定することが大切である。

（1）「知識・技能」

・各「次」の●印は，「技能」を確認する場面を表している。課題を踏まえ，「必要な情報を収集しているか」「情報を『見方・考え方』を働かせて読み取っているか」「読み取った情報を学習の課題の解決に向けてまとめているか」などについて確認することが大切である（資料活用の技能については，93ページの解説を参照）。

・小単元3の○印は，「資料から情報を収集して読み取る技能を身に付けているか」について「評定に用いる評価」を行う場面を表している。

・小単元1の第③次，小単元4の第⑤次の，「小単元のまとめ」の○印は，各小単元の学習課題について，概念的な知識が獲得されていることが評価の対象となることを表している。また，上記の●「技能」と合わせて評価することにも留意する。

（2）「思考・判断・表現」

・各「次」の●印は，小単元の学習課題について，「歴史的な見方・考え方」を働かせて考察できているかを確認する場面を表している。

・小単元1の第③次，小単元4の第⑤次の○印は，それまでの学習内容を踏まえて小単元の学習課題について考察した結果を評価することを表している（P.124を参照）。

・小単元6「大項目のまとめ」の○印は，近世を通観する問いや仮説を踏まえて，近世の特色について多面的・多角的に考察するとともに，近代への展望について表現しているかについて，評価する場面を表している（P.126を参照）。

（3）「主体的に学習に取り組む態度」

　この観点については，毎回の授業や小単元に相当するような数時間の中ではなく，ある程度長い区切りの中でその成果を評価することが考えられる。従って，大項目（「内容のまとまり」）を基本に評価場面を設定している。

・小単元3の●印は，大項目Bの学習に見通しをもって取り組み，小単元2で表現した「時代を通観する問い」を踏まえて小単元3の「仮説」を表現することを通して，近世の特色について明らかにしようとしているかを確認する場面を表している。

・「小単元4」の導入の●印は，「小単元4全体に関わる問い」について考察してみることを通して，この小単元の学習に見通しをもって取り組もうとしているかを確認する場面である。

・「小単元4のまとめ」の「次」の●印は，生徒が表現した「仮説」を踏まえて，小単元4の学習の過程を振り返り，学びを調整しようとしているかを確認する場面である（後掲の 補足1 参照）。

・小単元6「大項目のまとめ」の○印は，生徒が小単元2で表現した問いを踏まえ，大項目全体の学習状況を振り返り，自己の学びを確認したり調整しようとしたり，次の学習へのつながりを見いだそうとしたりしていることなどについて，評価を行うことが考えられる（P.126参照）。

　以下は，120ページの「指導と評価の計画」小単元4を想定したワークシート例と生徒の記述例である。

小単元4の第①次から第④次のワークシート例と，評価における留意点

　次のワークシート1は，小単元4の第①次から第④次までの各「次」の学習終了時の記入を想定したものである。「指導と評価の計画」の各「次」には，課題a（事象の推移や展開を考察し，理解を促すための問い），課題b（事象の意味や意義，関係性などを考察し理解を促すための問い），課題c（諸事象の解釈や画期を考察し表現するための問い）が示されている。aからcの段階的な課題（問い）は，一連の学習のつながりをもって構成されているため，このワークシートでは，各「次」の学習の到達点として，課題cについて記述欄を設けている。各「次」ごとの記述には，生徒が自身の考察の結果とその根拠，さらにはグループの中で他の生徒の意見を聞き，それを再構成していく過程を見ることができる。そのため，「知識・技能」や「思考・判断・表現」の「学習改善につなげる評価」（●）を確認することができる。

ワークシート1

〔主題〕　　　　　　　　　　　　「幕藩体制の確立と長期安定の背景」
〔小単元4全体に関わる問い〕　　「幕藩体制が確立し，長い間維持されたのはなぜだろうか」

・〔見通し〕上の問いについて考えてみよう。「幕藩体制が確立し，長い間維持されたのは……からではないか？」
　江戸幕府が強い支配権を握り，他の大名たちがそれに従っていたからではないか。

〔各次の学習の成果〕

次	課題cに対する答え
①秩序や制度の形成による身分支配	・幕藩体制の確立の過程で，最も重要な意味をもつと考える出来事は……である。「武家諸法度（寛永令）」などの法で大名を厳しく統制したことである。 ・根拠は？ 　参勤交代や大船建造の禁止などが定められ，違反した場合は改易されるなど，諸大名が幕府に対抗できないようにすることで幕藩体制が安定したと思う。 ・〔意見交換後の捉え直し〕 　武士だけでなく朝廷や公家，寺社に対しても法で厳しく統制することで，権力が分散するのを防ごうとしたことが分かった。また，百姓や町人などが村や町などを自治的な組織で運営することで，幕藩体制を支える基盤となっていたことに気付いた。
②貿易の統制と対外関係	・あなたは，江戸時代の日本は国を閉ざしていた… 〔　と思う　or　とは思わない　〕 ・幕府の外交政策が当時果たした役割や意義について，あなたの考えを短文で表してみよう。 　幕府が貿易による利益や対外情報を独占するしくみをつくった。 ・根拠は？ 　様々な法令では，通交を全て禁止しているわけではない。「長崎での貿易額のグラフ」を見ると年々増えているし，「オランダ風説書」によって幕府は海外の情報を手に入れているので，国を閉ざしていたとは言えない。 ・〔意見交換後の捉え直し〕 　朱印船貿易などで大名が勢力を拡大することや，キリスト教が広まることを防ぐために，対外的な交流を四つの窓口に限定していた。また，朝鮮通信使や琉球王国の慶賀使・謝恩使を江戸に参府させることで，将軍の権威を高めようとした。

（※　第③次，第④次は省略。）

「知・技」●を確認。考察を踏まえて得た結論を端的に示している。

「思・判・表」●を確認。課題cについての考察を根拠を示して表現している。波線部分は意見交換後の，より深まった捉え直しを表現している。

「思・判・表」●を確認。

第3編
事例9

小単元4の第⑤次（まとめ）におけるワークシートと評価における留意点

　次のワークシート2は，P.121の小単元4の第⑤次「小単元4のまとめ」での活用を想定したワークシートの例と，生徒の記述例である。ここでは〔考察〕の枠内の記述を「思考・判断・表現」の「評

定に用いる評価」（○）に，また，〔結論〕の枠内の記述を「知識・技能」の「評定に用いる評価」（○）に活用することができる。

ワークシート２
〔小単元４のまとめ〕

・〔考察〕これまでの〔学習の成果〕を踏まえ，〔小単元４全体に関わる問い〕について，政治・外交・経済・文化などのそれぞれの面から考えてみよう。

（政治）江戸幕府は諸大名の力を抑え，朝廷・公家・寺社などにも制限を加えるなど，厳しく統制した。また，身分制の下で村や町の自治的な運営が行われることで，体制を支える基盤とした。やがて，政治的な安定が図られると，儒教の教えを基本とする秩序維持を目指す統治に変化していった。
（外交）江戸幕府は「鎖国」体制を確立させることで，海外の情報を独占するなど情報統制を行い，貿易の利益を独占することができた。また，海外使節の行列を民衆に見せるなど，将軍の権威を高めることに利用した。
（経済）江戸幕府は広大な直轄領からの年貢収入の他に，貿易・鉱山の利益を独占することで豊かな財源を確保した。また，農業生産力が向上や都市の発達が見られ，交通網の整備などによって商品が円滑に流通すると社会が安定し，民衆の生活水準も向上した。
（文化）政治の安定や経済の発展によって成長した町人を中心に文化が栄える中で，現状を肯定的に捉える風潮も広まった。

> 「思・判・表」○を評価。第⑤次での「小単元のまとめ」。第①〜④次で学んだ内容を〔小単元４全体に関わる問い〕と関連付けて再構成し，概念的な理解に至る過程での思考や判断を表現している。

> 下線部は，各「次」で学んだ政治，外交，経済，文化など複数の視点や支配者・被支配者など複数の立場が表れている部分。

・〔結論〕これまでの記述を踏まえ，〔小単元４全体に関わる問い〕に対して自分の考えをまとめよう。

　江戸幕府が政治や外交で統制を強めて圧倒的な権力・財力を保持するとともに，経済的・文化的な発展によって社会を安定させるなど，民衆にとってもメリットがあるような仕組みをつくったからである。

> 「知・技」○を評価。第⑤次での「小単元のまとめ」。第①〜④次の学習の成果や考察から導かれた概念的な理解を表現している。

・〔振り返り〕　当初の自分の〔仮説〕や〔見通し〕と，小単元４の学習後の〔考察〕〔結論〕を比較し，気づいたことや新たに加わったことは？

　最初は政治のことだけしか書けていなかったが，学習していくうちに経済や文化も取り入れて考えることができた。幕藩体制の安定には武士だけでなく，様々な立場の人々が関係していることに気付いた。様々な視点をもつことに注意して考えることが大切だと思った。

> 「態」●を確認。小単元の学習の全体の振り返り。自身の表現した「時代を通観する問い」や「仮説」と，小単元４の学習の成果を関連付けて，そのつながりや新たな気付き，次の学習に向けた工夫などを表現している。

（１）「思考・判断・表現」

例１：「おおむね満足できる」状況（Ｂ）と考えられる記述例

（上記ワークシート〔考察〕部分）

　上記のワークシート〔考察〕の生徒の記述からは，下線部分に示した通り，政治，外交，経済，文化など，複数の視点から多面的・多角的に適切な考察ができていることから，「おおむね満足できる」状況（Ｂ）と考えられる。

（２）「知識・技能」

例２：「おおむね満足できる」状況（Ｂ）と考えられる記述例

（上記ワークシート〔結論〕部分）

　上記のワークシート〔結論〕の生徒の記述は，幕藩体制の確立と長期安定の背景に関して，各「次」で学んだ政治，外交，経済，文化など多様な視点や支配者・被支配者など複数の立場の視点を再構成し，概念的に理解できていることから，「おおむね満足できる」状況（Ｂ）と考えられる。

　なお，ワークシート〔考察〕〔結論〕双方について，例えば，一つの視点からの根拠に留まったり，支配者側である幕府からの視点のみに留まっていたりする場合や，複数の視点を関連させることができていない場合などは，「努力を要する」状況（Ｃ）と考えられる。このような場合には，前ペー

第３編
事例９

ジのワークシート〔各次の学習の成果〕を見直し，複数の視点を確認した上で再度記述に取り組むように促して，学習の改善を支援することが大切である。

補足2 「内容のまとまり」のまとめ（小単元6）における評価とワークシートの工夫

1 指導と評価の計画

以下は，大項目C「近世の日本と世界」のまとめとして設定した小単元6の指導と評価の計画と，評価に活用するワークシートの事例を示したものである。

C「近世の日本と世界」のまとめ（小単元6）の指導と評価の計画

（○…「評定に用いる評価」，●…「学習改善につなげる評価」）

学習活動	評価の観点 知	思	態	評価規準等
小単元6 大項目のまとめ	**【ねらい】**「近世の日本と世界」を振り返り，近世の特色についてまとめ，近代の学習につなげる。			
「近世の日本と世界」の振り返り ・小単元2で表現した「時代を通観する問い」，小単元3で表現した「仮説」を確認する（作業1）。				本事例では1時間相当で計画しており，「近世のまとめ」のみで評価を行っているが，生徒の状況に応じて，まとめに向けて学習状況の確認を必要としたり，本単元を2時間相当で実施したりする場合は，ここに「思考・判断・表現」の●を設定することも考えられる。
画期の再考察 ・小単元4，5で表現した画期の中から，自分が最も重要だと思うものを選び，ワークシートに記入する（作業2）。				
グループワーク ・各自の「時代を通観する問い」「仮説」「画期」について，互いに発表し合う（作業3）。相互の意見を踏まえ，自らの立てた「時代を通観する問い」「仮説」「画期」を見直し，ワークシートに記入する（作業4）。				
近世のまとめ ・近世の特色や近代へのつながりについて，グループワークを基に考察し，ワークシートにまとめる（作業5）。		○		○「近世の日本と世界」の学習で表現した問いや仮説を踏まえて，近世の特色について多面的・多角的に考察するとともに，近代へのつながりについて表現している。
学習の振り返り ・学習を振り返り，次の学習に生かすことができる視点や学習の方法などについて，ワークシートにまとめる（作業6）。			○	○「近世の日本と世界」における学習の経緯について，自身との関わりを踏まえて振り返り，視点や学習の方法について確認し，次の学習へのつながりを見いだそうとしている。

第3編
事例9

2 観点別学習状況の評価の進め方

（1）「思考・判断・表現」

小単元6は大項目C「近世の日本と世界」のまとめとして位置付けられるため，近世の特色について多面的・多角的に考察するとともに，近代へのつながりについて表現しているかどうかを評価する場面として「評定に用いる評価」（○）を設定している。大項目C「近世の日本と世界」(1)・(2)で考察，表現した自らの「問い」や「仮説」，(3)で考察，表現した「画期」を総括し，思考の深まりを促す。その際，例えばグループでの発表など，他の生徒と意見を交換するなどの学習活動を通して，自身の意見や考えを再考したり，まとめ直したりすることが大切になる。

ここでは，上記の**指導と評価の計画**に沿って作成した ワークシート３ を例に，評価の留意点を確認する。

ワークシート３と生徒の記述例

〔作業１〕まずは学習した内容を振り返ってみよう！

> 自分が立てた「時代を通観する問い」（なぜ江戸は大都市に発展したのだろうか？）

> 自分が立てた「仮説」
> 参勤交代によって，たくさんの武士が暮らすようになったからではないか。

「近世の日本と世界」の学習について，小単元２で示した自分の「時代を通観する問い」や，小単元３の「仮説」を確認。

〔作業２〕単元の学習を終えて，〔作業１〕について自分が最も重要だと考えた画期

> 画期　徳川家綱・綱吉の政治
> 根拠　文治政治へと転換し，平和な世の中を作り出すことに成功した。
> 　　　平和な時代が続いたことで経済も発達し，都市江戸が大都市になった。

上の「時代を通観する問い」や「仮説」を踏まえ，小単元４，５の学習で得た自身の考えとその理由を表現。

〔作業３〕グループワーク　お互いの発表を聞いてメモしよう！

> 【　●●　】さんの発表
> 問い　なぜ江戸幕府は長く続いたのか
> 仮説　幕府が天皇と良い距離感を保っていたからではないか
> 画期　禁中並公家諸法度（1615年）
> 根拠　天皇・朝廷が自ら権力をふるわないように，天皇や公家の生活や行動を規制したから。

> 【　■■　】さんの発表
> 問い　なぜ日本は平和だったのか
> 仮説　キリスト教を徹底して禁止したからではないか
> 画期　17世紀前半
> 根拠　禁教令が発布されて，キリスト教が禁止された。また，鎖国体制が完成した。

> 【　▲▲　】さんの発表
> 問い　なぜ様々な学問が発達したのか
> 仮説　戦がほとんどなく，暇な時間がたくさん生まれたからではないか
> 画期　徳川家綱の治世
> 根拠　徳川家綱が将軍になってから，東アジア全体が平和になり，安定したことで，学問が重視されるようになった。

〔作業４〕各自の意見を踏まえ，自分の「時代を通観する問い」「仮説」「画期」を見直してみよう！

> 　はじめ，江戸が大都市に発展したのは，幕府の所在地であり，参勤交代によって武士がたくさん住むようになったからだと考えていた。しかし，理由はそれだけではなく，幕府と朝廷の政治的なバランスや対外政策などによって，平和な時代が長く続いた結果，経済や文化が発達したことも理由だと分かった。政治だけでなく，経済，文化などさまざまな点からの，いくつもの画期を経て江戸の町が発展したことが分かった。

他者の意見を聞き，多様な視点に気付く。

〔作業５〕近世のまとめ　近世の日本の特色や近代へのつながりについてまとめてみよう！

> 　近世初期は，圧倒的な軍事力によって統一政権が成立したが，その後は，支配する側とされる側や幕府と朝廷との間のバランスをとった，平和で安定した統治が行なわれた。また，産業の発展や交通・流通網の整備により，人々の交流が進み，江戸をはじめとした三都が発展した。さらに，経済の発展による生活水準の向上や，海外からの学問・情報の流入もあり，文化の多様性や担い手が広がりをみせた。これらは，近代に向かう中で，新たに日本が参加した世界の状況に対応する際の基礎となったと考えられる。
> 　また，全国的な学問の広がりや識字率の高さが，近代の学問の発展や教育の普及を支えたと思う。

> （【思・判・表】〇に活用）
> 他者の意見を踏まえ，多面的・多角的に考察し，近世の特色と近代へのつながりを表現しているかどうかを評価する。

〔作業６〕近世の学習を振り返り，新たに気付いた点や，今後の学習に生かすことができる視点は？

> 　私は，近世の学習で「なぜその事象・出来事が起きたのか」というような理由について焦点を当てていたが，現代の私たちから考えると，例えば政治にかかわる事件や，幕府の改革の中の政策など，なぜその方法を採用したのか分からないこともあった。近現代では「何のためにそれをするのか」といった目的を追究できたらよいな，と考えます。近現代は戦争が多いので…。また，私は江戸の発展について問いを立てて，それについて幕府の政策や権力の拡大など中心に考えてきたが，「なぜ江戸時代が長く続いたか」について考えていた人たちの意見を聞くと，幕府の功績という意見と朝廷と幕府の関係性によるものだという意見の大きく二つに分かれていた。後者の意見は私の頭にはなかったので，都市の発展も，他の地方の都市との関係について考える必要があると思い，他のできごとについて考える際にも利用できると感じました。

> （【態度】〇に活用）
> 自らの学び方を以前と比較したりするなどして振り返り，視点や学習の方法について確認して，次の学習へのつながりを見いだそうとしているかどうかを評価する。

第３編
事例９

例３：「おおむね満足できる」状況（B）と考えられる生徒の記述例

ワークシート３〔作業５〕「近世のまとめ」の部分を参照。

　ワークシート３の〔作業５〕の生徒の記述は，17世紀後半の幕府政治の転換等によって戦乱のない時期が続いたこと，それによってもたらされた経済発展や生活水準の向上，対外的な交流を踏まえた文化の特徴など，多面的・多角的に考察して「近世の特色」についてまとめている。単元の学習で獲得した政治や経済，外交や文化についての理解を活用し，事象の背景や影響に着目してそれらを関連付けて，「近世の日本の特色」を考察している。また，表現した「近世の日本の特色」を踏まえ，近代へのつながりの考察が示されている。以上の点から，「おおむね満足できる」状況（B）と考えられる。

例４：「努力を要する」状況（C）と考えられる生徒の記述例と支援の例

江戸時代は長く戦がなかった時代というイメージが強く，「平和」というキーワードが浮かぶが，今回の授業によってみんなの意見を聞くと，十分動きがあり，自分が思っているより騒がしい時代なのではないかと思った。また，文化は急に変化することはないから，近世でみられた文化は近現代につながっていると思う。近現代の学習でも文化に注目していきたい。	左は〔作業５〕の別の生徒の記述である。この生徒の記述の場合，単元全体の学習が生かされておらず，一面的な視点からの考察となっている。また，他者の意見について，具体的な記述が示されていない。「近代へのつながり」については，文化という視点を示しているものの，具体性に乏しく，どの時代にも共通するような記述に留まっている。従って，「努力を要する状況」（C）と判断される。なお，このような場合には，例えば，これまでの学習内容を振り返ることで多面的・多角的な考察を促すとともに，より具体的な事象を示して記述するように助言を行うことなどによって，次の単元の学習に向けた学習の改善を支援することが考えられる。また，教師は，単元計画や学習課題（問い）の設定について振り返り，より多くの生徒が多面的・多角的な考察や具体的な記述に至るよう，今後の授業に向けて指導計画や評価計画の改善を図ることも大切である。

（２）「主体的に学習に取り組む態度」

例５：「おおむね満足できる」状況（B）と考えられる生徒の記述例

ワークシート３〔作業６〕「近世の学習の振り返り」の部分参照。

　小単元６は，大項目C「近世の日本と世界」のまとめとして位置付けられるため，大項目全体の自らの学習を振り返り，次の大項目Dへのつながりを見いだすようにすることが大切である。ワークシート３の〔作業６〕の生徒の記述は，「時代を通観する問い」や「仮説」を考察し，「画期」を表現してきたこれまでの学習を振り返るとともに，他の生徒との対話的な学びの中で得られた視点や学習の方法について確認して，次の学習へのつながりを見いだそうとしていることが読み取れるため，「おおむね満足できる」状況（B）と考えられる。

例６：「努力を要する」状況（C）と考えられる生徒の記述例と支援の例

戦や一揆がなぜ起こったのか，その原因をしっかり考えるように，そのような視点を大事にしていきたい。	この生徒の記述の場合，次の学習への視点を意識しているようにも見えるが，事象の原因について考察を進めることは，これまでの学習でも繰り返し示されている点であり，探究科目の学習段階としては，不十分と考えられる。また，そのような視点を大切に考えた理由について，自らの学習の経緯が示されておらず，具体的にどのような場面で，どのように学習を調整しようとしているかについて，漠然とした記述となっている。このように「努力を要する」状況（C）と判断される場合には，これまで学習してきた内容を振り返ることや，獲得してきた視点を確認することを促すなどして，学習の改善を図ることが大切である。

地理歴史科　　事例10（日本史探究）
キーワード　「思考・判断・表現」の評価の工夫

単元名	内容のまとまり
近現代を通した歴史の画期	D　近現代の地域・日本と世界 (3) 近現代の地域・日本と世界の画期と構造　イ(オ) 　　（歴史の画期を見出し，根拠を示して表現する学習）

1　単元の目標

　日本と世界の相互の関わり，地域社会の変化，これまでの近現代(学習指導要領Ｄ(3)　(ア)から(エ)まで)の学習で見いだした画期などに着目して，事象の意味や意義，関係性などを構造的に整理して多面的・多角的に考察したり，我が国の近現代を通した歴史の画期を見いだし，根拠を示して説明したり，それらを基に議論したりする力を養うとともに，近現代の地域・日本と世界について，よりよい社会の実現を視野に課題を主体的に追究しようとする態度を養う。

2　単元の評価規準

知識・技能	思考・判断・表現	主体的に学習に取り組む態度
	・日本と世界の相互の関わり，地域社会の変化，これまでの近現代の学習で見いだした画期などに着目して，事象の意味や意義，関係性などを構造的に整理して多面的・多角的に考察し，我が国の近現代を通した歴史の画期を見いだし，根拠を示して表現している。	・近現代の地域・日本と世界の学習を振り返るとともに，次の学習へのつながりを見いだそうとしている。

3　指導と評価の計画

　大項目Ｄ「近現代の地域・日本と世界」は四つの中項目で構成されている。下の図は，それぞれの中項目の関係を示したものである。近現代史を扱う大項目Ｄでは，「歴史総合」や，「日本史探究」の前近代の学習とのつながりを踏まえ，高等学校の歴史学習のまとめとして，歴史に関わる諸事象相互の関係性や，地域と日本，世界との関係性などを整理して構造的に理解すること，さらに現代の日本の諸課題について多面的・多角的に考察して理解するとともに，歴史的経緯や根拠を踏まえて構想する学習が示されている。

図　大項目の学習の構造（Ｄ「近現代の地域・日本と世界」の場合）

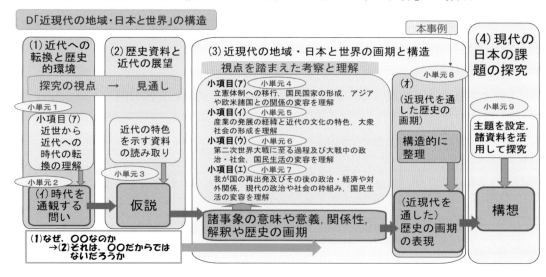

第3編
事例10

以下の事例は，大項目Ｄ(3)「近現代の地域・日本と世界の画期と構造」のうち，(3)(オ)（小単元8）の指導と評価の計画である（P.128「構造図」参照）。Ｄ(3)イ(オ)は，近現代を扱う大項目Ｄの(1)から(3)までの学習のまとめとして位置付けられていることを踏まえ，本事例は，学習した内容を振り返り，構造的に整理して捉え，近現代を通した歴史の画期を表現することをねらいとしている。

Ｄ(3)イ(オ)「近現代を通した歴史の画期」（小単元8）の指導と評価の計画（2時間）

（○…「評定に用いる評価」，●…「学習改善につなげる評価」）

学習活動	評価の観点 知	思	態	評価規準等
主題「画期から見る，近現代の地域・日本と世界」 **問い**「近現代の日本の歴史について，あなたはどこに画期を見いだすか」				
小単元8 **課題a**「近現代の地域・日本と世界」の学習を振り返り，近現代の日本の歴史にどのような画期を見いだすことができるか，考えてみよう。 ＜Ａ「政治」，Ｂ「経済・産業」，Ｃ「生活・文化」の観点ごとのグループになる＞ (1)各自でグループに割り当てられた観点に着目し，近現代の日本の歴史の画期と，その根拠について考察し，ワークシートに記入する。【各自】 (2)各自が考えた多様な画期を相互に発表して共有し，グループの考えをまとめて，ワークシートに記入する。【グループ】		●		●(1)各観点の画期となった出来事について，既習事項を活用して考察し，結果を表現しているとともに，(2)他者の考えを踏まえてまとめることができている。
課題b各観点における画期にどのような関連性を見いだすことができるだろうか。 ・Ａ，Ｂ，Ｃの観点が混在した新たなグループを構成し，それぞれの観点で考察した画期を紹介し合い，相互の画期の関連性をワークシートに記入する。【グループ】		●		●各観点における画期の関連性などについて，構造的に整理することができている。
課題c近現代の日本の歴史について，あなたはどこに画期を見いだすか。 ・三つの観点による画期を踏まえて，**課題c**について，自分の考えを再構成して，ワークシートに記入する。【各自】 ・各自が考察した画期を相互に発表する。【グループ】 ・他の生徒と自分の画期とを比較し，必要があれば加筆・修正する。【各自】		○		○近現代の地域・日本と世界について，「政治」「経済・産業」「生活・文化」の観点から構造的に整理し，地域社会や世界との関係性に着目して，結果を表現している。
・「自分の記述した，近現代の日本の歴史の画期と，現代の日本の課題との関係について考えてみよう。それを考えるためにはどのような情報(資料)が必要となるだろうか」について，ワークシートに記入する。【各自】			●	●近現代の地域・日本と世界の学習を振り返るとともに，次の学習へのつながりを見いだそうとしている。

【本事例の概要】

　本事例は，近現代の日本について「政治」「経済・産業」「生活・文化」という三つの観点から考察し，画期を見いだすことをねらいとしている。その際，例えば，日本と世界の相互の関わりや，地域社会の変化にも着目できるように教材を工夫しており，個人の考察とグループによる情報共有を繰り返すことで，自身の考察を再構成しつつ深めていくことをねらいとしている。

【ワークシート１】 課題 a の学習で活用するワークシートの例
（A「政治」，B「経済・産業」，C「生活・文化」それぞれのグループごとにワークシートを配布。）

日本史探究ワークシート【A「政治」グループ用】

【課題】近現代の日本の歴史における，「政治」の画期（分岐点・転換点）はどこか？

国内外の関係や地域への影響などに着目して，捉えるように促す。

■あなたが考える「政治」の画期はどこか？世界（外国）・地域社会との関係も踏まえて考えよう。
※**画期は複数でもかまいません。**

【画期】	世界との関係性
【根拠】	地域社会との関係性

課題 a ●【思・判・表】(1)
各観点の画期となった出来事について，既習事項を活用して考察しているかを確認する。

■他のメンバーが考えた画期と根拠をメモしましょう。

メンバー名	考えた画期	根拠

課題 a ●【思・判・表】(2)
他者の考えを踏まえて，まとめているかを確認する。

■グループで話し合った画期と根拠を整理しましょう。

【画期】	【根拠】

歴史的な経緯の整理を踏まえて，次のD(4)「現代の日本の課題の探究」の学習の課題設定につなげるように学習を工夫する。

【ワークシート２】 課題 b の学習で活用するワークシートの例

日本史探究ワークシート②（まとめ用）　　　【 7 】班

★「政治」「経済・産業」「生活・文化」の3分野の画期をまとめて，重なり合っているところ，違うところをグループで確認しよう。

課題 b ●【思・判・表】
各観点の関連性などについて，構造的に整理しているかを確認する。

第3編
事例10

【ワークシート３】 課題 c の学習で活用するワークシートの例

テーマ	「近現代の日本の歴史について，あなたはどこに画期を見いだすか？」

▶近現代の日本の歴史の画期

課題 c ○【思・判・表】　多様な観点から構造的に整理して考察し，表現しているかを評価する。

▶現代の日本の課題との関係とそれを考えるために必要な情報（資料）

課題 c ●【態度】　近現代の地域・日本と世界の学習を振り返るとともに，次の学習内容へのつながりを見いだそうとしているかを確認する。

4　観点別学習状況の評価の進め方

（1）「思考・判断・表現」

・「指導と評価の計画」の 課題a の●印は，各観点からの画期について，前後の時期との比較及び世界や地域社会との関連性にも着目して考察できているかを確認する場面である。

・ 課題b の●印は，三つの観点で示された画期について，それぞれを関連付けて構造的に整理ができているか，世界や地域社会との関係性について考察できているかを確認する場面である。

・ 課題c の○印は，三つの観点を構造的に整理し，世界や地域社会との関連性に着目して，「近現代の地域・日本と世界」の歴史の画期について，その根拠を示しながら自らの考えを表現できているかについて評価する場面である。

例1：「おおむね満足できる」状況（B）と考えられる生徒の記述例

> 1869年の文明開化により日本に外国の文化や考え方が取り入れられるようになった。そして，1874年から始まる自由民権運動によって　その考え方が参考になった大日本帝国憲法ができた。しかし，外国との交流が増えるにつれて対立や戦争がおきるようになっていった。戦争は日本が軍国主義や民主主義になったりなど政治面を変えただけでなく，特需景気をもたらしたりなど経済面を成長させていった。これらのことから，日本の近現代の歴史の画期は文明開化による外国との交流だと思う。

> ＜教師のコメント例＞文明開化時に流行した西洋近代思想が，自由民権運動や大日本帝国憲法の制定に影響を与え，その後の日本の政治面を変えたという歴史的事象のつながりに注目した点は説得力がありますね。影響の程度や具体性についてはあらためて確認すると良いと思います。外国との交流が増えることが対立や戦争の要因となる点や，経済面を成長させた点について，もう少し具体的な例を挙げると，さらに良い説明になると思います。

　上記の例1は，「生活・文化」の観点から文明開化を画期として取り上げた生徒の記述例である。ここでは，グループでの活動を行うことで，自由民権運動の展開から立憲国家の成立という「政治」の観点と，戦争と景気の関係という「経済・産業」の観点が示されており，「各観点から構造的に考察」している。また，「世界との関係性」にも触れるとともに，具体的な事象を示しつつ説明しており，「根拠を示して表現できているため，「おおむね満足できる」状況（B）と考えられる。なお，「評定に用いる評価」（○）を行う場面においても，より良い内容が想定されたり，反対に修正が必要な部分が見受けられたりした場合については，必要な指摘や支援を行うことが大切である。

　一方，一つの観点のみで画期を考察し，地域社会や世界との関連性が踏まえられていないなど，「おおむね満足できる」状況（B）に至らなかった場合には，他の観点との関連性についての確認を促したり，地域社会や世界に与えた影響などについて問いかけをしたりすることにより，再度，画期を考察する場面を設定することが大切である。

第3編
事例10

（2）「主体的に学習に取り組む態度」

・ 課題c の●印は，近現代の地域・日本と世界の学習を振り返り，新たな気付きなどを確認するとともに，現代の日本の課題などを見据え，次の単元の学習へのつながりを見いだそうとしていることを確認する場面である。

補足 D(3)イ(オ)　現代の社会や生活との関係を視点とした画期の考察

　以下は前掲の**事例10**と同じく，小単元8（D(3)「近現代の地域・日本と世界の画期と構造」イ(オ)）についての事例である。本事例は，現代の社会を見通すことができる観点から課題を設定することで，生徒が科目のまとめとなるD(4)「現代の日本の課題の探究」の学習の見通しをもつことができるよう展開を工夫している。

1　指導と評価の計画　D(3)イ(オ)　（現代社会との関係を観点として画期を見いだす学習）

（○…「評定に用いる評価」，●…「学習改善につなげる評価」）

時	学習活動	知	思	態	評価規準等
第1時	**【第1時のねらい】**「近現代の地域・日本と世界」の学習を振り返り，歴史の画期を見いだすための手立てを確認する。各自が既習事項から課題を設定して主体的に追究できるようにする。				
	課題a 「近現代の日本の歴史を通観すると，どのような画期が見いだせるだろうか」 ・「政治」「経済」「社会・生活」「外交・国際関係」「教育・科学・技術」「文化・思想」「地域社会」などから主題を選び，その主題を選んだ理由をワークシートに記入する。 ・これまでの学習で見いだした「歴史の画期」を踏まえ，選択した主題に沿って，近現代の日本の歴史を文章，図，年表などにまとめる。さらに，その中に，現代社会に最も影響を及ぼしたと考えられる画期を示す。 ＜課題aの考察を促す問いの例＞ ・なぜその主題を選んだのか。その主題にはあなたのどのような関心が反映されているだろうか。 ・主題に沿ってまとめ直すと，近現代の日本の歴史をどのように表すことができるだろうか。 ・これまで，どのような「変化」や「画期」に着目して歴史を考えてきたのか。 ・推移や展開などに着目すると，現代の私たちの社会や生活に最も関係すると考えられる画期はどこか。 ・なぜそのような画期を見いだしたのか，なぜそれが画期と言えるのか，根拠を示して説明してみよう。			● ●	●自身の課題意識から現代につながる主題を見いだして取り組もうとしている。 ●これまでの歴史の諸事象についての意味や意義，関係性などの考察を踏まえ，現代の社会への影響に着目して主題に沿って画期を表現している。 **ＩＣＴ**＜ファイル共有機能等の活用＞ 生徒がまとめた近現代の歴史や画期を，ファイル共有機能を活用して，第2時のグループでの学習の準備として事前参照できるようにする。
第2時	**【第2時のねらい】**第1時で各自がまとめた近現代の歴史や画期について，相互に評価を行う学習活動を通じて，歴史における画期の多様さを認識し，現代社会の課題や展望を視野に，事象の意味や意義，関係性などを構造的に整理して考察し，D(4)「現代の日本の課題の探究」に向けた見通しをもつ。				
	課題b 「見いだした画期を相互に比較したり関連付けたりすることで何がわかるだろうか」 ・異なる主題を選んだ生徒同士でグループを作り，見いだした画期について相互に評価し合う。 ・自身が見いだした画期やその根拠について振り返るとともに，他の生徒の示した画期と比較したり関連付けたりすることで何が明らかになったかまとめる。 ＜課題bの考察を促す問いの例＞ ・他の生徒の見いだした画期やその根拠は適切だったか。自身の見いだした画期との差異や共通点は何か。 ・自分自身の見いだした画期の根拠は示せていたか。その根拠は適切だったか。 ・様々な画期を比較したり相互の関係を考察したりすることで何が明らかになると考えるか。			●	●自らの学びを振り返るとともに，科目のまとめに向けた見通しをもとうとしている。 **ＩＣＴ**＜ファイル共有機能等の活用＞ 「学習改善につなげる評価」（●）や，「評定に用いる評価」（○）における評価，その他の多様なフィードバックなどを，教師がファイル共有機能を活用して行うことで，学習状況の改善への支援に効果が期待できる。
	課題c 「これまで表現した画期を踏まえ，私たちの生活する現代の社会は，近現代の歴史の画期とどのような関係にあると考えられるだろうか」	○			○他の生徒の意見も参考に，近現代の地域・日本と世界を構造的

・現代の社会と，近現代の日本の歴史の画期との関係について短文にまとめ，その理由をワークシートに記入する。			に整理して歴史の画期を表現し，現代社会との関係について考察，表現している。

　次の ワークシート４ は，本事例全体の学習の展開にそって生徒が取り組むワークシートの例である。上記の「指導と評価の計画」における課題と対応させながら，その評価材料として活用できるよう構成されている。

ワークシート４

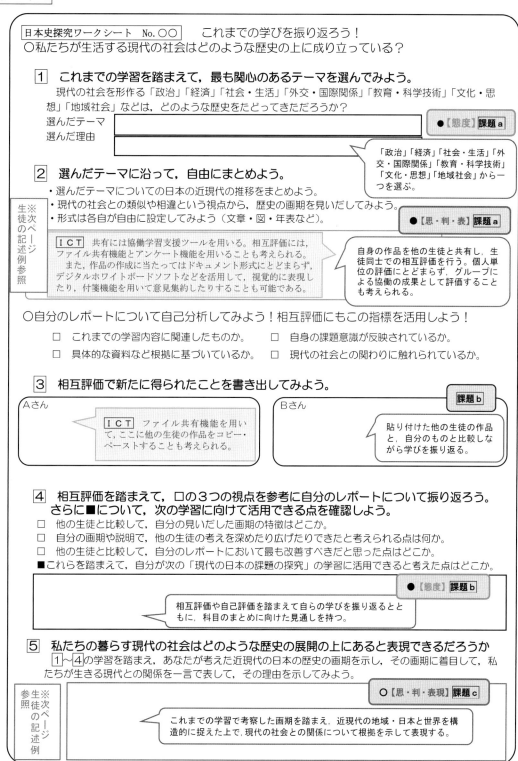

第３編
事例10

2　観点別学習状況の評価の進め方（「思考・判断・表現」）

・第1時の●印（ワークシート4の2の記述部分）は，これまでの学習を踏まえ，自身の課題意識から現代の社会への影響に着目して，主題に沿って画期を表現しているかを確認する場面である。

例2：「おおむね満足できる」状況と考えられる生徒の記述例

（「経済」と「社会・生活」両方にまたがる主題を設定した生徒の記述例）

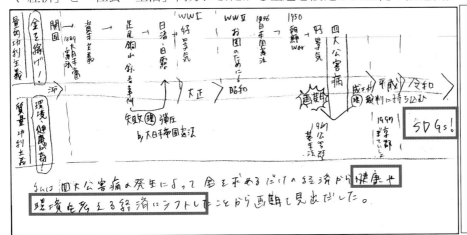

例2の生徒の記述例は，これまでの学習内容を踏まえていること，学習した事象を取り上げて具体的な根拠を示していること，枠で示したように現代の社会へのつながりから画期を考察，表現していることなどから，「おおむね満足できる」状況として学習が推移していることが確認できる。

例3：「努力を要する」状況と考えられる生徒の記述例と支援の例

「横浜の新聞」
①洋紙への印刷→西洋文化の取り入れ
②貿易に関する記事→国境確立
③新聞による情報共有→国民意識向上
④船などの時刻の掲載→人や物の移動が活発

⇨日本が近代化したことの証拠となる新聞

例3の生徒の記述例は，これまでの学習内容を主題に沿ってまとめて画期を示しているが，「近代化」についての視点は示されているものの，「現代の社会への影響」への視点が不明確である。新聞の発行について，「情報」という視点から考察し，現代の課題とのつながりから説明するように助言を行うなどして，「おおむね満足できる」状況へ近づけるようにすることが考えられる。

・第2時の○印（ワークシート4の5の記述部分）は，他の生徒の意見も参考にし，ワークシート2から4で示した近現代の歴史の画期を踏まえて，現代社会との関係について考察，表現できているかを評価する場面を表している。

例4：「おおむね満足できる」状況（B）と考えられる生徒の記述例

画期：「ブレトン・ウッズ体制の崩壊」
「国際調和と自国の利益を調和させようと腐心してきた先に現代がある。」
なぜなら，国際関係には，それぞれの国が経済的な利益を求めることだけではなく，核の管理という枠組みの誕生や，温暖化対策など経済的な利益に反する動きもあるため，多面的に捉えることが大事と思ったから。

例4は，ブレトン・ウッズ体制の崩壊を画期として選んだ生徒が，環境問題や戦争に関する画期を見いだした他の生徒と成果を共有して，新たに視点を得た事例であり，それらを踏まえて近現代の歴史の画期を整理して表現し，その推移の中に現代社会を位置付けていることがうかがえ，「おおむね満足できる」状況（B）と評価できる。

例5：「努力を要する」状況（C）と考えられる生徒の記述例と支援の例

「明治維新」が画期で，「経済，文化，生活，政治，外交において大きな変化が起きた時代。」
自分は政治に注目したが，他の面に注目している生徒もいたので，多様な捉えが大切だと思ったから。

評価規準に則して確認すると，例5の生徒の記述例は，「他の生徒の意見も参考に」しているものの，「近現代の歴史を構造的に整理して歴史の画期を表現し，現代の社会との関係について考察，表現している」という学習状況には至っていないと判断される。教師は，学習改善のために，例えば「自分の選んだテーマを軸に考えてみよう」「『大きな変化』とは，具体的にどのようなものだろうか」「『大きな変化』は，現代の社会とどのようにつながっているのだろうか」などの助言を行うことで，再度考察を行うように促すことが考えられる。

地理歴史科　　事例11（世界史探究）
キーワード　　「内容のまとまり」を踏まえた小単元の評価の位置付け

単元名	内容のまとまり
諸地域の結合・変容への問い	D　諸地域の結合・変容 (1)　諸地域の結合・変容への問い

　本事例では，大項目D「諸地域の結合・変容」の中項目(1)「諸地域の結合・変容への問い」の指導と評価の計画について示す。大項目B，C及びDの中項目(1)のねらいは，生徒が各大項目を読み解く観点について考察して問いを表現し，大項目の学習に対する課題意識や見通しをもつことであり，学習の導入として位置付けられる（大項目全体の構造については，後掲の 補足 を参照）。

1　単元の目標

　「諸地域の結合・変容」に関わる諸事象の背景や原因，結果や影響，事象相互の関連，諸地域相互のつながりなどに着目し，資料から情報を適切かつ効果的に読み取ったりまとめたりして，「諸地域の結合・変容」を読み解く観点である「文化・思想の展開」について考察し，問いを表現する。その際，「諸地域の結合・変容」に関わる諸事象について，見通しをもって学習に取り組もうとする態度を養う。

2　単元の評価規準

知識・技能	思考・判断・表現	主体的に学習に取り組む態度
・資料から情報を適切かつ効果的に読み取ったりまとめたりする技能を身に付けている。	・「諸地域の結合・変容」に関わる諸事象の背景や原因，結果や影響，事象相互の関連，諸地域相互のつながりなどに着目し，「諸地域の結合・変容」を読み解く観点である「文化・思想の展開」について考察し，問いを表現している。	・「諸地域の結合・変容」に関わる諸事象について，見通しをもって学習に取り組もうとしている。

3　指導と評価の計画（2時間）

　本単元は，「諸地域の結合・変容」を読み解く観点として「文化・思想の展開」に着目し，生徒が「自由」という思想の広がりについて多面的・多角的に考察し，生徒が問いを段階的に表現し，問いが深まるように構成することで，地球規模での一体化と相互依存の強まりに課題意識をもつことができるように計画されている。

　第1時では，アメリカの自由の女神像とフランスの自由の女神マリアンヌの特色や関係について調べ，二つの作品においてシンボル化されている「自由」に注目し，革命を求める人々が，新しい国家・国民の象徴として「自由」と女性を結び付けようとしたことを読み取っていく。

　第2時では，「自由」がアジアにも広がり様々に解釈されていたこと，また，第一次世界大戦時のアメリカで，戦争資金調達の宣伝や戦争遂行の名目として「自由」が強調されていたことなどを，資料から読み取っていき，諸地域における「自由」の意味を多面的・多角的に考察する。

生徒は学習の中で不思議に思ったことや調べたいことを問いとして表現していく。この問いの表現を繰り返すことで，「諸地域の結合・変容」を構造的に捉えることのできる切り口として働く問いへと深めていく。具体的には，「自由」に関する素朴な問いが，「自由」の多様な実現方法や「自由」に対する考え方の変容を踏まえた問いへと改善（ブラッシュアップ）できるように計画されている。

D (1) 「諸地域の結合・変容への問い」の指導と評価の計画

（○…「評定に用いる評価」，●…「学習改善につなげる評価」）

時	学習活動	評価の観点 知 ┊ 思 ┊ 態	評価規準等
第1時	【小単元1のねらい】文化・思想の展開などに関する資料を活用して情報を読み取ったりまとめたりし，「諸地域の結合・変容」を読み解く観点について考察し，問いを表現する。 第1時の課題　「なぜ欧米で『自由』のシンボル像が造られたのか」 問いの表現(1) ・資料1「アメリカの自由の女神」と資料2「民衆を導く自由の女神」について調べ，二つの作品の「自由」の意味について確認する。 ・二つの作品について考察した結果から，疑問に思ったことや，追究してみたいことを問いとして表現する。 【指導上の留意点】 ・ICTを活用して調べる。 ・歴史，由来，特色など，読み取ったことについて記述する。 問いの表現(2) ・資料3「フランス革命後のルイ14世像の破壊」を考察し，フランスで「自由」が女性として擬人化された背景について読み取る。 ・これまでの学習を踏まえて，疑問に思ったことや，追究してみたいことを問いとして表現する。その問いを立てた理由を考え，ワークシートに記入する。		資料1「アメリカの自由の女神」 資料2「民衆を導く自由の女神」  【指導上の留意点】 ・人々や政府が，国王像を破壊した理由を読み取る。 ・政府が自由・平等な社会形成を人々に意識させるため，新しいシンボルを求めていたことを読み取る。 資料3「フランス革命後のルイ14世像の破壊」  出典：Michel Vovelle, La Révolution française, images et recit, tome3, Livre Club Didero
第2時	第2時の課題　「欧米やアジアにおける『自由』について追究し，『諸地域の結合・変容』を考察する問いを表現しよう」 問いの表現(3) ・資料4「梁啓超の自由」や資料5「福沢諭吉の自由」から，アジアや日本において，「自由」がどのように捉えられていたのかについて読み取る。 ・資料6「第一次世界大戦のポスター」に記された言葉「自由（LIBERTY）」の使用法や作成者の意図を考える。 ・資料7「ウィルソンの1917年4月2日の議会演説」の下線部を参考に，「歴史総合」の学習を想起して諸地域の当時の状況を踏まえて，問いを表現する。	● ┊ ┊	●資料から情報を適切かつ効果的に読み取ってまとめている。 【指導上の留意点】それぞれの資料で「自由」がどのように用いられているかを読み解く。 資料4「梁啓超の自由」 「自由というものは，天下の公理（＊1）であり，人生の要具（＊2）である。不適切なものがない。」 （＊1）公理：一般に通用する道理（物事の正しい道すじ） （＊2）要具：必要な道具　　　（『新民叢報』(1902年)）

資料5 「福沢諭吉の自由」
「自主・任意・自由ノ字ハ，我儘放盪ニテ，国法ヲモ恐レズトノ義ニ非ラズ，総テ其国ニ居リ，人ト交テ，気兼ネ遠慮ナク，自分丈ケ存分ノコトヲナスベシトノ趣意ナリ，英語ニ之ヲ「フリードム」又ハ「リベルチ」ト云フ，未ダ的当ノ訳字アラズ。」　（『西洋事情・初篇』1866 年）

資料6 「第一次世界大戦のポスター」

THAT LIBERTY SHALL NOT PERISH FROM THE EARTH BUY LIBERTY BONDS
FOURTH　　　LIBERTY　　　LOAN

資料7 「ウィルソンの 1917 年 4 月 2 日の議会演説」
ドイツの人民を敵にまわして戦おうとしているのではない。それどころか，ドイツ人民に対しては同情や友情すら感じる。……かつての不幸な時代には人民に諮られることもなく支配者が一方的に戦争を決定し，そして人民を自分たちの手足とみなしている王家のために，あるいは一握りの野心的な集団のために戦争が行われたものである。この戦争もそうした昔ながらの戦争と同じように，人民に相談されることもなく支配者の意のままに始められた戦争である。……アメリカは究極の世界平和のために戦い，ドイツ人を含め人民の解放のために戦う。国の大小を問わず，諸国の自由のために，また人民が自らの生活の方法を選ぶ権利を求めて戦う。……世界は民主主義にとって安全でなければならない。平和というものは，政治的自由という揺ぎない基礎の上に打ち立てられなければならない。（『ふたつの世界大戦と現代世界』広島平和研究所ブックレット）

問いの表現(4)		
・(3)で表現した問いを生徒同士で紹介し合い，互いにコメントをする。		
・他の生徒の問いや，自分の問いに対するコメントなどを踏まえ，大項目D「諸地域の結合・変容」の学習で追究したい問いを表現する。	●	●「自由」という言葉が広がった背景や原因，「自由」の使用法の違いなどに着目し，「自由」に関する問いを諸地域の結合・変容を考察する問いとして表現している。
学習の見通し		
・大項目Dの学習を通してどのような点について考えれば，表現した問いを明らかにすることができるかを考え，見通しをワークシートに記入する。	●	●自身の表現した問いについて，「諸地域の結合・変容」を読み解く観点に関連する諸事象を踏まえ，見通しをもって学習に取り組もうとしている。

4　観点別学習状況の評価の進め方

　小単元1で行う「問いの表現」は，大項目の学習全体に関わってくることから，「学習改善につながる評価」（●）を行う場面を設定し，生徒の表現した問いが「諸地域の結合・変容」を考察する問いになっているかどうかを確認し，生徒の考察状況に即した助言を行うなど，適切な支援を行うことが大切である。また，生徒が問いを表現する過程においては，単に驚きや素朴な問いを表現するにとどまらず，「歴史総合」で学習したことを踏まえ，資料から読み取ることのできる内容と既有の知識を関連付けるなどして考察し，表現した問いについて予想（仮説）を考案するなどして解決の見通しをもち，歴史の理解を深める問いへと練り直すように促すことも大切である。

（1）「知識・技能」

・第2時の●印は，資料から情報を適切かつ効果的に読み取ったりまとめたりする「技能」を確認する場面を表している。ここでは，資料4から6について，「自由」が諸地域に広がっていることや「自由」の用いられ方が異なることに気付き，「自由」がどのように用いられているかを適切に読み取り，まとめているかどうかを確認する。資料を適切に読み取ることが，「諸地域の結合・変容」を読み解く観点についての問いを表現することにつながることに留意して，生徒の状況を把握し，適切な助言を与えることが大切である。

第3編
事例11

（2）「思考・判断・表現」

・第2時の●印は，「自由」に関する問いを，「諸地域の結合・変容」を考察する問いとして表現できているかどうかを確認する場面を表している。

例1：「おおむね満足できる」状況と考えられる生徒の記述例

> 「自由」が世界中に広がり，それぞれの地域で「自由」が強調されることには，どのような意味があったのだろうか。

　例1の生徒の記述例は，「自由」という思想の広がりの背景や原因に着目し，「自由」が諸地域を結び付け，変容させていく概念であることに気付き，その意味を追究しようとする問いになっており，「諸地域の結合・変容」を考察する問いとして表現されていることから，「おおむね満足できる」状況にあると考えられる。

　授業では，生徒の表現する問いが，「諸地域の結合・変容」に関わる問いへと深めることができるように，教師が「諸地域の結合・変容」を読み解く観点に関わる問いかけを行ったり，欧米やアジア，日本における「自由」の用いられ方の違いを資料から読み解いたり，生徒同士で問いを紹介し合ったりするなど，表現した問いを練り直すような学習活動が展開していた。**例1**の記述例は，この学習活動の結果，表現された問いである（生徒が授業過程で表現した問いについては，下記の**表**を参照）。

表　生徒が授業の中で問いを練り直す過程

時	例1の生徒が表現した問い（カッコ内は問いを設定した理由）	
第1時	**問いの表現(1)** 「自由」のたとえとして，右手をメインとしているのはなぜか？（どの像や絵でも右手を掲げているから）	表現(1)では，自由の女神像やドラクロワの絵画などの形象そのものを視点にした問いを表現している。
	問いの表現(2) 欧米で「自由」が人々の関心事になったのはなぜだろうか。（人々にとっての「自由」の意味を知りたいと思った。）	表現(2)では，視点が芸術作品の形象から，社会へと広がっている。
第2時	**問いの表現(3)** アメリカの人々は，ウィルソン大統領が語るような「自由」を保障されていたのだろうか。（ドイツで民衆の自由がうばわれていたことはわかるけど，アメリカではそういうことがなかったのか気になったから。）	表現(3)では，アメリカやドイツの「自由」の捉え方に着目している。
	問いの表現(4) 「自由」が世界中に広がり，それぞれの地域で「自由」が強調されることには，どのような意味があったのだろうか。（「自由」という思想が世界中に広がっていたことはわかったが，国や地域によって「自由」の受け止め方が違っているように感じたから。）	表現(4)では，「自由」という思想が諸地域を結び付け，諸地域の変容にも関わる概念であることに着目している。

（3）「主体的に学習に取り組む態度」

・第2時の●印は，「諸地域の結合・変容」を読み解く観点を踏まえて，見通しをもって学習に取り組もうとしているかを確認する場面を表している。ここでは，自分が表現した問いについて，大項目Dの学習を通してどのように明らかにしようとしているかを確認する。生徒が自らの問いに基づいて学習の見通しを立てることは，何をどのように学ぼうとするのかという自らの学びを調整することにつながり，歴史を自分事として学ぶ姿勢にも結び付くため重要である。

　学習の見通しは，「諸地域の結合・変容」を読み解く観点に関連する諸事象を踏まえているかどうかが評価規準となる。例えば，本単元のように，「文化・思想の展開」を取り上げ，「自由」を事例と

した問いを表現している場合，「自由」が拡大する背景となった自然観や人間観，社会観や国家観の変容，ナショナリズムの高まりや市民による選挙権の要求などの国家と個人との社会的な関係についての考え方の推移などを視点にして，学習の見通しを立てようとしているかを確認する。

例2：「おおむね満足できる」状況と考えられる生徒の記述例

> 「自由」が広まった国や地域では，それまでの政治や経済が大きく変化すると思う。だから，「自由」がそれぞれの国や地域の政治や経済をどのように変えたのかを知ることで，「自由」が広がった意味を明らかにすることができるのではないか。また，「自由」の捉え方が国や人によって違ってくると，政治体制や考え方が異なる方向に進んだりして，国内あるいは国家間で対立が起こるかもしれない。

　例2は，**例1**の問いを表現した生徒による見通しの記述例である。自身の表現した問いに対して，「自由」が諸地域の政治や経済を変化させたのではないか，「自由」の捉え方が対立を生じさせたのではないかといった予想（仮説）をもち，「自由」による「諸地域の結合・変容」に注目し，学習を進めようとしている。そのため，この記述例は「おおむね満足できる」状況にあると考えられる。

　自らの問いに対する学習の見通しを立てることが難しい生徒に対しては，「歴史総合」の学習を想起するよう促したり，この後のD「諸地域の結合・変容」で行う学習の主題を紹介したりするなどの，支援を行うことが考えられる。

補足　「内容のまとまり」を踏まえた指導と評価の計画について

　「世界史探究」は，生徒が世界の歴史の大きな枠組みと展開への理解を深め，地球世界の課題について探究する科目であり，大項目A「世界史へのまなざし」，大項目B「諸地域の歴史的特質の形成」，大項目C「諸地域の交流・再編」，大項目D「諸地域の結合・変容」，大項目E「地球世界の課題」が設定されている。五つの大項目を通して，地球世界につながる諸地域の社会や文化の多様性や複合性について段階的に考察を深めるような構成となっている。

　このように，大項目が「内容のまとまり」を示しており，それぞれにおいて課題を追究したり解決したりする学習が展開するよう構成されている。大項目Aは，「世界史探究」の導入であり，地球環境と人類の歴史との関わりや身の回りの諸事象と歴史との関わりを考察し，世界史学習の意味や意義を理解するよう内容が構成されている。大項目BからDは，「歴史総合」で学習した「資料から情報を読み取ったりまとめたりする技能」や「問いを表現する」学習などの成果を踏まえて，世界の歴史の大きな枠組みと展開を構造的に理解できるように，生徒が歴史を捉える切り口である観点に基づいて考察し問いを表現して，課題意識や学習の見通しをもちつつ，その後の学習が展開する内容となっている。大項目Eは，地球世界の課題を主体的に探究する活動を通して地球世界の課題を理解する内容となっている（大項目Eについては，**事例12**を参照）。

　ここでは，大項目D「諸地域の結合・変容」を例に，大項目全体の指導と評価の計画について示す。学習指導要領の大項目Dの記載と，本事例（小単元1）とその後に続く小単元の構成を対照させると，次ページの**図**のように示すことができる。大項目BからDの中項目には，それぞれ小項目が設定されており，これらが小単元と対応している。なお，学習指導要領に項目としては示されていないが，その趣旨を踏まえ，単元の学習のまとめとして小単元8を設定している。

　なお，各小単元では，学習内容に応じて，1時間から数時間の複数の「次」が設定されている（後掲する「指導と評価の計画」では，第①次，第②次…と表記している）。

図　大項目の学習の構造（D「諸地域の結合・変容」の場合）

本事例で示してきたように，小単元1は，生徒が「諸地域の結合・変容」を読み解く観点について考察し，問いを表現し，大項目全体の学習の見通しを立てる学習を行う。続く小単元2〜7では，「諸地域の結合・変容」に関わる事象の意味や意義，特色などを考察し，その理解に至る学習を行う。小単元8では，小単元1で生徒が表現した問いについて改めて考察し，新たに加わった視点や，理解が深まったと考えられる点，次の学習に生かすことができる点など，単元の学習の振り返りを行う。小単元8においては，生徒が単元全体における自身の学習の経験を振り返り，学習方法や留意点について自身の学びを確認・調整しようとしているとともに，次の単元での学習とのつながりを見いだそうとしているという「主体的に学習に取り組む態度」の評価を行う。以上の構造を踏まえ，大項目D「諸地域の結合・変容」の指導と評価の計画を示したものが次の表である。

D「諸地域の結合・変容」の指導と評価の計画　（○…「評定に用いる評価」，●…「学習改善につなげる評価」）

中項目	小単元	学習活動	知	思	態	評価規準等
(1) 諸地域の結合・変容への問い	小単元1	【ねらい】人々の国際的な移動，自由貿易の広がり，マスメディアの発達，国際規範の変容，科学・技術の発達，文化・思想の展開などに関する資料を活用し，諸地域の結合・変容を読み解く観点について考察し，問いを表現する。				
		・中学校の学習や「歴史総合」の学習を踏まえて，「諸地域の結合・変容」を読み解く観点に関する資料から，情報を読み取る。	●			●資料から情報を適切かつ効果的に読み取っている。
		・「諸地域の結合・変容」に関する諸事象について，興味・関心をもったこと，疑問に思ったこと，追究したいことなどを見いだして，問いの形で表現する。		●		●「諸地域の結合・変容」に関する諸事象について考察し，問いを表現している。
		・大項目Dの学習を通してどのような点について考えれば，表現した問いを明らかにすることができるかを考え，その結果を表現する。			●	●大項目に対する学習の見通しを立て，学習を通して明らかにしようとしている。

第3編
事例11

		【中項目 (2)「世界市場の形成と諸地域の結合」の学習上の課題】 ・小単元2・3全体に関わる問い「19世紀において，世界はどのように一体化していったのだろうか」について予想する。	ここは，小単元1で生徒が表現した問いと関連させながら，中項目（2）の学習全体に対する見通しをもち，続く小単元2及び小単元3の学習への橋渡しを行うものである。		

続いて：

【ねらい】産業革命と環大西洋革命，自由主義とナショナリズム，南北戦争の展開などを基に，大西洋両岸諸地域の動向に関わる諸事象の背景や原因，結果や影響，事象相互の関連，諸地域相互のつながりなどに着目し，産業革命や環大西洋革命の意味や意義，自由主義とナショナリズムの特徴，南北アメリカ大陸の変容などを多面的・多角的に考察し，国民国家と近代民主主義社会の形成を構造的に理解する。
主題「欧米における政治的変革と経済や思想・文化の変化との関連」（小単元2）

第①次 小単元2の学習の見通し
・諸地域の結合・変容について表現した問いやこれまでの学習などを踏まえて，小単元2全体に関わる問い「この時期の欧米における政治的変革は，経済の変化や新たな思想・文化とどのように関係しているのだろうか」について考察する。

●小単元2全体に関わる問いの答えを予想し，小単元全体の学習の見通しをもって取り組もうとしている。

第②次 産業革命と環大西洋革命
課題a「大西洋を囲む諸地域で起こった動きは，どのような変革をもたらしたのか」
課題b「諸革命にはどのような共通点があっただろうか」

●資料から学習上の課題につながる情報を適切かつ効果的に読み取っている。
●大西洋両岸諸地域の動向に関わる諸事象の背景や原因，結果や影響，事象相互の関連，諸地域相互のつながりなどに着目して，産業革命や環大西洋革命の意味や意義を多面的・多角的に考察し，その結果を表現している。

第③次 自由主義とナショナリズム
課題a「なぜこの時期に欧米でナショナリズムが広まったのだろうか」
課題b「あなたは，ナショナリズムの高揚がもたらした影響のうち，最も大きかったのは何だと考えるか」

●資料から学習上の課題につながる情報を適切に読み取っている。
●大西洋両岸諸地域の動向に関わる諸事象の背景や原因，結果や影響，事象相互の関連，諸地域相互のつながりなどに着目して，自由主義とナショナリズムの特徴を多面的・多角的に考察し，その結果を表現している。

第④次 南北戦争の展開
課題a「南北戦争は，南北アメリカ大陸の社会にどのような影響を及ぼしたのだろうか」
課題b「南北戦争は世界の歴史においてどのような意義をもっているだろうか」

●資料から学習上の課題につながる情報を適切に読み取っている。
●大西洋両岸諸地域の動向に関わる諸事象の背景や原因，結果や影響，事象相互の関連，諸地域相互のつながりなどに着目して，南北アメリカ大陸の変容を多面的・多角的に考察し，その結果を表現している。

第⑤次 小単元2のまとめ
・各次の学習内容を踏まえて，小単元2全体に関わる問いについて，資料を活用して考察し，その結果を表現する。

○小単元2全体に関わる問いについて，多面的・多角的に考察し，結果を表現している。
○「国民国家と近代民主主義社会の形成」について構造的に理解している。

（2）世界市場の形成と諸地域の結合

【ねらい】国際的な分業体制と労働力の移動，イギリスを中心とした自由貿易体制，アジア諸国の植民地化と諸改革などを基に，世界市場の形成とアジア諸国の動向に関わる諸事象の背景や原因，結果や影響，事象相互の関連，諸地域相互のつながりなどに着目し，労働力の移動を促す要因，イギリスの覇権の特徴，アジア諸国の変容の地域的な特徴などを多面的・多角的に考察し，世界市場の形成とアジア諸国の変容を構造的に理解する。
主題「自由貿易の広がりの影響」（小単元3）

第3編 事例11

		第①次 小単元３の学習の見通し ・諸地域の結合・変容について表現した問いやこれまでの学習などを踏まえて、小単元３全体に関わる問い「自由貿易の広がりは，諸地域の経済や政治にどのような変容をもたらしたのだろうか」について考察する。		●	●小単元３全体に関わる問いの答えを予想し，小単元全体の学習の見通しをもって取り組もうとしている。
		第②次 国際的な分業体制と労働力の移動 課題a「この時期に多くの人々が労働の場を国外に求めたのはなぜだろうか」 課題b「あなたは，移民が移動先の社会にどのような変化をもたらしたと考えるか」	● ●		●資料から学習上の課題につながる情報を適切かつ効果的に読み取っている。 ●世界市場の形成とアジア諸国の動向に関わる諸事象の背景や原因，結果や影響，事象相互の関連，諸地域相互のつながりなどに着目して，労働力の移動を促す要因を多面的・多角的に考察し，その結果を表現している。
		〜〜〜〜〜〜〜〜〜〜〜〜〜〜〜〜〜〜〜	省略	〜〜〜〜〜〜〜〜	
		第⑤次 小単元３のまとめ ・各次の学習内容を踏まえて，小単元３全体に関わる問いについて，資料を活用して考察し，その結果を表現する。	○	○	○小単元３全体に関わる問いについて，多面的・多角的に考察し，結果を表現している。 ○「世界市場の形成とアジア諸国の変容」について構造的に理解している。
		第⑥次 小単元２・３のまとめ ・小単元２・３全体に関わる問いや小単元１で表現した問いについて，新たに加わった視点や理解が深まった点を確認し，必要に応じて予想や問いを修正する。		●	●自身の学習について振り返り，調整しようとしている。
(3)		【中項目 (3)「帝国主義とナショナリズムの高揚」の学習上の課題】 ・小単元４・５全体に関わる問い「欧米列強諸国などが世界分割を進める中で，なぜアジア・アフリカ諸地域でナショナリズムが高揚したのだろうか」について予想する。	ここは，小単元１で生徒が表現した問いと関連させながら，中項目(3)の学習全体に対する見通しをもち，続く小単元４及び小単元５の学習への橋渡しを行うものである。		
	4 5	※中項目 (3)「帝国主義とナショナリズムの高揚」（小単元４・５）の構造は中項目 (2)（小単元２・３）に準ずる。			
(4)		【中項目 (4)「第二次世界大戦と諸地域の変容」の学習上の課題】 ・小単元６・７全体に関わる問い「世界恐慌と第二次世界大戦は，世界の秩序や社会の在り方をどのように変えたのだろうか」について予想する。	ここは，小単元１で生徒が表現した問いと関連させながら，中項目(4)の学習全体に対する見通しをもち，続く小単元６及び小単元７の学習への橋渡しを行うものである。		
	6 7	※中項目 (4)「第二次世界大戦と諸地域の変容」（小単元６・７）の構造は中項目 (2)（小単元２・３）に準ずる。			
	小単元8	【ねらい】単元全体を振り返りながら，小単元１で「諸地域の結合・変容」を読み解く観点について表現した問いについて考察する。 課題「学習を振り返り，『諸地域の結合・変容』についてまとめよう」			
		・「諸地域の結合・変容」について学習したことを踏まえて，小単元１で表現した問いについて考察する。	○		○「諸地域の結合・変容」について，新たに加わった視点や理解が深まったことについて，表現している。
		・この単元における自身の学習を振り返り，次の学習に向けた展望についてまとめる。		○	○よりよい社会の実現を視野に，自身との関わりを踏まえて学習を振り返るとともに，次の学習へのつながりを見いだそうとしている。

地理歴史科　　事例 12（世界史探究）

キーワード　探究する活動における評価の工夫

単元名	内容のまとまり
地球世界の課題の探究	E　地球世界の課題 (4)　地球世界の課題の探究

　本事例では，「世界史探究」の最後の学習である，大項目 E「地球世界の課題」の中項目 (4)「地球世界の課題の探究」の指導と評価の計画について示す。E (4) は，中項目 (1)「国際機構の形成と平和への模索」，(2)「経済のグローバル化と格差の是正」，(3)「科学技術の高度化と知識基盤社会」において，多元的な相互依存関係を深める現代世界の特質を考察した上で，地球世界の課題を探究する学習を行うものである。そのため，次の図で示すように，E (4) の指導と評価の計画を行うに当たっては，中項目 (1) から (3) の学習を生かして探究を進めることができるよう，大項目 E 全体での位置付けを考えておくことが重要である。

図　E (4)「地球世界の課題の探究」の大項目 E 全体での位置付け

以上の大項目の中での位置付けを踏まえ，単元「地球世界の課題の探究」の指導と評価を計画した。

1 単元の目標

　地球世界の課題の形成に関わる諸事象の歴史的背景や原因，結果や影響，事象相互の関連，諸地域相互のつながりなどに着目し，諸資料を適切かつ効果的に活用し，比較したり関連付けたりして読み解き，地球世界の課題の形成に関わる世界の歴史について多面的・多角的に考察，構想，表現し，歴史的経緯を踏まえて，地球世界の課題を理解する。また，地球世界の課題について，よりよい社会の実現を視野に主体的に探究しようとする態度を養う。

2 単元の評価規準

知識・技能	思考・判断・表現	主体的に学習に取り組む態度
・課題の追究や解決のために，適切かつ効果的に諸資料を活用し，歴史的経緯を踏まえて，地球世界の課題を理解している。	・地球世界の課題の形成に関わる諸事象の歴史的背景や原因，結果や影響，事象相互の関連，諸地域相互のつながりなどに着目し，諸資料を比較したり関連付けたりして読み解き，地球世界の課題の形成に関わる世界の歴史について多面的・多角的に考察，構想，表現している。	・地球世界の課題について，よりよい社会の実現を視野に，主体的に探究しようとしている。

3 指導と評価の計画
E（4）「地球世界の課題の探究」の指導と評価の計画（6時間）

（○…「評定に用いる評価」，●…「学習改善につなげる評価」）

過程	学習活動	評価の観点 知	思	態	評価規準等
ア 課題設定	探究課題 （ⅰ）紛争解決や共生，（ⅱ）経済格差の是正や経済発展，（ⅲ）科学技術の発展や文化の変容，のいずれか１つ（複合してもよい）について，地球世界の課題の形成に関わる主題や問いを設定し，これまでの「世界史探究」の学習成果を踏まえ，探究してみよう。				
	中項目（1）から（3）の学習を振り返りながら，（ⅰ）紛争解決や共生，（ⅱ）経済格差の是正や経済発展，（ⅲ）科学技術の発展や文化の変容，のいずれか一つ（もしくは複合的に関連する主題）について，地球世界の課題を歴史的に探究する主題や問いを設定する。				
	・中項目（1）から（3）の学習内容を振り返り，地球世界の課題を歴史的に探究する主題や問いを考える。　　　※P.147のワークシート参照 ・設定した主題や問いについて，グループで共有し，意見交換を行う。 ・議論を踏まえて，主題や問いを設定する。		●		【指導上の留意点】教師や生徒同士の対話を通して，主題や問いが生徒自身から引き出されることが望ましい。 ●主題や問いは次の3点を踏まえている。 (1)（ⅰ）紛争解決や共生，（ⅱ）経済格差の是正や経済発展，（ⅲ）科学技術の発展や文化の変容，のいずれか一つ（もしくは複合的に関連する主題）に関するものである。 (2)人類や地球世界にとって重要であり，持続可能な社会の形成を視野に入れている。 (3)歴史的な経緯や背景から課題を探ろうとしており，「世界史探究」のまとめとして適切である。
	・設定した主題や問いについて，探究の見通しを立てる。		●		●何をどこまで明らかにするのかという計画を立て，探究しようとしている。
イ 課題	「世界史探究」の学習を振り返りながら，地球世界の課題がどのような歴史的経緯を経て形成されたのかを分析したり，資料を収集したりしながら，背景や原因，結果や影響，事象相互の関連，諸地域相互のつながりなどに着目し，主題や問いを解決するための論点を設定する。				

分析	・これまでの「世界史探究」の学習内容を振り返りながら，設定した主題や問いに対する歴史的経緯を調べ，設定した主題や問いに対する予想（仮説）を考え，何を明らかにすれば予想（仮説）が確認できるかについて考える。 ・主題や問いに関する歴史的経緯を整理し，探究に必要な資料を収集し，必要な情報を読み取る。 ・背景や原因，結果や影響，事象相互の関連，諸地域相互のつながりなどに着目し，主題や問いに対する予想（仮説）を確認するための論点を設定する。 ・設定した主題や問い，予想（仮説），歴史的経緯，設定した論点などについて，グループごとに発表し，意見交換を行う。 ・意見交換などを踏まえて，再度，主題や問い，予想（仮説）や探究するための論点を再設定する。 ・学習の振り返りを行い，記録する。	● ●	●設定した主題や問いに関する歴史的経緯を適切に踏まえ，資料を適切かつ効果的に収集し，読み取っている。 【指導上の留意点】 生徒同士で互いに疑問点や新しい視点などを意見交換し，相互の探究活動の質を高め合っていくようにするのが効果的である。 ●自分が設定した主題や問いについて，背景や原因，結果や影響，事象相互の関連，諸地域相互のつながりなどに着目して，多面的・多角的に考察している。

【指導上の留意点】次の点について，振り返りを行わせるとよい。
・歴史的経緯を踏まえ地球世界の課題を理解し，複数の視点から課題を分析している。
・予想（仮説）を立て，それを確認するための資料を読み解き，提示している。
・収集した資料，まとめた歴史的経緯から，予想（仮説）を確認するための歴史的背景や原因，結果や影響，事象相互の関連，諸地域相互のつながりなどの論点を設定している。

ウ 課題解決と展望	地球世界の課題について，これまで考察してきた歴史的経緯を振り返りながら，未来はどのように展開するか，その未来に対して私たちはどうすべきかについて，目指すべき未来像を構想する。		
	・地球世界の課題についての歴史的経緯を振り返りながら，未来に向けて私たちはどうすべきかについて考える。 ・自分の設定した課題について，目指すべき未来の具体像を構想し，レポート全体の論旨を設計する。 ・グループで意見を交換しながら，未来像や論旨を改善（ブラッシュアップ）する。 ・ここまでの学習の振り返りを記録し，再度自分の構想した論旨を見直し，レポートの作成に取り組む。 ※ここまで4時間の設定	●	●主題や問いに対する自分の考えを根拠をもって示しており，分かりやすく伝えるための論理展開を工夫している。 【指導上の留意点】次の点について，振り返りを行わせるとよい。 ・これまでの課題分析でまとめた歴史的経緯を踏まえているか。 ・当事者の一人として，目指すべき未来の具体像を構想しているか。
エ 発表	作成したレポートを発表する活動を通して，多面的・多角的な視点から自身のレポートの記述を見直す。		
	・発表用のシートを作成して，グループ内で発表する。 ・発表を通して，疑問点や新しい視点などについて意見交換をし，学習の振り返りを記録する。		【指導上の留意点】次の点について，振り返りを行わせるとよい。 ・問いに対する自分の考えを，論理的に示しているか。 ・自分が伝えたいことを明確にし，はっきりと伝わる構成になっているか。
オ 学習のまとめ	ここまでの学習を踏まえて，レポートを完成させ，大項目E全体のまとめを行う。		
	・グループでの意見交換を踏まえて，自分のレポートの修正を行い，レポートを完成させる。	○ ○	○歴史的経緯を踏まえて，地球世界の課題を理解し，収集した資料を読み解き予想（仮説）の確認に活用している。 ○背景や原因，結果や影響，事象相互の関連，諸地域相互のつながりなどに着目しながら，地球世界の課題について多面的・多角的に考察し，目指すべき未来の具体像を構想し，自らの意見として表現している。

第3編
事例12

・作成したレポートを振り返り中項目(4)のまとめを行うとともに，自身の探究活動について振り返る。 ※　P.150 の 大項目Ｅ全体に関わる問いに対する生徒の記述例 を参照		○	○学習の内容の深まりによる記述の変容が見られるなど，粘り強く自己の学習を調整し深めようとしており，未来を生きる当事者の一人として，望ましい未来社会を明確にイメージし，それを実現させるための方法を提案しようとしている。

4　観点別学習状況の評価の進め方

　本単元は，持続可能な社会の実現を視野に入れ，生徒自らが主題や問いを設定し，諸資料を活用し探究する活動を通して，歴史的に形成された地球世界の課題を理解し，よりよい社会の実現を展望する学習を行う。以下,本単元における観点別学習状況の評価の進め方とその留意点について説明する。

（1）「知識・技能」

　本単元は，「世界史探究」の学習の総まとめとして位置付けられる。そのため，「歴史総合」や「世界史探究」の学習を通して習得した知識や技能を活用することが求められる。

・**オ 学習のまとめ**の○印は，探究の結果として表現したレポートの記述内容から，歴史的経緯を踏まえて地球世界の課題が理解できているかどうかを評価する場面を表している。レポートの記述内容には，「世界史探究」全体で学習してきた知識を活用した上で，地球世界の課題を理解していることが求められる。そのため，**イ 課題分析**の学習過程での●印の場面で，設定した主題や問いに関する歴史的経緯を踏まえているかなどの確認を行い，必要に応じて改善を促す指導が必要となる。

・技能についても，主題や問いに関わる資料を適切に収集したり，資料から主題や問いの解決のために必要な情報を読み取ったりまとめたりする場面で，生徒の状況を把握し，生徒の探究活動が円滑に進むようにする。

（2）「思考・判断・表現」

・**ア 課題設定**の●印は，地球世界の課題について探究する主題や問いを設定する過程で，学習状況を確認し，「学習改善につながる評価」を行う場面を表している。以下の**表**は，生徒が設定した問いに対して，教師がどのように「学習改善につながる評価」を行うかを示したものである。

表　ア 課題設定における主題や問いの設定の場面での「学習改善につながる評価」（●）の例

問いの規準	(1)（ⅰ）紛争解決や共生，（ⅱ）経済格差の是正や経済発展，（ⅲ）科学技術の発展や文化の変容，のいずれか一つ（もしくは複合的に関連する主題）に関するものである。 (2) 人類や地球世界にとって重要であり，持続可能な社会の形成を視野に入れている。 (3) 歴史的な経緯や背景から課題を探ろうとしており，「世界史探究」の学習のまとめとして適切である。		
生徒の問いの記述例	過去の感染拡大と現代の感染拡大を比較し，現代の医療技術向上を基にして，人，お金，物が自由に行き交うグローバルな社会を取り戻すために国家として取り組むべきことは何か。	現在世界で深刻になっている教育格差はどうしたら解決するのか。歴史上の教育機関では同じような問題は生じていたのか。何か解決策として過去から学べることはないか。	食料困難の子供たち（発展途上国，特にアフリカ）に私たちができることは何か。日本がしていること，すべきことは何か。

第3編
事例12

| 「学習改善につなげる評価」（●）の例 | （1）の（ii），（iii）に当てはまり，かつ（2）や（3）の規準に合致しており，「おおむね満足できる」状況と考えられる。過去と現代の比較をどのように行うのか，過去の感染症時の医療の状況や経済の状況などを明確にできるかどうかなど，見通しに課題はあるが，過多な助言で生徒の考察の機会を奪わないようにすることが大切である。 | （1）の規準との関わりが不明確な問いであり，「努力を要する」状況と考えられる。この生徒には，（1）の（ii）の関わりについては経済格差の背景に教育格差が存在すること，（iii）との関わりについては知識基盤社会の形成の過程での教育の役割の変化について考えてみるように助言する。生徒自身が作った問いを尊重し，一緒に考えるような関与が望ましい。 | （3）の規準について改善が必要であり，「努力を要する」状況と考えられる。「食料困難の子供たち（発展途上国，特にアフリカ）」と，対象が漠然としているため，まずはアフリカのどこか，どの民族か，など具体的にするように促し，その場所の歴史的背景を調べた上で，問いを再設定することを提案する。 |

＜主題や問いの設定におけるワークシートの活用＞

　探究を行う上で，主題や問いの設定は重要である。質の高い問いは，充実した探究を導く。従って，生徒の主体的な主題や問いの設定を促すとともに，地球世界の課題の歴史的背景の考察に結び付く主題や問いを設定できるよう支援したい。そのために，下のような ワークシート の活用が効果的である。これは，主題や問いの設定に際して，イメージマップを作成するものとなっている。生徒が考える現代の世界の課題やこれまでの世界史探究の学習で学んできたこととのつながりを表現することによって，漠然とした主題を探究する問いへと深めることができる。

主題や問いを設定するためのワークシート

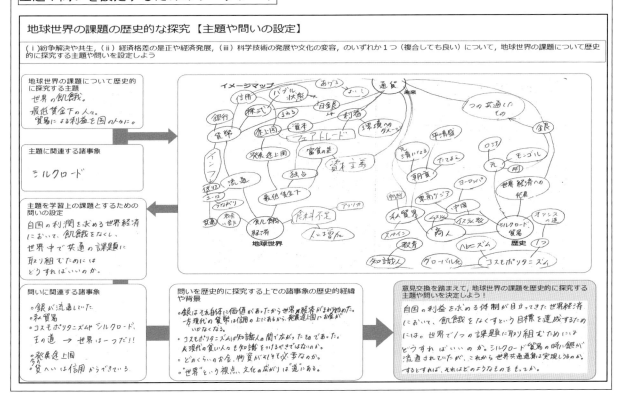

第3編
事例12

－ 147 －

・**イ 課題分析，ウ 課題解決と展望**の●印は，探究活動の中で「思考・判断・表現」について生徒の学習の状況を確認する場面を表している。

・**イ 課題分析**の●印は，自分が設定した問いについて，背景や原因，結果や影響，事象相互の関連，諸地域相互のつながりなどに着目して，多面的・多角的に考察しているかどうかを確認する場面である。歴史的経緯を踏まえているか，予想（仮説）を立てそれを確認するための資料を提示しているか，収集した資料や整理した歴史的経緯から，予想（仮説）を確認するために必要となる，「背景にはどのようなことがあるのか」「何が原因か」「どのような影響があったか」「どのような結果に至ったか」「どのように展開したか」「どのように変化したか」「なぜ変化したか」などの具体的な論点が明確になっているかについて確認する。

・**ウ 課題解決と展望**の●印は，地球世界の課題の形成に関わる歴史的事象について，これまで学んできたことと関連付けながら，多面的・多角的に考察，構想，表現しているかどうかについて確認を行う場面である。これまでの課題分析でまとめた歴史的経緯を踏まえているか，主題や問いに対する自分の考えを論理的に示し，分かりやすく伝えるための論理構築を行っているか，などの点について確認する。「なぜか」「資料に即しているか」「具体的か」などの問いかけや，「こう考えればどうなる」「ここを軸に組み立ててみるとどうなる」などの示唆的なフィードバックを与えることで，生徒自身が改善の方向性を発見できるように支援することが大切である。

・**オ 学習のまとめ**の○印は，「思考・判断・表現」の評価を行う場面を表している。ここでは，完成したレポートに対して評価を行う。地球世界の課題について，背景や原因，結果や影響，事象相互の関連，諸地域相互のつながりなどに着目しながら，多面的・多角的に考察し，目指すべき未来の具体像を構想し，自らの意見として表現しているかどうかを評価する。

（3）「主体的に学習に取り組む態度」

・**ア 課題設定**の●印は，設定した主題や問いについて，何をどこまで明らかにするのかという計画を立てているかを確認し，探究の過程についてイメージをもつことができているかどうかを確認する場面を表している。なお，探究活動が進む中で，当初のイメージとは異なる方向に進むことは十分に考えられる。そのため，振り返りの機会をもつことが重要であり，「3 指導と評価の計画」では，評価の場面としては設定していないものの，**イ**以降の学習過程の節目でも，振り返りを行う学習活動を設定している。これらの学習活動を，必要に応じて生徒の学習状況を確認する場面として活用することが望ましい。その場合の支援の方法については，吹き出しで示した【**指導上の留意点**】が参考になる。

・**オ 学習のまとめ**の○印は，「主体的に学習に取り組む態度」を評価を行う場面を表している。ここでは，「持続可能な世界の形成に向けて進んでいくために，どのような課題を設定し，どのように解決を模索していくか」という 大項目E全体に関わる問い に対する生徒の記述から，粘り強く自己の学習を調整し深めようとしており，望ましい未来を実現する提案をしようとしている状況を，「主体的に学習に取り組む態度」として評価する。

大項目E全体に関わる問いに対する生徒の記述例 （P.150）は， 大項目E全体に関わる問い に対して，大項目Eの学習の冒頭，中項目（1）から中項目（3）の学習後，中項目（4）の探究終了後，それぞれ

の時点での生徒の記述例と，自身の探究活動を踏まえた振り返りを示したものである。記述例では，当初は「先進国は自分のことしか考えていない」という漠然とした記述であったが，「大国の思惑に左右され格差や貧困が生じる」「大国によるテクノロジーの進歩の独占」と具体的になり，「銀」「管理通貨制度」「核による脅威の抑止」「先端技術の共有やルール作り」など，「世界史探究」で学習した内容を活用して考察している。そして，自身の探究活動の振り返りでは，よりよい社会を実現する方法として，「世界共通通貨のある世界」を提案したことや，その意義を説明できていることから，この生徒は「おおむね満足できる」状況（B）にあると考えられる。

　このように，探究を通して問いに対する生徒の考えが深まっていく様子を捉え，その様子を，よりよい社会の実現を視野に，粘り強く自己の学習を調整し深めようとする姿勢として判断し，「主体的に学習に取り組む態度」を評価する。

＜探究活動を主体的に進めるための教師の支援＞

　本事例では，「持続可能な世界の形成に向けて進んでいくために，どのような課題を設定し，どのように解決を模索していくか」を単元全体に関わる問いとして設定し，中項目（1）から（3）の学習を通して，生徒が探究の視点を明確にし，学習過程を意識して探究を進めることができるように構成されている。

　ただし，生徒が自らの問いを設定したり，伝えたいことをはっきりさせ，論理的に組み立てたりすることは容易ではない。生徒自身が主題や問いを設定し，充実した探究を行うために，教師の支援が不可欠である。教師の支援は多様に考えられるが，ここでは，長期的な支援と，短期的な支援に整理してそれぞれの重要性を述べたい。

　長期的な支援とは，年間の指導と評価の計画や，単元の指導と評価の計画を立てる際，最終的に生徒が自ら探究活動を進めることができるように，資質・能力の育成を意図的・計画的に行うことである。例えば，「歴史総合」「日本史探究」「世界史探究」の学習では，生徒自身の問いを表現する活動が設定されている。生徒が問いを表現する活動を行い，問いを見いだすことに習熟するように支援を行うことが大切である。また，資料を活用した学習を行っていくことで，資料から情報を適切かつ効果的に読み取ったりまとめたりする技能を確実に習得できるように支援を行うことが大切である。

　短期的な支援とは，授業の中での指導上の工夫のことである。例えば，本事例の中で説明したように，主題や問いを設定するためのワークシート（P. 147）を活用することで，主題や問いの設定を支援することが考えられる。その他，生徒が探究を主体的に進めることができるように，学習活動の節目で行う探究の気付きや改善点などの振り返りを記録して参照できるようにしておくことで，学びを可視化することも有効である。可視化することで，生徒は，どのように探究を行ってきたのかを確認したり，探究する方向性を調整したりすることで，レポート作成に生かすことができる。また，教師は，生徒の試行錯誤や学習の状況を確認するとともに，生徒の支援に生かすことができる。こうした学習の節目での記録は，ＩＣＴを活用し，アンケート機能を使用して入力するなどの工夫を行うと，生徒が入力しやすく，教師も生徒の学習状況の把握が容易になる。

大項目Ｅ全体に関わる問いに対する生徒の記述例

〔**大項目Ｅの冒頭での記述**〕持続可能な世界の形成に向けて進んでいくために，どのような課題を設定し，どのように解決を模索していくか。

> アフリカの飢餓や世界の貧困を解決していくべきだと思う。こうした問題から争いが生まれていくので先進国や途上国の経済格差などを解消していくべきである。しかし，先進国は自国のことしか考えていないように思う。

中項目(1)「国際機構の形成と平和への模索」の観点からのまとめ

> 国家を超えた組織の権限を強化していくべきである。大国は自国中心主義で，色々な問題の原因がここにある。米ソや核開発もそうだ。国際連合や欧州連合のような国家の枠組みを超えた連帯は，国家の力を抑制し，平和維持に有効である。国家を超えた権力を強化すべきである。

中項目(2)「経済のグローバル化と格差の是正」の観点からのまとめ

> 経済のグローバル化は今後も進めていくべきである。格差を広げた側面もあるが，縮めた側面もあるからである。例えば先進工業国から技術資本を移転し成長をしたメキシコやNIEsがあるだろう。経済格差の是正のためには，経済を統合していくことが必要だと思う。

中項目(3)「科学技術の高度化と知識基盤社会」の観点からのまとめ

> 宇宙開発が表向き科学技術の進歩であっても，軍備の増強につながったことを踏まえ，バイオテクノロジーや AI など新しい先端技術に対してそのルールづくりを行うべきである。国際社会で協議し，それをチェックする体制を作る。国家という枠組み自体を超えるものが必要である。

〔**中項目(1)〜(3)のまとめ**〕持続可能な世界の形成に向けて進んでいくために，どのような課題を設定し，どのように解決を模索していくか。中項目(1)〜(3)の学習と関連付けて考え，まとめよう。

> 国家は，自国の通貨制度や経済，貿易を管理し，国内の格差を是正している。これまでの歴史は，中東問題やアフリカの地域紛争を見ても大国の思惑が左右し，格差や貧困が生み出されてきた。テクノロジーの進歩も大国によって独占される恐れがあり，地球温暖化など環境保全も先進国で足並みが乱れている。国家主導ではなく地域連携を進め，国家を超えて経済をコントロールする必要がある。そのために，地域連携や地域統合のあり方を模索し，国家を超えた権力を強化しながら今の「国家」というものを中心とした世界ではない新たな世界の姿を模索していくべきである。

〔**中項目(4)のまとめ**〕持続可能な世界の形成に向けて進んでいくために，どのような課題を設定し，どのように解決を模索していくか。探究活動を通して獲得した視点を基にまとめよう。

> かつては銀で世界が繋がっていたように，世界はいわば一つの通貨で結ばれるべきである。管理通貨制度になって難しくなった世界共通通貨の導入を世界で目標にすることで，その前提となる経済格差の是正が真剣に目指され，同じ経済規模の国々の経済統合を段階的に進めていく。途上国の通貨の管理権をどうするのか，導入時に経済の条件があまりに違う場合に生じる問題をどう解決するかなど，障壁は多いが，グローバルな経済の結び付きがより強固になる。グローバルな経済の結びつきは，戦争や紛争の抑止力にもなる。核による脅威の抑止ではなく，繁栄による抑止というべきもので，先端技術の共有やルール作りも進んでいくはずである。通貨の管理権を国連が握ることで，国連の権限が強化され国家に対する制裁なども強くなり，多くの課題を乗り越えることができる。

〔**振り返り**〕「世界史探究」の学習成果を生かし，地球世界の課題を歴史的に探究した結果，望ましい未来社会をイメージし，それを実現させるための方法を提案することができたか。自らの行った探究学習を振り返ろう。

> 私がイメージした「世界共通通貨のある世界」というのは夢のような世界に思えるかもしれない。しかし，世界史探究を学ぶことで，経済の一体化がもたらす光と闇の部分や，決して夢ではなくそれが実現していた時代があったことを認識することができた。また，歴史を大きくみることで，19世紀が「国民」を形成した時代であったならば，21世紀は持続可能な社会に向けて「国民」を超え，「世界共通市民」というものを形成する時代だと思い付いた。ヘレニズムとは違う21世紀のコスモポリタンのあり方がどのようなものかまで提案をすることができた。

巻末資料

高等学校地理歴史科における「内容のまとまりごとの評価規準（例）」

第1　地理総合

1　地理総合の目標と評価の観点及びその趣旨

　社会的事象の地理的な見方・考え方を働かせ，課題を追究したり解決したりする活動を通して，広い視野に立ち，グローバル化する国際社会に主体的に生きる平和で民主的な国家及び社会の有為な形成者に必要な公民としての資質・能力を次のとおり育成することを目指す。

	（1）	（2）	（3）
目標	地理に関わる諸事象に関して，世界の生活文化の多様性や，防災，地域や地球的課題への取組などを理解するとともに，地図や地理情報システムなどを用いて，調査や諸資料から地理に関する様々な情報を適切かつ効果的に調べまとめる技能を身に付けるようにする。	地理に関わる事象の意味や意義，特色や相互の関連を，位置や分布，場所，人間と自然環境との相互依存関係，空間的相互依存作用，地域などに着目して，概念などを活用して多面的・多角的に考察したり，地理的な課題の解決に向けて構想したりする力や，考察，構想したことを効果的に説明したり，それらを基に議論したりする力を養う。	地理に関わる諸事象について，よりよい社会の実現を視野にそこで見られる課題を主体的に追究，解決しようとする態度を養うとともに，多面的・多角的な考察や深い理解を通して涵養される日本国民としての自覚，我が国の国土に対する愛情，世界の諸地域の多様な生活文化を尊重しようとすることの大切さについての自覚などを深める。

（高等学校学習指導要領 P. 48）

観点	知識・技能	思考・判断・表現	主体的に学習に取り組む態度
趣旨	地理に関わる諸事象に関して，世界の生活文化の多様性や，防災，地域や地球的課題への取組などを理解しているとともに，地図や地理情報システムなどを用いて，調査や諸資料から地理に関する様々な情報を適切かつ効果的に調べまとめている。	地理に関わる事象の意味や意義，特色や相互の関連を，位置や分布，場所，人間と自然環境との相互依存関係，空間的相互依存作用，地域などに着目して，概念などを活用して多面的・多角的に考察したり，地理的な課題の解決に向けて構想したり，考察，構想したことを効果的に説明したり，それらを基に議論したりしている。	地理に関わる諸事象について，国家及び社会の形成者として，よりよい社会の実現を視野にそこで見られる課題を主体的に追究，解決しようとしている。

巻末
資料

— 153 —

2　内容のまとまりごとの評価規準（例）

(1) A (1)「地図や地理情報システムと現代世界」

知識・技能	思考・判断・表現	主体的に学習に取り組む態度
・現代世界の地域構成を示した様々な地図の読図などを基に、方位や時差、日本の位置と領域、国内や国家間の結び付きなどについて理解している。 ・日常生活の中で見られる様々な地図の読図などを基に、地図や地理情報システムの役割や有用性などについて理解している。 ・現代世界の様々な地理情報について、地図や地理情報システムなどを用いて、その情報を収集し、読み取り、まとめる基礎的・基本的な技能を身に付けている。	・現代世界の地域構成について、位置や範囲などに着目して、主題を設定し、世界的視野から見た日本の位置、国内や国家間の結び付きなどを多面的・多角的に考察し、表現している。 ・地図や地理情報システムについて、位置や範囲、縮尺などに着目して、目的や用途、内容、適切な活用の仕方などを多面的・多角的に考察し、表現している。	・地図や地理情報システムと現代世界について、よりよい社会の実現を視野にそこで見られる課題を主体的に追究しようとしている。

(2) B (1)「生活文化の多様性と国際理解」

知識・技能	思考・判断・表現	主体的に学習に取り組む態度
・世界の人々の特色ある生活文化を基に、人々の生活文化が地理的環境から影響を受けたり、影響を与えたりして多様性をもつことや、地理的環境の変化によって変容することなどについて理解している。 ・世界の人々の特色ある生活文化を基に、自他の文化を尊重し国際理解を図ることの重要性などについて理解している。	・世界の人々の生活文化について、その生活文化が見られる場所の特徴や自然及び社会的条件との関わりなどに着目して、主題を設定し、多様性や変容の要因などを多面的・多角的に考察し、表現している。	・生活文化の多様性と国際理解について、よりよい社会の実現を視野にそこで見られる課題を主体的に追究しようとしている。

(3) B (2)「地球的課題と国際協力」

知識・技能	思考・判断・表現	主体的に学習に取り組む態度
・世界各地で見られる地球環境問題、資源・エネルギー問題、人口・食料問題及び居住・都市問題などを基に、地球的課題の各	・世界各地で見られる地球環境問題、資源・エネルギー問題、人口・食料問題及び居住・都市問題などの地球的課題について、	・地球的課題と国際協力について、よりよい社会の実現を視野にそこで見られる課題を主体的に追究しようとしている。

| | 地で共通する傾向性や課題相互の関連性などについて大観し理解している。
・世界各地で見られる地球環境問題，資源・エネルギー問題，人口・食料問題及び居住・都市問題などを基に，地球的課題の解決には持続可能な社会の実現を目指した各国の取組や国際協力が必要であることなどについて理解している。 | 地域の結び付きや持続可能な社会づくりなどに着目して，主題を設定し，現状や要因，解決の方向性などを多面的・多角的に考察し，表現している。 | |

(4) C （1）「自然環境と防災」

知識・技能	思考・判断・表現	主体的に学習に取り組む態度
・我が国をはじめ世界で見られる自然災害や生徒の生活圏で見られる自然災害を基に，地域の自然環境の特色と自然災害への備えや対応との関わりとともに，自然災害の規模や頻度，地域性を踏まえた備えや対応の重要性などについて理解している。 ・様々な自然災害に対応したハザードマップや新旧地形図をはじめとする各種の地理情報について，その情報を収集し，読み取り，まとめる地理的技能を身に付けている。	・地域性を踏まえた防災について，自然及び社会的条件との関わり，地域の共通点や差異，持続可能な地域づくりなどに着目して，主題を設定し，自然災害への備えや対応などを多面的・多角的に考察し，表現している。	・自然環境と防災について，よりよい社会の実現を視野にそこで見られる課題を主体的に追究しようとしている。

(5) C （2）「生活圏の調査と地域の展望」

知識・技能	思考・判断・表現	主体的に学習に取り組む態度
・生活圏の調査を基に，地理的な課題の解決に向けた取組や探究する手法などについて理解している。	・生活圏の地理的な課題について，生活圏内や生活圏外との結び付き，地域の成り立ちや変容，持続可能な地域づくりなどに着目して，主題を設定し，課題解決に求められる取組などを多面的・多角的に考察，構想し，表現している。	・生活圏の調査と地域の展望について，よりよい社会の実現を視野にそこで見られる課題を主体的に追究，解決しようとしている。

巻末
資料

第2　地理探究

1　地理探究の目標と評価の観点及びその趣旨

　社会的事象の地理的な見方・考え方を働かせ，課題を追究したり解決したりする活動を通して，広い視野に立ち，グローバル化する国際社会に主体的に生きる平和で民主的な国家及び社会の有為な形成者に必要な公民としての資質・能力を次のとおり育成することを目指す。

	（1）	（2）	（3）
目標	地理に関わる諸事象に関して，世界の空間的な諸事象の規則性，傾向性や，世界の諸地域の地域的特色や課題などを理解するとともに，地図や地理情報システムなどを用いて，調査や諸資料から地理に関する様々な情報を適切かつ効果的に調べまとめる技能を身に付けるようにする。	地理に関わる事象の意味や意義，特色や相互の関連を，位置や分布，場所，人間と自然環境との相互依存関係，空間的相互依存作用，地域などに着目して，系統地理的，地誌的に，概念などを活用して多面的・多角的に考察したり，地理的な課題の解決に向けて構想したりする力や，考察，構想したことを効果的に説明したり，それらを基に議論したりする力を養う。	地理に関わる諸事象について，よりよい社会の実現を視野にそこで見られる課題を主体的に探究しようとする態度を養うとともに，多面的・多角的な考察や深い理解を通して涵養される日本国民としての自覚，我が国の国土に対する愛情，世界の諸地域の多様な生活文化を尊重しようとすることの大切さについての自覚などを深める。

（高等学校学習指導要領 P.52）

観点	知識・技能	思考・判断・表現	主体的に学習に取り組む態度
趣旨	地理に関わる諸事象に関して，世界の空間的な諸事象の規則性，傾向性や，世界の諸地域の地域的特色や課題などを理解しているとともに，地図や地理情報システムなどを用いて，調査や諸資料から地理に関する様々な情報を適切かつ効果的に調べまとめている。	地理に関わる事象の意味や意義，特色や相互の関連を，位置や分布，場所，人間と自然環境との相互依存関係，空間的相互依存作用，地域などに着目して，系統地理的，地誌的に，概念などを活用して多面的・多角的に考察したり，地理的な課題の解決に向けて構想したり，考察，構想したことを効果的に説明したり，それらを基に議論したりしている。	地理に関わる諸事象について，国家及び社会の形成者として，よりよい社会の実現を視野にそこで見られる課題を主体的に探究しようとしている。

巻末
資料

2　内容のまとまりごとの評価規準（例）

(1) A（1）「自然環境」

知識・技能	思考・判断・表現	主体的に学習に取り組む態度
・地形，気候，生態系などに関わる諸事象を基に，それらの事象の空間的な規則性，傾向性や，地球環境問題の現状や要因，解決に向けた取組などについて理解している。	・地形，気候，生態系などに関わる諸事象について，場所の特徴や自然及び社会的条件との関わりなどに着目して，主題を設定し，それらの事象の空間的な規則性，傾向性や，関連する地球的課題の要因や動向などを多面的・多角的に考察し，表現している。	・自然環境について，よりよい社会の実現を視野にそこで見られる課題を主体的に追究しようとしている。

(2) A（2）「資源，産業」

知識・技能	思考・判断・表現	主体的に学習に取り組む態度
・資源・エネルギーや農業，工業などに関わる諸事象を基に，それらの事象の空間的な規則性，傾向性や，資源・エネルギー，食料問題の現状や要因，解決に向けた取組などについて理解している。	・資源・エネルギーや農業，工業などに関わる諸事象について，場所の特徴や場所の結び付きなどに着目して，主題を設定し，それらの事象の空間的な規則性，傾向性や，関連する地球的課題の要因や動向などを多面的・多角的に考察し，表現している。	・資源，産業について，よりよい社会の実現を視野にそこで見られる課題を主体的に追究しようとしている。

(3) A（3）「交通・通信，観光」

知識・技能	思考・判断・表現	主体的に学習に取り組む態度
・交通・通信網と物流や人の移動に関する運輸，観光などに関わる諸事象を基に，それらの事象の空間的な規則性，傾向性や，交通・通信，観光に関わる問題の現状や要因，解決に向けた取組などについて理解している。	・交通・通信網と物流や人の移動に関する運輸，観光などに関わる諸事象について，場所の特徴や場所の結び付きなどに着目して，主題を設定し，それらの事象の空間的な規則性，傾向性や，関連する地球的課題の要因や動向などを多面的・多角的に考察し，表現している。	・交通・通信，観光について，よりよい社会の実現を視野にそこで見られる課題を主体的に追究しようとしている。

(4) A（4）「人口，都市・村落」

知識・技能	思考・判断・表現	主体的に学習に取り組む態度
・人口，都市・村落などに関わる諸事象を基に，それらの事象の空間的な規則性，傾向性や，人口，居住・都市問題の現状や要因，解決に向けた取組などについて理解している。	・人口，都市・村落などに関わる諸事象について，場所の特徴や場所の結び付きなどに着目して，主題を設定し，それらの事象の空間的な規則性，傾向性や，関連する地球的課題の要因や動向などを多面的・多角的に考察し，表現している。	・人口，都市・村落について，よりよい社会の実現を視野にそこで見られる課題を主体的に追究しようとしている。

(5) A（5）「生活文化，民族・宗教」

知識・技能	思考・判断・表現	主体的に学習に取り組む態度
・生活文化，民族・宗教などに関わる諸事象を基に，それらの事象の空間的な規則性，傾向性や，民族，領土問題の現状や要因，解決に向けた取組などについて理解している。	・生活文化，民族・宗教などに関わる諸事象について，場所の特徴や場所の結び付きなどに着目して，主題を設定し，それらの事象の空間的な規則性，傾向性や，関連する地球的課題の要因や動向などを多面的・多角的に考察し，表現している。	・生活文化，民族・宗教について，よりよい社会の実現を視野にそこで見られる課題を主体的に追究しようとしている。

(6) B（1）「現代世界の地域区分」

知識・技能	思考・判断・表現	主体的に学習に取り組む態度
・世界や世界の諸地域に関する各種の主題図や資料を基に，世界を幾つかの地域に区分する方法や地域の概念，地域区分の意義などについて理解している。 ・世界や世界の諸地域について，各種の主題図や資料を踏まえて地域区分をする地理的技能を身に付けている。	・世界や世界の諸地域の地域区分について，地域の共通点や差異，分布などに着目して，主題を設定し，地域の捉え方などを多面的・多角的に考察し，表現している。	・現代世界の地域区分について，よりよい社会の実現を視野にそこで見られる課題を主体的に追究しようとしている。

(7) B (2)「現代世界の諸地域」

知識・技能	思考・判断・表現	主体的に学習に取り組む態度
・幾つかの地域に区分した現代世界の諸地域を基に，諸地域に見られる地域的特色や地球的課題などについて理解している。 ・幾つかの地域に区分した現代世界の諸地域を基に，地域の結び付き，構造や変容などを地誌的に考察する方法などについて理解している。	・現代世界の諸地域について，地域の結び付き，構造や変容などに着目して，主題を設定し，地域的特色や地球的課題などを多面的・多角的に考察し，表現している。	・現代世界の諸地域について，よりよい社会の実現を視野にそこで見られる課題を主体的に追究しようとしている。

(8) C (1)「持続可能な国土像の探究」

知識・技能	思考・判断・表現	主体的に学習に取り組む態度
・現代世界におけるこれからの日本の国土像の探究を基に，我が国が抱える地理的な諸課題の解決の方向性や将来の国土の在り方などを構想することの重要性や，探究する手法などについて理解している。	・現代世界におけるこれからの日本の国土像について，地域の結び付き，構造や変容，持続可能な社会づくりなどに着目して，主題を設定し，我が国が抱える地理的な諸課題の解決の方向性や将来の国土の在り方などを多面的・多角的に探究し，表現している。	・持続可能な国土像の探究について，よりよい社会の実現を視野にそこで見られる課題を主体的に探究しようとしている。

第3　歴史総合

1　歴史総合の目標と評価の観点及びその趣旨

　社会的事象の歴史的な見方・考え方を働かせ，課題を追究したり解決したりする活動を通して，広い視野に立ち，グローバル化する国際社会に主体的に生きる平和で民主的な国家及び社会の有為な形成者に必要な公民としての資質・能力を次のとおり育成することを目指す。

	（1）	（2）	（3）
目標	近現代の歴史の変化に関わる諸事象について，世界とその中の日本を広く相互的な視野から捉え，現代的な諸課題の形成に関わる近現代の歴史を理解するとともに，諸資料から歴史に関する様々な情報を適切かつ効果的に調べまとめる技能を身に付けるようにする。	近現代の歴史の変化に関わる事象の意味や意義，特色などを，時期や年代，推移，比較，相互の関連や現在とのつながりなどに着目して，概念などを活用して多面的・多角的に考察したり，歴史に見られる課題を把握し解決を視野に入れて構想したりする力や，考察，構想したことを効果的に説明したり，それらを基に議論したりする力を養う。	近現代の歴史の変化に関わる諸事象について，よりよい社会の実現を視野に課題を主体的に追究，解決しようとする態度を養うとともに，多面的・多角的な考察や深い理解を通して涵養される日本国民としての自覚，我が国の歴史に対する愛情，他国や他国の文化を尊重することの大切さについての自覚などを深める。

（高等学校学習指導要領 P.56）

観点	知識・技能	思考・判断・表現	主体的に学習に取り組む態度
趣旨	近現代の歴史の変化に関わる諸事象について，世界とその中の日本を広く相互的な視野から捉え，現代的な諸課題の形成に関わる近現代の歴史を理解しているとともに，諸資料から歴史に関する様々な情報を適切かつ効果的に調べまとめている。	近現代の歴史の変化に関わる事象の意味や意義，特色などを，時期や年代，推移，比較，相互の関連や現在とのつながりなどに着目して，概念などを活用して多面的・多角的に考察したり，歴史に見られる課題を把握し解決を視野に入れて構想したり，考察，構想したことを効果的に説明したり，それらを基に議論したりしている。	近現代の歴史の変化に関わる諸事象について，国家及び社会の形成者として，よりよい社会の実現を視野に課題を主体的に追究，解決しようとしている。

2 内容のまとまりごとの評価規準（例）

(1) A「歴史の扉」

知識・技能	思考・判断・表現	主体的に学習に取り組む態度
・私たちの生活や身近な地域などに見られる諸事象を基に，それらが日本や日本周辺の地域及び世界の歴史とつながっていることを理解している。 ・資料に基づいて歴史が叙述されていることを理解している。	・近代化，国際秩序の変化や大衆化，グローバル化などの歴史の変化と関わらせて，アで取り上げる諸事象と日本や日本周辺の地域及び世界の歴史との関連性について考察し，表現している。 ・複数の資料の関係や異同に着目して，資料から読み取った情報の意味や意義，特色などを考察し，表現している。	・歴史の扉について，よりよい社会の実現を視野に課題を主体的に追究しようとしている。

(2) B「近代化と私たち」

知識・技能	思考・判断・表現	主体的に学習に取り組む態度
・資料から情報を読み取ったりまとめたりする技能を身に付けている。 ・18世紀のアジアや日本における生産と流通，アジア各地域間やアジア諸国と欧米諸国の貿易などを基に，18世紀のアジアの経済と社会を理解している。	・近代化に伴う生活や社会の変容について考察し，問いを表現している。 ・18世紀のアジア諸国の経済が欧米諸国に与えた影響などに着目して，主題を設定し，アジア諸国とその他の国や地域の動向を比較したり，相互に関連付けたりするなどして，18世紀のアジア諸国における経済活動の特徴，アジア各地域間の関係，アジア諸国と欧米諸国との関係などを多面的・多角的に考察し，表現している。	・近代化と私たちについて，よりよい社会の実現を視野に課題を主体的に追究しようとしている。
・産業革命と交通・通信手段の革新，中国の開港と日本の開国などを基に，工業化と世界市場の形成を理解している。	・産業革命の影響，中国の開港と日本の開国の背景とその影響などに着目して，主題を設定し，アジア諸国とその他の国や地域の動向を比較したり，相互に関連付けたりするなどして，アジア諸国と欧米諸国との関係の変容などを多面的・多角的に考察し，表現している。	
・18世紀後半以降の欧米の市民革命や国民統合の動向，日本の明治維新や大日本帝国憲法の制定などを基に，立憲体制と国民国家の形成を理解している。	・国民国家の形成の背景や影響などに着目して，主題を設定し，アジア諸国とその他の国や地域の動向を比較したり，相互に関連付けたりするなどして，政治変革の特徴，国民国家の特徴や社会の変容などを多面的・多角的に考察し，表現している。	
・列強の進出と植民地の形成，日清・日露戦争などを基に，列強の帝国主義政策とアジア諸国の変容を理解している。	・帝国主義政策の背景，帝国主義政策がアジア・アフリカに与えた影響などに着目して，主題を設定し，アジア諸国とその他の国や地域の動向を比較したり，相互に関連付けたりするなどして，帝国主義政策の特徴，列強間の関係の変容などを多面的・多角的に考察し，表現している。	
・現代的な諸課題の形成に関わる近代化の歴史を理解している。	・事象の背景や原因，結果や影響などに着目して，アジア諸国とその他の国や地域の動向を比較したり，相互に関連付けたりするなどして，主題について多面的・多角的に考察し，表現している。	

巻末
資料

(3) C「国際秩序の変化や大衆化と私たち」

知識・技能	思考・判断・表現	主体的に学習に取り組む態度
・資料から情報を読み取ったりまとめたりする技能を身に付けている。 ・第一次世界大戦の展開，日本やアジアの経済成長，ソヴィエト連邦の成立とアメリカ合衆国の台頭，ナショナリズムの動向と国際連盟の成立などを基に，総力戦と第一次世界大戦後の国際協調体制を理解している。	・国際秩序の変化や大衆化に伴う生活や社会の変容について考察し，問いを表現している。 ・第一次世界大戦の推移と第一次世界大戦が大戦後の世界に与えた影響，日本の参戦の背景と影響などに着目して，主題を設定し，日本とその他の国や地域の動向を比較したり，相互に関連付けたりするなどして，第一次世界大戦の性格と惨禍，日本とアジア及び太平洋地域の関係や国際協調体制の特徴などを多面的・多角的に考察し，表現している。	・国際秩序の変化や大衆化と私たちについて，よりよい社会の実現を視野に課題を主体的に追究しようとしている。
・大衆の政治参加と女性の地位向上，大正デモクラシーと政党政治，大量消費社会と大衆文化，教育の普及とマスメディアの発達などを基に，大衆社会の形成と社会運動の広がりを理解している。	・第一次世界大戦前後の社会の変化などに着目して，主題を設定し，日本とその他の国や地域の動向を比較したり，相互に関連付けたりするなどして，第一次世界大戦後の社会の変容と社会運動との関連などを多面的・多角的に考察し，表現している。	
・世界恐慌，ファシズムの伸張，日本の対外政策などを基に，国際協調体制の動揺を理解している。	・経済危機の背景と影響，国際秩序や政治体制の変化などに着目して，主題を設定し，日本とその他の国や地域の動向を比較したり，相互に関連付けたりするなどして，各国の世界恐慌への対応の特徴，国際協調体制の動揺の要因などを多面的・多角的に考察し，表現している。	
・第二次世界大戦の展開，国際連合と国際経済体制，冷戦の始まりとアジア諸国の動向，戦後改革と日本国憲法の制定，平和条約と日本の独立の回復などを基に，第二次世界大戦後の国際秩序と日本の国際社会への復帰を理解している。	・第二次世界大戦の推移と第二次世界大戦が大戦後の世界に与えた影響，第二次世界大戦後の国際秩序の形成が社会に及ぼした影響などに着目して，主題を設定し，日本とその他の国や地域の動向を比較したり，相互に関連付けたりするなどして，第二次世界大戦の性格と惨禍，第二次世界大戦下の社会状況や人々の生活，日本に対する占領政策と国際情勢との関係などを多面的・多角的に考察し，表現している。	
・現代的な諸課題の形成に関わる国際秩序の変化や大衆化の歴史を理解している。	・事象の背景や原因，結果や影響などに着目して，日本とその他の国や地域の動向を比較したり，相互に関連付けたりするなどして，主題について多面的・多角的に考察し表現している。	

巻末
資料

(4) D「グローバル化と私たち」

知識・技能	思考・判断・表現	主体的に学習に取り組む態度
・資料から情報を読み取ったりまとめたりする技能を身に付けている。	・グローバル化に伴う生活や社会の変容について考察し，問いを表現している。	・グローバル化と私たちについて，よりよい社会の実現を視野に課題を主体的に追究，解決しようとしている。
・脱植民地化とアジア・アフリカ諸国，冷戦下の地域紛争，先進国の政治の動向，軍備拡張や核兵器の管理などを基に，国際政治の変容を理解している。	・地域紛争の背景や影響，冷戦が各国の政治に及ぼした影響などに着目して，主題を設定し，日本とその他の国や地域の動向を比較したり，相互に関連付けたりするなどして，地域紛争と冷戦の関係，第三世界の国々の経済政策の特徴，欧米やソヴィエト連邦の政策転換の要因などを多面的・多角的に考察し，表現している。	
・西ヨーロッパや東南アジアの地域連携，計画経済とその波及，日本の高度経済成長などを基に，世界経済の拡大と経済成長下の日本の社会を理解している。	・冷戦が各国経済に及ぼした影響，地域連携の背景と影響，日本の高度経済成長の背景と影響などに着目して，主題を設定し，日本とその他の国や地域の動向を比較したり，相互に関連付けたりするなどして，冷戦下の世界経済や地域連携の特徴，経済成長による生活や社会の変容などを多面的・多角的に考察し，表現している。	
・石油危機，アジアの諸地域の経済発展，市場開放と経済の自由化，情報通信技術の発展などを基に，市場経済の変容と課題を理解している。	・アジアの諸地域の経済発展の背景，経済の自由化や技術革新の影響，資源・エネルギーと地球環境問題が世界経済に及ぼした影響などに着目して，主題を設定し，日本とその他の国や地域の動向を比較したり，相互に関連付けたりするなどして，市場経済のグローバル化の特徴と日本の役割などを多面的・多角的に考察し，表現している。	
・冷戦の終結，民主化の進展，地域統合の拡大と変容，地域紛争の拡散とそれへの対応などを基に，冷戦終結後の国際政治の変容と課題を理解している。	・冷戦の変容と終結の背景，民主化や地域統合の背景と影響，地域紛争の拡散の背景と影響などに着目して，主題を設定し，日本とその他の国や地域の動向を比較したり，相互に関連付けたりするなどして，冷戦終結後の国際政治の特徴と日本の役割などを多面的・多角的に考察し，表現している。	
・歴史的経緯を踏まえて，現代的な諸課題を理解している。	・事象の背景や原因，結果や影響などに着目して，日本とその他の国や地域の動向を比較し相互に関連付けたり，現代的な諸課題を展望したりするなどして，主題について多面的・多角的に考察，構想し，表現している。	

巻末資料

- 163 -

第4 日本史探究

1 日本史探究の目標と評価の観点及びその趣旨

　社会的事象の歴史的な見方・考え方を働かせ，課題を追究したり解決したりする活動を通して，広い視野に立ち，グローバル化する国際社会に主体的に生きる平和で民主的な国家及び社会の有為な形成者に必要な公民としての資質・能力を次のとおり育成することを目指す。

	（1）	（2）	（3）
目標	我が国の歴史の展開に関わる諸事象について，地理的条件や世界の歴史と関連付けながら総合的に捉えて理解するとともに，諸資料から我が国の歴史に関する様々な情報を適切かつ効果的に調べまとめる技能を身に付けるようにする。	我が国の歴史の展開に関わる事象の意味や意義，伝統と文化の特色などを，時期や年代，推移，比較，相互の関連や現在とのつながりなどに着目して，概念などを活用して多面的・多角的に考察したり，歴史に見られる課題を把握し解決を視野に入れて構想したりする力や，考察，構想したことを効果的に説明したり，それらを基に議論したりする力を養う。	我が国の歴史の展開に関わる諸事象について，よりよい社会の実現を視野に課題を主体的に探究しようとする態度を養うとともに，多面的・多角的な考察や深い理解を通して涵養される日本国民としての自覚，我が国の歴史に対する愛情，他国や他国の文化を尊重することの大切さについての自覚などを深める。

（高等学校学習指導要領 P.63）

観点	知識・技能	思考・判断・表現	主体的に学習に取り組む態度
趣旨	我が国の歴史の展開に関わる諸事象について，地理的条件や世界の歴史と関連付けながら総合的に捉えて理解しているとともに，諸資料から我が国の歴史に関する様々な情報を適切かつ効果的に調べまとめている。	我が国の歴史の展開に関わる事象の意味や意義，伝統と文化の特色などを，時期や年代，推移，比較，相互の関連や現在とのつながりなどに着目して，概念などを活用して多面的・多角的に考察したり，歴史に見られる課題を把握し解決を視野に入れて構想したり，考察，構想したことを効果的に説明したり，それらを基に議論したりしている。	我が国の歴史の展開に関わる諸事象について，国家及び社会の形成者として，よりよい社会の実現を視野に課題を主体的に探究しようとしている。

2　内容のまとまりごとの評価規準（例）

(1) A「原始・古代の日本と東アジア」

知識・技能	思考・判断・表現	主体的に学習に取り組む態度
・旧石器文化から縄文文化への変化，弥生文化の成立などを基に，黎明期の日本列島の歴史的環境と文化の形成，原始社会の特色を理解している。	・自然環境と人間の生活との関わり，中国大陸・朝鮮半島などアジア及び太平洋地域との関係，狩猟採集社会から農耕社会への変化などに着目して，環境への適応と文化の形成について，多面的・多角的に考察し，表現している。 ・黎明期の日本列島の変化に着目して，原始社会の特色について多面的・多角的に考察し，時代を通観する問いを表現している。	・原始・古代の日本と東アジアについて，よりよい社会の実現を視野に課題を主体的に追究しようとしている。
・原始・古代の特色を示す適切な歴史資料を基に，資料から歴史に関わる情報を収集し，読み取る技能を身に付けている。 ・国家の形成と古墳文化，律令体制の成立過程と諸文化の形成などを基に，原始から古代の政治・社会や文化の特色を理解している。	・歴史資料の特性を踏まえ，資料を通して読み取れる情報から，原始・古代の特色について多面的・多角的に考察し，仮説を表現している。 ・中国大陸・朝鮮半島との関係，隋・唐など中国王朝との関係と政治や文化への影響などに着目して，主題を設定し，小国の形成と連合，古代の国家の形成の過程について，事象の意味や意義，関係性などを多面的・多角的に考察し，歴史に関わる諸事象の解釈や歴史の画期などを根拠を示して表現している。	
・貴族政治の展開，平安期の文化，地方支配の変化や武士の出現などを基に，律令体制の再編と変容，古代の社会と文化の変容を理解している。	・地方の諸勢力の成長と影響，東アジアとの関係の変化，社会の変化と文化との関係などに着目して，主題を設定し，古代の国家・社会の変容について，事象の意味や意義，関係性などを多面的・多角的に考察し，歴史に関わる諸事象の解釈や歴史の画期などを根拠を示して表現している。	

巻末資料

(2) B「中世の日本と世界」

知識・技能	思考・判断・表現	主体的に学習に取り組む態度
・貴族政治の変容と武士の政治進出，土地支配の変容などを基に，古代から中世への時代の転換を理解している。	・権力の主体の変化，東アジアとの関わりなどに着目して，古代から中世の国家・社会の変容を多面的・多角的に考察し，表現している。 ・時代の転換に着目して，中世の特色について多面的・多角的に考察し，時代を通観する問いを表現している。	・中世の日本と世界について，よりよい社会の実現を視野に課題を主体的に追究しようとしている。
・中世の特色を示す適切な歴史資料を基に，資料から歴史に関わる情報を収集し，読み取る技能を身に付けている。	・歴史資料の特性を踏まえ，資料を通して読み取れる情報から，中世の特色について多面的・多角的に考察し，仮説を表現している。	
・武家政権の成立と展開，産業の発達，宗教や文化の展開などを基に，武家政権の伸張，社会や文化の特色を理解している。	・公武関係の変化，宋・元（モンゴル帝国）などユーラシアとの交流と経済や文化への影響などに着目して，主題を設定し，中世の国家・社会の展開について，事象の意味や意義，関係性などを多面的・多角的に考察し，歴史に関わる諸事象の解釈や歴史の画期などを根拠を示して表現している。	
・武家政権の変容，日明貿易の展開と琉球王国の成立，村落や都市の自立，多様な文化の形成や融合などを基に，地域権力の成長，社会の変容と文化の特色を理解している。	・社会や経済の変化とその影響，東アジアの国際情勢の変化とその影響，地域の多様性，社会の変化と文化との関係などに着目して，主題を設定し，中世の国家・社会の変容について，事象の意味や意義，関係性などを多面的・多角的に考察し，歴史に関わる諸事象の解釈や歴史の画期などを根拠を示して表現している。	

巻末
資料

(3) C「近世の日本と世界」

知識・技能	思考・判断・表現	主体的に学習に取り組む態度
・織豊政権の政治・経済政策，貿易や対外関係などを基に，中世から近世への時代の転換を理解している。	・村落や都市の支配の変化，アジア各地やヨーロッパ諸国との交流の影響などに着目して，中世から近世の国家・社会の変容を多面的・多角的に考察し，表現している。 ・時代の転換に着目して，近世の特色について多面的・多角的に考察し，時代を通観する問いを表現している。	・近世の日本と世界について，よりよい社会の実現を視野に課題を主体的に追究しようとしている。
・近世の特色を示す適切な歴史資料を基に，資料から歴史に関わる情報を収集し，読み取る技能を身に付けている。 ・法や制度による支配秩序の形成と身分制，貿易の統制と対外関係，技術の向上と開発の進展，学問・文化の発展などを基に，幕藩体制の確立，近世の社会と文化の特色を理解している。	・歴史資料の特性を踏まえ，資料を通して読み取れる情報から，近世の特色について多面的・多角的に考察し，仮説を表現している。 ・織豊政権との類似と相違，アジアの国際情勢の変化，交通・流通の発達，都市の発達と文化の担い手との関係などに着目して，主題を設定し，近世の国家・社会の展開について，事象の意味や意義，関係性などを多面的・多角的に考察し，歴史に関わる諸事象の解釈や歴史の画期などを根拠を示して表現している。	
・産業の発達，飢饉や一揆の発生，幕府政治の動揺と諸藩の動向，学問・思想の展開，庶民の生活と文化などを基に，幕藩体制の変容，近世の庶民の生活と文化の特色，近代化の基盤の形成を理解している。	・社会・経済の仕組みの変化，幕府や諸藩の政策の変化，国際情勢の変化と影響，政治・経済と文化との関係などに着目して，主題を設定し，近世の国家・社会の変容について，事象の意味や意義，関係性などを多面的・多角的に考察し，歴史に関わる諸事象の解釈や歴史の画期などを根拠を示して表現している。	

(4) D「近現代の地域・日本と世界」

知識・技能	思考・判断・表現	主体的に学習に取り組む態度
・対外政策の変容と開国，幕藩体制の崩壊と新政権の成立などを基に，近世から近代への時代の転換を理解している。	・欧米諸国の進出によるアジア諸国の変化，政治・経済の変化と思想への影響などに着目して，近世から近代の国家・社会の変容を多面的・多角的に考察し，表現している。 ・時代の転換に着目して，近代の特色について多面的・多角的に考察し，時代を通観する問いを表現している。	・近現代の地域・日本と世界について，よりよい社会の実現を視野に課題を主体的に探究しようとしている。
・近代の特色を示す適切な歴史資料を基に，資料から歴史に関わる情報を収集し，読み取る技能を身に付けている。 ・明治維新，自由民権運動，大日本帝国憲法の制定，条約改正，日清・日露戦争，第一次世界大戦，社会運動の動向，政党政治などを基に，立憲体制への移行，国民国家の形成，アジアや欧米諸国との関係の変容を理解している。	・歴史資料の特性を踏まえ，資料から読み取れる情報から，近代の特色について多面的・多角的に考察し，仮説を表現している。 ・アジアや欧米諸国との関係，地域社会の変化，戦争が及ぼした影響などに着目して，主題を設定し，近代の政治の展開と国際的地位の確立，第一次世界大戦前後の対外政策や国内経済，国民の政治参加の拡大について，事象の意味や意義，関係性などを多面的・多角的に考察し，歴史に関わる諸事象の解釈や歴史の画期などを根拠を示して表現している。	
・文明開化の風潮，産業革命の展開，交通の整備と産業構造の変容，学問の発展や教育制度の拡充，社会問題の発生などを基に，産業の発展の経緯と近代の文化の特色，大衆社会の形成を理解している。	・欧米の思想・文化の影響，産業の発達の背景と影響，地域社会における労働や生活の変化，教育の普及とその影響などに着目して，主題を設定し，日本の工業化の進展，近代の文化の形成について，事象の意味や意義，関係性などを多面的・多角的に考察し，歴史に関わる諸事象の解釈や歴史の画期などを根拠を示して表現している。	

・恐慌と国際関係，軍部の台頭と対外政策，戦時体制の強化と第二次世界大戦の展開などを基に，第二次世界大戦に至る過程及び大戦中の政治・社会，国民生活の変容を理解している。	・国際社会やアジア近隣諸国との関係，政治・経済体制の変化，戦争の推移と国民生活への影響などに着目して，主題を設定し，第二次世界大戦と日本の動向の関わりについて，事象の意味や意義，関係性などを多面的・多角的に考察し，歴史に関わる諸事象の解釈や歴史の画期などを根拠を示して表現している。	
・占領政策と諸改革，日本国憲法の成立，平和条約と独立の回復，戦後の経済復興，アジア諸国との関係，高度経済成長，社会・経済・情報の国際化などを基に，我が国の再出発及びその後の政治・経済や対外関係，現代の政治や社会の枠組み，国民生活の変容を理解している。	・第二次世界大戦前後の政治や社会の類似と相違，冷戦の影響，グローバル化の進展の影響，国民の生活や地域社会の変化などに着目して，主題を設定し，戦前と戦後の国家・社会の変容，戦後政治の展開，日本経済の発展，第二次世界大戦後の国際社会における我が国の役割について，事象の意味や意義，関係性などを多面的・多角的に考察し，歴史に関わる諸事象の解釈や歴史の画期などを根拠を示して表現している。	
	・日本と世界の相互の関わり，地域社会の変化，(ｱ)から(ｴ)までの学習で見いだした画期などに着目して，事象の意味や意義，関係性などを構造的に整理して多面的・多角的に考察し，我が国の近現代を通した歴史の画期を見いだし，根拠を示して表現している。	
・ 歴史的経緯を踏まえて，現代の日本の課題を理解している。	・歴史の画期，地域社会の諸相と日本や世界との歴史的な関係，それ以前の時代からの継続や変化などに着目して，現代の日本の課題の形成に関わる歴史について，多面的・多角的に考察，構想して表現している。	

巻末資料

第5　世界史探究

1　世界史探究の目標と評価の観点及びその趣旨

　社会的事象の歴史的な見方・考え方を働かせ，課題を追究したり解決したりする活動を通して，広い視野に立ち，グローバル化する国際社会に主体的に生きる平和で民主的な国家及び社会の有為な形成者に必要な公民としての資質・能力を次のとおり育成することを目指す。

	（1）	（2）	（3）
目標	世界の歴史の大きな枠組みと展開に関わる諸事象について，地理的条件や日本の歴史と関連付けながら理解するとともに，諸資料から世界の歴史に関する様々な情報を適切かつ効果的に調べまとめる技能を身に付けるようにする。	世界の歴史の大きな枠組みと展開に関わる事象の意味や意義，特色などを，時期や年代，推移，比較，相互の関連や現代世界とのつながりなどに着目して，概念などを活用して多面的・多角的に考察したり，歴史に見られる課題を把握し解決を視野に入れて構想したりする力や，考察，構想したことを効果的に説明したり，それらを基に議論したりする力を養う。	世界の歴史の大きな枠組みと展開に関わる諸事象について，よりよい社会の実現を視野に課題を主体的に探究しようとする態度を養うとともに，多面的・多角的な考察や深い理解を通して涵養される日本国民としての自覚，我が国の歴史に対する愛情，他国や他国の文化を尊重することの大切さについての自覚などを深める。

（高等学校学習指導要領 P. 69, 70）

観点	知識・技能	思考・判断・表現	主体的に学習に取り組む態度
趣旨	世界の歴史の大きな枠組みと展開に関わる諸事象について，地理的条件や日本の歴史と関連付けながら理解しているとともに，諸資料から世界の歴史に関する様々な情報を適切かつ効果的に調べまとめている。	世界の歴史の大きな枠組みと展開に関わる事象の意味や意義，特色などを，時期や年代，推移，比較，相互の関連や現代世界とのつながりなどに着目して，概念などを活用して多面的・多角的に考察したり，歴史に見られる課題を把握し解決を視野に入れて構想したり，考察，構想したことを効果的に説明したり，それらを基に議論したりしている。	世界の歴史の大きな枠組みと展開に関わる諸事象について，国家及び社会の形成者として，よりよい社会の実現を視野に課題を主体的に探究しようとしている。

2 内容のまとまりごとの評価規準（例）

(1) A「世界史へのまなざし」

知識・技能	思考・判断・表現	主体的に学習に取り組む態度
・人類の誕生と地球規模での拡散・移動を基に，人類の歴史と地球環境との関わりを理解している。 ・衣食住，家族，教育，余暇などの身の回りの諸事象を基に，私たちの日常生活が世界の歴史とつながっていることを理解している。	・諸事象を捉えるための時間の尺度や，諸事象の空間的な広がりに着目し，地球の歴史における人類の歴史の位置と人類の特性を考察し，表現している。 ・諸事象の来歴や変化に着目して，主題を設定し，身の回りの諸事象と世界の歴史との関連性を考察し，表現している。	・世界史へのまなざしについて，よりよい社会の実現を視野に課題を主体的に追究しようとしている。

(2) B「諸地域の歴史的特質の形成」

知識・技能	思考・判断・表現	主体的に学習に取り組む態度
・資料から情報を読み取ったりまとめたりする技能を身に付けている。 ・オリエント文明，インダス文明，中華文明などを基に，古代文明の歴史的特質を理解している。 ・秦・漢と遊牧国家，唐と近隣諸国の動向などを基に，東アジアと中央ユーラシアの歴史的特質を理解している。 ・仏教の成立とヒンドゥー教，南アジアと東南アジアの諸国家などを基に，南アジアと東南アジアの歴史的特質を理解している。 ・西アジアと地中海周辺の諸国家，キリスト教とイスラームの成立とそれらを基盤とした国家の形成などを基に，西アジアと地中海周辺の歴史的特質を理解している。	・文明の形成に関わる諸事象の背景や原因，結果や影響，事象相互の関連などに着目し，諸地域の歴史的特質を読み解く観点について考察し，問いを表現している。 ・古代文明に関わる諸事象の背景や原因，結果や影響，事象相互の関連などに着目し，主題を設定し，諸資料を比較したり関連付けたりして読み解き，自然環境と生活や文化との関連性，農耕・牧畜の意義などを多面的・多角的に考察し，表現している。 ・東アジアと中央ユーラシアの歴史に関わる諸事象の背景や原因，結果や影響，事象相互の関連，諸地域相互の関わりなどに着目し，主題を設定し，諸資料を比較したり関連付けたりして読み解き，唐の統治体制と社会や文化の特色，唐と近隣諸国との関係，遊牧民の社会の特徴と周辺諸地域との関係などを多面的・多角的に考察し，表現している。 ・南アジアと東南アジアの歴史に関わる諸事象の背景や原因，結果や影響，事象相互の関連，諸地域相互の関わりなどに着目し，主題を設定し，諸資料を比較したり関連付けたりして読み解き，南アジアと東南アジアにおける宗教や文化の特色，東南アジアと周辺諸地域との関係などを多面的・多角的に考察し，表現している。 ・西アジアと地中海周辺の歴史に関わる諸事象の背景や原因，結果や影響，事象相互の関連，諸地域相互の関わりなどに着目し，主題を設定し，諸資料を比較したり関連付けたりして読み解き，西アジアと地中海周辺の諸国家の社会や文化の特色，キリスト教とイスラームを基盤とした国家の特徴などを多面的・多角的に考察し，表現している。	・諸地域の歴史的特質の形成について，よりよい社会の実現を視野に課題を主体的に追究しようとしている。

巻末資料

(3) C「諸地域の交流・再編」

知識・技能	思考・判断・表現	主体的に学習に取り組む態度
・資料から情報を読み取ったりまとめたりする技能を身に付けている。	・諸地域の交流・再編に関わる諸事象の背景や原因，結果や影響，事象相互の関連，諸地域相互のつながりなどに着目し，諸地域の交流・再編を読み解く観点について考察し，問いを表現している。	・諸地域の交流・再編について，よりよい社会の実現を視野に課題を主体的に追究しようとしている。
・西アジア社会の動向とアフリカ・アジアへのイスラームの伝播，ヨーロッパの封建社会とその展開，宋の社会とモンゴル帝国の拡大などを基に，海域と内陸にわたる諸地域の交流の広がりを構造的に理解している。	・諸地域の交流の広がりに関わる諸事象の背景や原因，結果や影響，事象相互の関連，諸地域相互のつながりなどに着目し，主題を設定し，諸資料を比較したり関連付けたりして読み解き，諸地域へのイスラームの拡大の要因，ヨーロッパの社会や文化の特色，中国社会の特徴やモンゴル帝国が果たした役割などを多面的・多角的に考察し，表現している。	
・アジア海域での交易の興隆，明と日本・朝鮮の動向，スペインとポルトガルの活動などを基に，諸地域の交易の進展とヨーロッパの進出を構造的に理解している。	・諸地域の交易とヨーロッパの進出に関わる諸事象の背景や原因，結果や影響，事象相互の関連，諸地域相互のつながりなどに着目し，主題を設定し，諸資料を比較したり関連付けたりして読み解き，アジア海域での交易の特徴，ユーラシアとアメリカ大陸間の交易の特徴とアメリカ大陸の変容などを多面的・多角的に考察し，表現している。	
・西アジアや南アジアの諸帝国，清と日本・朝鮮などの動向を基に，アジア諸地域の特質を構造的に理解している。	・アジア諸地域の動向に関わる諸事象の背景や原因，結果や影響，事象相互の関連，諸地域相互のつながりなどに着目し，主題を設定し，諸資料を比較したり関連付けたりして読み解き，諸帝国の統治の特徴，アジア諸地域の経済と社会や文化の特色，日本の対外関係の特徴などを多面的・多角的に考察し，表現している。	
・宗教改革とヨーロッパ諸国の抗争，大西洋三角貿易の展開，科学革命と啓蒙思想などを基に，主権国家体制の形成と地球規模での交易の拡大を構造的に理解している。	・ヨーロッパ諸地域の動向に関わる諸事象の背景や原因，結果や影響，事象相互の関連，諸地域相互のつながりなどに着目し，主題を設定し，諸資料を比較したり関連付けたりして読み解き，宗教改革の意義，大西洋両岸諸地域の経済的連関の特徴，主権国家の特徴と経済活動との関連，ヨーロッパの社会や文化の特徴などを多面的・多角的に考察し，表現している。	

(4) D「諸地域の結合・変容」

知識・技能	思考・判断・表現	主体的に学習に取り組む態度
・資料から情報を読み取ったりまとめたりする技能を身に付けている。	・諸地域の結合・変容に関わる諸事象の背景や原因，結果や影響，事象相互の関連，諸地域相互のつながりなどに着目し，諸地域の結合・変容を読み解く観点について考察し，問いを表現している。	・諸地域の結合・変容について，よりよい社会の実現を視野に課題を主体的に追究しようとしている。
・産業革命と環大西洋革命，自由主義とナショナリズム，南北戦争の展開などを基に，国民国家と近代民主主義社会の形成を構造的に理解している。	・大西洋両岸諸地域の動向に関わる諸事象の背景や原因，結果や影響，事象相互の関連，諸地域相互のつながりなどに着目し，主題を設定し，諸資料を比較したり関連付けたりして読み解き，産業革命や環大西洋革命の意味や意義，自由主義とナショナリズムの特徴，南北アメリカ大陸の変容などを多面的・多角的に考察し，表現している。	
・国際的な分業体制と労働力の移動，イギリスを中心とした自由貿易体制，アジア諸国の植民地化と諸改革などを基に，世界市場の形成とアジア諸国の変容を構造的に理解している。	・世界市場の形成とアジア諸国の動向に関わる諸事象の背景や原因，結果や影響，事象相互の関連，諸地域相互のつながりなどに着目し，主題を設定し，諸資料を比較したり関連付けたりして読み解き，労働力の移動を促す要因，イギリスの覇権の特徴，アジア諸国の変容の地域的な特徴などを多面的・多角的に考察し，表現している。	
・第二次産業革命と帝国主義諸国の抗争，アジア諸国の変革などを基に，世界分割の進展とナショナリズムの高まりを構造的に理解している。	・列強の対外進出とアジア・アフリカの動向に関わる諸事象の背景や原因，結果や影響，事象相互の関連，諸地域相互のつながりなどに着目し，主題を設定し，諸資料を比較したり関連付けたりして読み解き，世界経済の構造的な変化，列強の帝国主義政策の共通点と相違点，アジア諸国のナショナリズムの特徴などを多面的・多角的に考察し，表現している。	
・第一次世界大戦とロシア革命，ヴェルサイユ・ワシントン体制の形成，アメリカ合衆国の台頭，アジア・アフリカの動向とナショナリズムなどを基に，第一次世界大戦の展開と諸地域の変容を構造的に理解している。	・第一次世界大戦と大戦後の諸地域の動向に関わる諸事象の背景や原因，結果や影響，事象相互の関連，諸地域相互のつながりなどに着目し，主題を設定し，諸資料を比較したり関連付けたりして読み解き，第一次世界大戦後の国際協調主義の性格，アメリカ合衆国の台頭の要因，アジア・アフリカのナショナリズムの性格などを多面的・多角的に考察し，表現している。	

巻末
資料

・世界恐慌とファシズムの動向，ヴェルサイユ・ワシントン体制の動揺などを基に，国際関係の緊張と対立を構造的に理解している。	・世界恐慌と国際協調体制の動揺に関わる諸事象の背景や原因，結果や影響，事象相互の関連，諸地域相互のつながりなどに着目し，主題を設定し，諸資料を比較したり関連付けたりして読み解き，世界恐慌に対する諸国家の対応策の共通点と相違点，ファシズムの特徴，第二次世界大戦に向かう国際関係の変化の要因などを多面的・多角的に考察し，表現している。
・第二次世界大戦の展開と大戦後の国際秩序，冷戦とアジア諸国の独立の始まりなどを基に，第二次世界大戦の展開と諸地域の変容を構造的に理解している。	・第二次世界大戦と大戦後の諸地域の動向に関わる諸事象の背景や原因，結果や影響，事象相互の関連，諸地域相互のつながりなどに着目し，主題を設定し，諸資料を比較したり関連付けたりして読み解き，第二次世界大戦中の連合国による戦後構想と大戦後の国際秩序との関連，アジア諸国の独立の地域的な特徴などを多面的・多角的に考察し，表現している。

(5) E「地球世界の課題」

知識・技能	思考・判断・表現	主体的に学習に取り組む態度
・集団安全保障と冷戦の展開，アジア・アフリカ諸国の独立と地域連携の動き，平和共存と多極化の進展，冷戦の終結と地域紛争の頻発などを基に，紛争解決の取組と課題を理解している。	・国際機構の形成と紛争に関わる諸事象の歴史的背景や原因，結果や影響，事象相互の関連，諸地域相互のつながりなどに着目し，主題を設定し，諸資料を比較したり関連付けたりして読み解き，国際連盟と国際連合との共通点と相違点，冷戦下の紛争解決と冷戦後の紛争解決との共通点と相違点，紛争と経済や社会の変化との関連性などを多面的・多角的に考察し，表現している。	・地球世界の課題について，よりよい社会の実現を視野に課題を主体的に探究しようとしている。
・先進国の経済成長と南北問題，アメリカ合衆国の覇権の動揺，資源ナショナリズムの動きと産業構造の転換，アジア・ラテンアメリカ諸国の経済成長と南南問題，経済のグローバル化などを基に，格差是正の取組と課題を理解している。	・国際競争の展開と経済格差に関わる諸事象の歴史的背景や原因，結果や影響，事象相互の関連，諸地域相互のつながりなどに着目し，主題を設定し，諸資料を比較したり関連付けたりして読み解き，先進国による経済援助や経済の成長が見られた地域の特徴，諸地域間の経済格差や各国内の経済格差の特徴，経済格差と政治や社会の変化との関連性などを多面的・多角的に考察し，表現している。	
・原子力の利用や宇宙探査などの科学技術，医療技術・バイオテクノロジーと生命倫理，人工知能と労働の在り方の変容，情報通信技術の発達と知識の普及などを基に，知識基盤社会の展開と課題を理解している。	・科学技術の高度化と知識基盤社会に関わる諸事象の歴史的背景や原因，結果や影響，事象相互の関連などに着目し，主題を設定し，諸資料を比較したり関連付けたりして読み解き，現代の科学技術や文化の歴史的な特色，第二次世界大戦後の科学技術の高度化と政治・経済・社会の変化との関連性などを多面的・多角的に考察し，表現している。	
・歴史的経緯を踏まえて，地球世界の課題を理解している。	・地球世界の課題の形成に関わる諸事象の歴史的背景や原因，結果や影響，事象相互の関連，諸地域相互のつながりなどに着目し，諸資料を比較したり関連付けたりして読み解き，地球世界の課題の形成に関わる世界の歴史について多面的・多角的に考察，構想し，表現している。	

巻末
資料

評価規準，評価方法等の工夫改善に関する調査研究について

令和 2 年 4 月 13 日　国立教育政策研究所長裁定
令和 2 年 6 月 25 日　一　　部　　改　　正

1　趣　旨

　　学習評価については，中央教育審議会初等中等教育分科会教育課程部会において「児童生徒の学習評価の在り方について」（平成 31 年 1 月 21 日）の報告がまとめられ，新しい学習指導要領に対応した，各教科等の評価の観点及び評価の観点に関する考え方が示されたところである。

　　これを踏まえ，各小学校，中学校及び高等学校における児童生徒の学習の効果的，効率的な評価に資するため，教科等ごとに，評価規準，評価方法等の工夫改善に関する調査研究を行う。

2　調査研究事項

（1）評価規準及び当該規準を用いた評価方法に関する参考資料の作成

（2）学校における学習評価に関する取組についての情報収集

（3）上記（1）及び（2）に関連する事項

3　実施方法

　　調査研究に当たっては，教科等ごとに教育委員会関係者，教師及び学識経験者等を協力者として委嘱し，2 の事項について調査研究を行う。

4　庶　務

　　この調査研究にかかる庶務は，教育課程研究センターにおいて処理する。

5　実施期間

　　令和 2 年 5 月 1 日〜令和 3 年 3 月 31 日

　　令和 3 年 4 月 16 日〜令和 4 年 3 月 31 日

巻末
資料

評価規準，評価方法等の工夫改善に関する調査研究協力者（五十音順）

（職名は令和3年4月現在）

（地理総合・地理探究）

窪田　幸彦	山梨県教育庁高校教育課指導主事	
小平　宏之	栃木県立鹿沼東高等学校教諭	
白川　和彦	東京都立青山高等学校主任教諭	
高木　　優	神戸大学附属中等教育学校教諭	
田中　隆志	群馬県立藤岡中央高等学校教諭	
中本　和彦	龍谷大学准教授	
濵野　　清	広島県立教育センター副所長	
増田　圭司	埼玉県立総合教育センター選考研究開発担当指導主事	
松村　啓子	宇都宮大学教授	
松本　穂高	茨城県立土浦第一高等学校教諭	

（歴史総合・日本史探究・世界史探究）

大庭　大輝	筑波大学附属高等学校教諭	
大森　淳子	栃木県教育委員会高校教育課副主幹	（令和3年4月1日から）
奥村　　暁	神戸大学附属中等教育学校教諭	
金子　勇太	青森県総合学校教育センター高校教育課指導主事	
佐伯　英志	東京都立国分寺高等学校指導教諭	
空　　健太	岐阜工業高等専門学校准教授	（令和3年3月31日まで）
多田万里子	埼玉県立熊谷西高等学校教諭	
中尾　敏朗	群馬大学教授	（令和3年3月31日まで）
梨子田　喬	岩手県立盛岡第一高等学校教諭	
二井　正浩	成蹊大学教授	（令和3年4月1日から）
服部　一秀	山梨大学教授	
藤本　和哉	筑波大学附属高等学校教諭	
美那川雄一	静岡県立小山高等学校教諭	
三原　慎吾	兵庫県立須磨友が丘高等学校教頭	
宮本　英征	玉川大学准教授	

巻末
資料

国立教育政策研究所においては，次の関係官が担当した。

中嶋　則夫　　　国立教育政策研究所教育課程研究センター研究開発部教育課程調査官

藤野　　敦　　　国立教育政策研究所教育課程研究センター研究開発部教育課程調査官

空　　健太　　　国立教育政策研究所教育課程研究センター研究開発部教育課程調査官
　　　　　　　　　　　　　　　　　　　　　　　　　（令和3年4月1日から）
大森　淳子　　　国立教育政策研究所教育課程研究センター研究開発部教育課程調査官
　　　　　　　　　　　　　　　　　　　　　　　　　（令和3年3月31日まで）
二井　正浩　　　国立教育政策研究所教育課程研究センター基礎研究部総括研究官
　　　　　　　　　　　　　　　　　　　　　　　　　（令和3年3月31日まで）

この他，本書編集の全般にわたり，国立教育政策研究所において以下の者が担当した。

鈴木　敏之　　　国立教育政策研究所教育課程研究センター長
　　　　　　　　　　　　　　　　　　　　　　　　　（令和2年7月1日から）
笹井　弘之　　　国立教育政策研究所教育課程研究センター長
　　　　　　　　　　　　　　　　　　　　　　　　　（令和2年6月30日まで）
杉江　達也　　　国立教育政策研究所教育課程研究センター研究開発部副部長
　　　　　　　　　　　　　　　　　　　　　　　　　（令和3年4月1日から）
清水　正樹　　　国立教育政策研究所教育課程研究センター研究開発部副部長
　　　　　　　　　　　　　　　　　　　　　　　　　（令和3年3月31日まで）
新井　敬二　　　国立教育政策研究所教育課程研究センター研究開発部研究開発課長
　　　　　　　　　　　　　　　　　（令和3年4月1日から令和3年7月31日まで）
岩城由紀子　　　国立教育政策研究所教育課程研究センター研究開発部研究開発課長
　　　　　　　　　　　　　　　　　　　　　　　　　（令和3年3月31日まで）
間宮　弘介　　　国立教育政策研究所教育課程研究センター研究開発部研究開発課指導係長

奥田　正幸　　　国立教育政策研究所教育課程研究センター研究開発部研究開発課指導係専門職
　　　　　　　　　　　　　　　　　　　　　　　　　（令和3年3月31日まで）
髙辻　正明　　　国立教育政策研究所教育課程研究センター研究開発部教育課程特別調査員

前山　大樹　　　国立教育政策研究所教育課程研究センター研究開発部教育課程特別調査員
　　　　　　　　　　　　　　　　　　　　　　　　　（令和3年4月1日から）

巻末
資料

学習指導要領等関係資料について

　学習指導要領等の関係資料は以下のとおりです。いずれも，文部科学省や国立教育政策研究所のウェブサイトから閲覧が可能です。スマートフォンなどで閲覧する際は，以下の二次元コードを読み取って，資料に直接アクセスすることが可能です。本書と併せて是非御覧ください。

① 学習指導要領，学習指導要領解説　等
② 中央教育審議会答申「幼稚園，小学校，中学校，高等学校及び特別支援学校の学習指導要領等の改善及び必要な方策等について」(平成28年12月21日)
③ 中央教育審議会初等中等教育分科会教育課程部会報告「児童生徒の学習評価の在り方について」(平成31年1月21日)
④ 小学校，中学校，高等学校及び特別支援学校等における児童生徒の学習評価及び指導要録の改善等について(平成31年3月29日30文科初第1845号初等中等教育局長通知)

※各教科等の評価の観点等及びその趣旨や指導要録(参考様式)は，同通知に掲載。

⑤ 学習評価の在り方ハンドブック(小・中学校編)(令和元年6月)
⑥ 学習評価の在り方ハンドブック(高等学校編)(令和元年6月)
⑦ 平成29年改訂の小・中学校学習指導要領に関するQ&A
⑧ 平成30年改訂の高等学校学習指導要領に関するQ&A
⑨ 平成29・30年改訂の学習指導要領下における学習評価に関するQ&A

① ② ③
④ ⑤ ⑥
⑦ ⑧ ⑨

巻末
資料

学習評価の在り方ハンドブック

高等学校編

文部科学省　国立教育政策研究所教育課程研究センター

学習指導要領

学習指導要領とは，国が定めた「教育課程の基準」です。

（学校教育法施行規則第52条,74条,84条及び129条等より）

■学習指導要領の構成
〈高等学校の例〉

前文　第1章　総則
　　　第2章　各学科に共通する各教科
　　　　第1節　国語
　　　　第2節　地理歴史
　　　　第3節　公民
　　　　第4節　数学
　　　　第5節　理科
　　　　第6節　保健体育
　　　　第7節　芸術
　　　　第8節　外国語
　　　　第9節　家庭
　　　　第10節　情報
　　　　第11節　理数
　　　第3章　主として専門学科において
　　　　　　　開設される各教科
　　　　第1節　農業
　　　　第2節　工業
　　　　第3節　商業
　　　　第4節　水産
　　　　第5節　家庭
　　　　第6節　看護
　　　　第7節　情報
　　　　第8節　福祉
　　　　第9節　理数
　　　　第10節　体育
　　　　第11節　音楽
　　　　第12節　美術
　　　　第13節　英語
　　　第4章　総合的な探究の時間
　　　第5章　特別活動

総則は，以下の項目で整理され，全ての教科等に共通する事項が記載されています。
- 第1款　高等学校教育の基本と教育課程の役割
- 第2款　教育課程の編成
- 第3款　教育課程の実施と学習評価
- 第4款　単位の修得及び卒業の認定
- 第5款　生徒の発達の支援
- 第6款　学校運営上の留意事項
- 第7款　道徳教育に関する配慮事項

学習評価の実施に当たっての配慮事項

各教科等の目標，内容等が記載されています。
（例）第1節　国語
- 第1款　目標
- 第2款　各科目
- 第3款　各科目にわたる指導計画の作成と内容の取扱い

　平成30年改訂学習指導要領の各教科等の目標や内容は，教育課程全体を通して育成を目指す資質・能力の三つの柱に基づいて再整理されています。

ア　何を理解しているか，何ができるか
　　（生きて働く「知識・技能」の習得）
　　※職業に関する教科については，「知識・技術」

イ　理解していること・できることをどう使うか（未知の状況にも対応できる「思考力・判断力・表現力等」の育成）

ウ　どのように社会・世界と関わり，よりよい人生を送るか
　　（学びを人生や社会に生かそうとする「学びに向かう力・人間性等」の涵養）

平成30年改訂「高等学校学習指導要領」より

詳しくは，文部科学省Webページ「学習指導要領のくわしい内容」をご覧ください。
(http://www.mext.go.jp/a_menu/shotou/new-cs/1383986.htm)

学習指導要領解説

学習指導要領解説とは, 大綱的な基準である学習指導要領の記述の意味や解釈などの詳細について説明するために, 文部科学省が作成したものです。

■学習指導要領解説の構成
〈高等学校 国語編の例〉

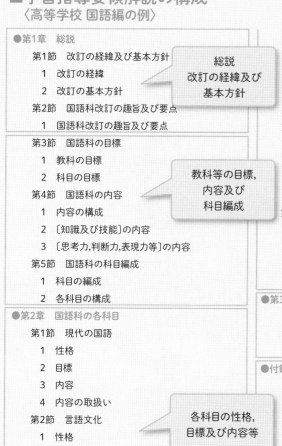

●第1章　総説

第1節　改訂の経緯及び基本方針
- 1　改訂の経緯
- 2　改訂の基本方針

> 総説
> 改訂の経緯及び
> 基本方針

第2節　国語科改訂の趣旨及び要点
- 1　国語科改訂の趣旨及び要点

第3節　国語科の目標
- 1　教科の目標
- 2　科目の目標

第4節　国語科の内容
- 1　内容の構成
- 2　〔知識及び技能〕の内容
- 3　〔思考力,判断力,表現力等〕の内容

> 教科等の目標,
> 内容及び
> 科目編成

第5節　国語科の科目編成
- 1　科目の編成
- 2　各科目の構成

●第2章　国語科の各科目

第1節　現代の国語
- 1　性格
- 2　目標
- 3　内容
- 4　内容の取扱い

第2節　言語文化
- 1　性格
- 2　目標
- 3　内容
- 4　内容の取扱い

> 各科目の性格,
> 目標及び内容等

第3節　論理国語
- 1　性格
- 2　目標
- 3　内容
- 4　内容の取扱い

第4節　文学国語
- 1　性格
- 2　目標
- 3　内容
- 4　内容の取扱い

第5節　国語表現
- 1　性格
- 2　目標
- 3　内容
- 4　内容の取扱い

第6節　古典探究
- 1　性格
- 2　目標
- 3　内容
- 4　内容の取扱い

●第3章　各科目にわたる指導計画の作成と内容の取扱い
- 1　指導計画作成上の配慮事項
- 2　内容の取扱いに当たっての配慮事項
- 3　総則関連事項

> 指導計画作成や
> 内容の取扱いに係る
> 配慮事項

●付録
- 付録1：学校教育施行規則(抄)
- 付録2：高等学校学習指導要領　第1章　総則
- 付録3：高等学校学習指導要領　第2章　第1節　国語
- 付録4：教科の目標,各科目の目標及び内容の系統表(高等学校国語科)
- 付録5：中学校学習指導要領　第2章　第1節　国語
- 付録6：教科の目標,各学年の目標及び内容の系統表(小・中学校国語科)
- 付録7：高等学校学習指導要領　第2章　第8節　外国語
- 付録8：小・中学校のおける「道徳の内容」の学年段階・学校段階の一覧表

> 参考
> (系統性等)

「高等学校学習指導要領解説 国語編」より

※「総則編」,「総合的な探究の時間編」及び「特別活動編」は異なった構成となっています。

➡ 教師は,学習指導要領で定めた資質・能力が,生徒に確実に育成されているかを評価します

学習評価の基本的な考え方

　学習評価は,学校における教育活動に関し,生徒の学習状況を評価するものです。「生徒にどういった力が身に付いたか」という学習の成果を的確に捉え,**教師が指導の改善を図る**とともに,**生徒自身が自らの学習を振り返って次の学習に向かうことができるようにする**ためにも,学習評価の在り方は重要であり,教育課程や学習・指導方法の改善と一貫性のある取組を進めることが求められます。

▎カリキュラム・マネジメントの一環としての指導と評価

　各学校は,日々の授業の下で生徒の学習状況を評価し,その結果を生徒の学習や教師による指導の改善や学校全体としての教育課程の改善,校務分掌を含めた組織運営等の改善に生かす中で,学校全体として組織的かつ計画的に教育活動の質の向上を図っています。

　このように,「学習指導」と「学習評価」は学校の教育活動の根幹であり,教育課程に基づいて組織的かつ計画的に教育活動の質の向上を図る「カリキュラム・マネジメント」の中核的な役割を担っています。

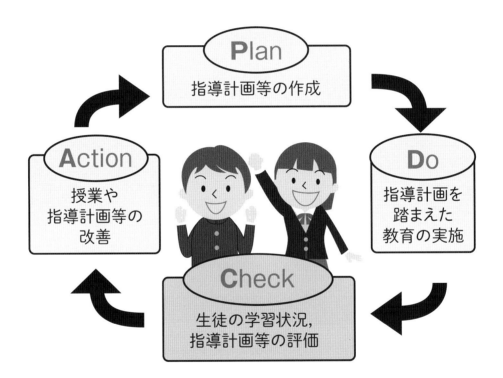

▎主体的・対話的で深い学びの視点からの授業改善と評価

　指導と評価の一体化を図るためには,生徒一人一人の学習の成立を促すための評価という視点を一層重視することによって,教師が自らの指導のねらいに応じて授業の中での生徒の学びを振り返り,学習や指導の改善に生かしていくというサイクルが大切です。平成30年改訂学習指導要領で重視している「主体的・対話的で深い学び」の視点からの授業改善を通して,各教科等における資質・能力を確実に育成する上で,学習評価は重要な役割を担っています。

☑ 教師の指導改善に
つながるものにしていくこと

☑ 生徒の学習改善に
つながるものにしていくこと

☑ これまで慣行として行われてきたことでも，
必要性・妥当性が認められないものは
見直していくこと

次の授業では
○○を重点的に
指導しよう。

○○のところは
もっと～した方が
よいですね。

詳しくは，平成31年3月29日文部科学省初等中等教育局長通知「小学校,中学校,高等学校及び特別支援学校等における児童生徒の学習評価及び指導要録の改善等について（通知）」をご覧ください。
(http://www.mext.go.jp/b_menu/hakusho/nc/1415169.htm)

コラム　評価に戸惑う生徒の声

「先生によって観点の重みが違うんです。授業態度をとても重視する先生もいるし，テストだけで判断するという先生もいます。そうすると，どう努力していけばよいのか本当に分かりにくいんです。」（中央教育審議会初等中等教育分科会教育課程部会 児童生徒の学習評価に関するワーキンググループ第7回における高等学校3年生の意見より）

あくまでこれは一部の意見ですが，学習評価に対する生徒のこうした意見には，適切な評価を求める切実な思いが込められています。そのような生徒の声に応えるためにも，教師は，生徒への学習状況のフィードバックや，授業改善に生かすという評価の機能を一層充実させる必要があります。教師と生徒が共に納得する学習評価を行うためには，評価規準を適切に設定し，評価の規準や方法について，教師と生徒及び保護者で共通理解を図るガイダンス的な機能と，生徒の自己評価と教師の評価を結び付けていくカウンセリング的な機能を充実させていくことが重要です。

Column

学習評価の基本構造

　平成30年改訂で, 学習指導要領の目標及び内容が資質・能力の三つの柱で再整理されたことを踏まえ, 各教科における観点別学習状況の評価の観点については, 「知識・技能」, 「思考・判断・表現」, 「主体的に学習に取り組む態度」の3観点に整理されています。

「学びに向かう力, 人間性等」には
① 「主体的に学習に取り組む態度」として観点別評価（学習状況を分析的に捉える）を通じて見取ることができる部分と,
② 観点別評価や評定にはなじまず, こうした評価では示しきれないことから個人内評価を通じて見取る部分があります。

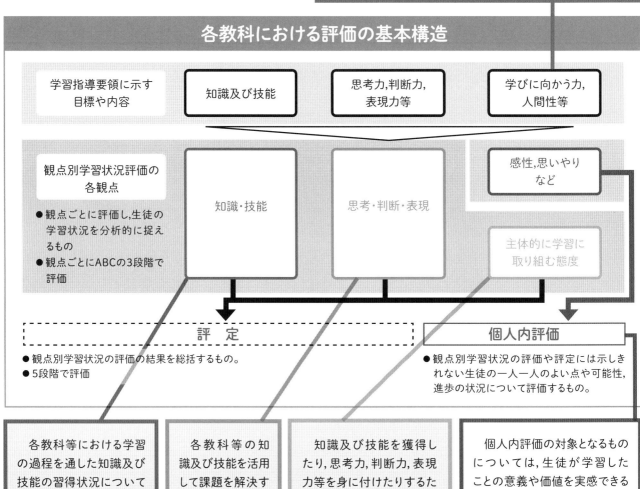

各教科における評価の基本構造

| 学習指導要領に示す目標や内容 | 知識及び技能 | 思考力,判断力,表現力等 | 学びに向かう力,人間性等 |

観点別学習状況評価の各観点
- 観点ごとに評価し,生徒の学習状況を分析的に捉えるもの
- 観点ごとにABCの3段階で評価

知識・技能 ／ 思考・判断・表現 ／ 感性,思いやりなど ／ 主体的に学習に取り組む態度

評定
- 観点別学習状況の評価の結果を総括するもの。
- 5段階で評価

個人内評価
- 観点別学習状況の評価や評定には示しきれない生徒の一人一人のよい点や可能性, 進歩の状況について評価するもの。

　各教科等における学習の過程を通した知識及び技能の習得状況について評価を行うとともに, それらを既有の知識及び技能と関連付けたり活用したりする中で, 他の学習や生活の場面でも活用できる程度に概念等を理解したり, 技能を習得したりしているかを評価します。

　各教科等の知識及び技能を活用して課題を解決する等のために必要な思考力, 判断力, 表現力等を身に付けているかどうかを評価します。

　知識及び技能を獲得したり, 思考力, 判断力, 表現力等を身に付けたりするために, 自らの学習状況を把握し, 学習の進め方について試行錯誤するなど自らの学習を調整しながら, 学ぼうとしているかどうかという意思的な側面を評価します。

　個人内評価の対象となるものについては, 生徒が学習したことの意義や価値を実感できるよう, 日々の教育活動等の中で生徒に伝えることが重要です。特に, 「学びに向かう力, 人間性等」のうち「感性や思いやり」など生徒一人一人のよい点や可能性, 進歩の状況などを積極的に評価し生徒に伝えることが重要です。

　詳しくは, 平成31年1月21日文部科学省中央教育審議会初等中等教育分科会教育課程部会「児童生徒の学習評価の在り方について（報告）」をご覧ください。
(http://www.mext.go.jp/b_menu/shingi/chukyo/chukyo3/004/gaiyou/1412933.htm)

総合的な探究の時間及び特別活動の評価について

総合的な探究の時間, 特別活動についても, 学習指導要領等で示したそれぞれの目標や特質に応じ, 適切に評価します。

▌総合的な探究の時間

総合的な探究の時間の評価の観点については, 学習指導要領に示す「第1目標」を踏まえ, 各学校において具体的に定めた目標, 内容に基づいて, 以下を参考に定めることとしています。

知識・技能	思考・判断・表現	主体的に学習に取り組む態度
探究の過程において, 課題の発見と解決に必要な知識及び技能を身に付け, 課題に関わる概念を形成し, 探究の意義や価値を理解している。	実社会や実生活と自己との関わりから問いを見いだし, 自分で課題を立て, 情報を集め, 整理・分析して, まとめ・表現している。	探究に主体的・協働的に取り組もうとしているとともに, 互いのよさを生かしながら, 新たな価値を創造し, よりよい社会を実現しようとしている。

この3つの観点に則して生徒の学習状況を見取ります。

▌特別活動

従前, 高等学校等における特別活動において行った生徒の活動の状況については, 主な事実及び所見を文章で記述することとされてきたところ, 文章記述を改め, 各学校が設定した観点を記入した上で, 活動・学校行事ごとに, 評価の観点に照らして十分満足できる活動の状況にあると判断される場合に, ○印を記入することとしています。

評価の観点については, 特別活動の特質と学校の創意工夫を生かすということから, 設置者ではなく, 各学校が評価の観点を定めることとしています。その際, 学習指導要領等に示す特別活動の目標や学校として重点化した内容を踏まえ, 例えば以下のように, 具体的に観点を示すことが考えられます。

特別活動の記録						
内容	観点	学年	1	2	3	4
ホームルーム活動	よりよい生活や社会を構築するための知識・技能		○		○	
生徒会活動	集団や社会の形成者としての思考・判断・表現 主体的に生活や社会, 人間関係をよりよく構築しようとする態度			○		
学校行事				○	○	

高等学校生徒指導要録(参考様式)様式2の記入例　(3年生の例)

> 各学校で定めた観点を記入した上で, 内容ごとに, 十分満足できる状況にあると判断される場合に, ○印を記入します。
> ○印をつけた具体的な活動の状況等については, 「総合所見及び指導上参考となる諸事項」の欄に簡潔に記述することで, 評価の根拠を記録に残すことができます。

なお, 特別活動は, ホームルーム担任以外の教師が指導することも多いことから, 評価体制を確立し, 共通理解を図って, 生徒のよさや可能性を多面的・総合的に評価するとともに, 指導の改善に生かすことが求められます。

観点別学習状況の評価について

　観点別学習状況の評価とは，学習指導要領に示す目標に照らして，その実現状況がどのようなものであるかを，観点ごとに評価し，生徒の学習状況を分析的に捉えるものです。

▌「知識・技能」の評価の方法

　「知識・技能」の評価の考え方は，従前の評価の観点である「知識・理解」，「技能」においても重視してきたところです。具体的な評価方法としては，例えばペーパーテストにおいて，事実的な知識の習得を問う問題と，知識の概念的な理解を問う問題とのバランスに配慮するなどの工夫改善を図る等が考えられます。また，生徒が文章による説明をしたり，各教科等の内容の特質に応じて，観察・実験をしたり，式やグラフで表現したりするなど実際に知識や技能を用いる場面を設けるなど，多様な方法を適切に取り入れていくこと等も考えられます。

▌「思考・判断・表現」の評価の方法

　「思考・判断・表現」の評価の考え方は，従前の評価の観点である「思考・判断・表現」においても重視してきたところです。具体的な評価方法としては，ペーパーテストのみならず，論述やレポートの作成，発表，グループでの話合い，作品の制作や表現等の多様な活動を取り入れたり，それらを集めたポートフォリオを活用したりするなど評価方法を工夫することが考えられます。

▌「主体的に学習に取り組む態度」の評価の方法

　具体的な評価方法としては，ノートやレポート等における記述，授業中の発言，教師による行動観察や，生徒による自己評価や相互評価等の状況を教師が評価を行う際に考慮する材料の一つとして用いることなどが考えられます。その際，各教科等の特質に応じて，生徒の発達の段階や一人一人の個性を十分に考慮しながら，「知識・技能」や「思考・判断・表現」の観点の状況を踏まえた上で，評価を行う必要があります。

「主体的に学習に取り組む態度」の評価のイメージ

○「主体的に学習に取り組む態度」の評価については、①知識及び技能を獲得したり、思考力、判断力、表現力等を身に付けたりすることに向けた粘り強い取組を行おうとする側面と、②①の粘り強い取組を行う中で、自らの学習を調整しようとする側面、という二つの側面から評価することが求められる。

○これら①②の姿は実際の教科等の学びの中では別々ではなく相互に関わり合いながら立ち現れるものと考えられる。例えば、自らの学習を全く調整しようとせず粘り強く取り組み続ける姿や、粘り強さが全くない中で自らの学習を調整する姿は一般的ではない。

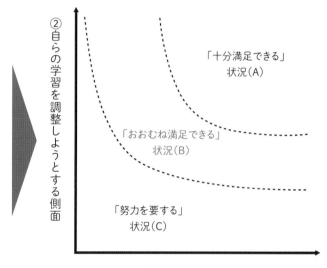

　ここでの評価は、その学習の調整が「適切に行われるか」を必ずしも判断するものではなく、学習の調整が知識及び技能の習得などに結びついていない場合には、教師が学習の進め方を適切に指導することが求められます。

「自らの学習を調整しようとする側面」とは…

　自らの学習状況を把握し、学習の進め方について試行錯誤するなどの意思的な側面のことです。評価に当たっては、生徒が自らの理解の状況を振り返ることができるような発問の工夫をしたり、自らの考えを記述したり話し合ったりする場面、他者との協働を通じて自らの考えを相対化する場面を、単元や題材などの内容のまとまりの中で設けたりするなど、「主体的・対話的で深い学び」の視点からの授業改善を図る中で、適切に評価できるようにしていくことが重要です。

コラム

「主体的に学習に取り組む態度」は、「関心・意欲・態度」と同じ趣旨ですが…
〜こんなことで評価をしていませんでしたか？〜

　平成31年1月21日文部科学省中央教育審議会初等中等教育分科会教育課程部会「児童生徒の学習評価の在り方について(報告)」では、学習評価について指摘されている課題として、「関心・意欲・態度」の観点について「学校や教師の状況によっては、挙手の回数や毎時間ノートを取っているかなど、性格や行動面の傾向が一時的に表出された場面を捉える評価であるような誤解が払拭し切れていない」ということが指摘されました。これを受け、従来から重視されてきた各教科等の学習内容に関心をもつことのみならず、よりよく学ぼうとする意欲をもって学習に取り組む態度を評価するという趣旨が改めて強調されました。

Column

学習評価の充実

学習評価の妥当性,信頼性を高める工夫の例

- 評価規準や評価方法について,事前に教師同士で検討するなどして明確にすること,評価に関する実践事例を蓄積し共有していくこと,評価結果についての検討を通じて評価に係る教師の力量の向上を図ることなど,学校として組織的かつ計画的に取り組む。
- 学校が生徒や保護者に対し,評価に関する仕組みについて事前に説明したり,評価結果についてより丁寧に説明したりするなど,評価に関する情報をより積極的に提供し生徒や保護者の理解を図る。

評価時期の工夫の例

- 日々の授業の中では生徒の学習状況を把握して指導に生かすことに重点を置きつつ,各教科における「知識・技能」及び「思考・判断・表現」の評価の記録については,原則として単元や題材などのまとまりごとに,それぞれの実現状況が把握できる段階で評価を行う。
- 学習指導要領に定められた各教科等の目標や内容の特質に照らして,複数の単元や題材などにわたって長期的な視点で評価することを可能とする。

学年や学校間の円滑な接続を図る工夫の例

- 「キャリア・パスポート」を活用し,生徒の学びをつなげることができるようにする。
- 入学者選抜の方針や選抜方法の組合せ,調査書の利用方法,学力検査の内容等について見直しを図る。
- 大学入学者選抜において用いられる調査書を見直す際には,観点別学習状況の評価について記載する。
- 大学入学者選抜については,高等学校における指導の在り方の本質的な改善を促し,また,大学教育の質的転換を大きく加速し,高等学校教育・大学教育を通じた改革の好循環をもたらすものとなるような改革を進めることが考えられる。

評価方法の工夫の例

高校生のための学びの基礎診断の認定ツールを活用した例

　高校生のための学びの基礎診断とは，高校段階における生徒の基礎学力の定着度合いを測定する民間の試験等を文部科学省が一定の要件に適合するものとして認定する仕組みで，平成30年度から制度がスタートしています。学習指導要領を踏まえた出題の基本方針に基づく問題設計や，主として思考力・判断力・表現力等を問う問題の出題等が認定基準となっています。受検結果等から，生徒の課題等を把握し，自らの指導や評価の改善につなげることも考えられます。

　詳しくは，文部科学省Webページ「高校生のための学びの基礎診断」をご覧ください。
（http://www.mext.go.jp/a_menu/shotou/kaikaku/1393878.htm）

評価の方法の共有で働き方改革

　ペーパーテスト等のみにとらわれず，一人一人の学びに着目して評価をすることは，教師の負担が増えることのように感じられるかもしれません。しかし，生徒の学習評価は教育活動の根幹であり，「カリキュラム・マネジメント」の中核的な役割を担っています。その際，助けとなるのは，教師間の協働と共有です。

　評価の方法やそのためのツールについての悩みを一人で抱えることなく，学校全体や他校との連携の中で，計画や評価ツールの作成を分担するなど，これまで以上に協働と共有を進めれば，教師一人当たりの量的・時間的・精神的な負担の軽減につながります。風通しのよい評価体制を教師間で作っていくことで，評価方法の工夫改善と働き方改革にもつながります。

「指導と評価の一体化の取組状況」

A:学習評価を通じて，学習評価のあり方を見直すことや個に応じた指導の充実を図るなど，指導と評価の一体化に学校全体で取り組んでいる。

B:指導と評価の一体化の取組は，教師個人に任されている。

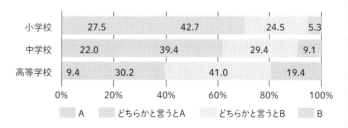

（平成29年度文部科学省委託調査「学習指導と学習評価に対する意識調査」より）

学習評価の充実

Q & A −先生方の質問にお答えします−

Q1 1回の授業で，3つの観点全てを評価しなければならないのですか。

A. 　学習評価については，日々の授業の中で生徒の学習状況を適宜把握して指導の改善に生かすことに重点を置くことが重要です。したがって観点別学習状況の評価の記録に用いる評価については，毎回の授業ではなく原則として単元や題材などの内容や時間のまとまりごとに，それぞれの実現状況を把握できる段階で行うなど，その場面を精選することが重要です。

Q2 「十分満足できる」状況（A）はどのように判断したらよいのですか。

A. 　各教科において「十分満足できる」状況（A）と判断するのは，評価規準に照らし，生徒が実現している学習の状況が質的な高まりや深まりをもっていると判断される場合です。「十分満足できる」状況（A）と判断できる生徒の姿は多様に想定されるので，学年会や教科部会等で情報を共有することが重要です。

Q3 高等学校における観点別評価の在り方で、留意すべきことは何ですか?

A. 　これまでも，高等学校における学習評価では，生徒一人一人に対して観点別評価と生徒へのフィードバックが行われてきましたが，指導要録の参考様式に観点別学習状況の記載欄がなかったこともあり，指導要録に観点別学習状況を記録している高等学校は13.3%にとどまっていました（平成29年度文部科学省委託調査「学習指導と学習評価に対する意識調査」より）。平成31年3月29日文部科学省初等中等教育局長通知「小学校，中学校，高等学校及び特別支援学校等における児童生徒の学習評価及び指導要録の改善等について（通知）」における観点別学習状況の評価に係る説明が充実したことと指導要録の参考様式に記載欄が設けられたことを踏まえ，高等学校では観点別学習状況の評価を更に充実し，その質を高めることが求められます。

Q4 評定以外の学習評価についても保護者の理解を得るにはどのようにすればよいのでしょうか。

A. 　保護者説明会等において，学習評価に関する説明を行うことが効果的です。各教科等における成果や課題を明らかにする「観点別学習状況の評価」と，教育課程全体を見渡した学習状況を把握することが可能な「評定」について，それぞれの利点や，上級学校への入学者選抜に係る調査書のねらいや活用状況を明らかにすることは，保護者との共通理解の下で生徒への指導を行っていくことにつながります。

Q5 障害のある生徒の学習評価について、どのようなことに配慮すべきですか。

A. 　学習評価に関する基本的な考え方は，障害のある生徒の学習評価についても変わるものではありません。このため，障害のある生徒については，特別支援学校等の助言または援助を活用しつつ，個々の生徒の障害の状態等に応じた指導内容や指導方法の工夫を行い，その評価を適切に行うことが必要です。また，指導要録の通級による指導に関して記載すべき事項が個別の指導計画に記載されている場合には，その写しをもって指導要録への記入に替えることも可能としました。

文部科学省
国立教育政策研究所
National Institute for Educational Policy Research
NIER

令和元年6月
文部科学省　国立教育政策研究所教育課程研究センター
〒100-8951 東京都千代田区霞が関3丁目2番2号　TEL 03-6733-6833（代表）

「指導と評価の一体化」のための
学習評価に関する参考資料
【高等学校　地理歴史】

令和 3 年 11 月 12 日　　　初版発行

著作権所有　　　　　　国立教育政策研究所
　　　　　　　　　　　教育課程研究センター

発 行 者　　　　　　東京都文京区本駒込 5 丁目 16 番 7 号
　　　　　　　　　　株式会社　東洋館出版社
　　　　　　　　　　代表者　錦織　圭之介

印 刷 者　　　　　　大阪市住之江区中加賀屋 4 丁目 2 番 10 号
　　　　　　　　　　岩岡印刷株式会社

発 行 所　　　　　　東京都文京区本駒込 5 丁目 16 番 7 号
　　　　　　　　　　株式会社　東洋館出版社
　　　　　　　　　　電話　　03-3823-9206

ISBN978-4-491-04701-0　　　　　定価：本体 1,900 円
　　　　　　　　　　　　　　　　（税込 2,090 円）税 10%